MW01715130

Nous dédions ce livre à tous les Québécois
et tout particulièrement aux jeunes qui trouveront
ici 100 raisons de découvrir certaines facettes
superlatives de ce beau pays.

Rédaction : Henri Dorion
Idéation, recherche et iconographie : Anik Dorion-Coupal
Photographie et recherche iconographique : Pierre Lahoud
Édition : Pascale Mongeon
Design graphique : Ann-Sophie Caouette
et Julien Rodrigue
Infographie : Chantal Landry et Véronique Giguère
Traitement des images : Johanne Lemay
Révision : Ginette Choinière
Correction : Joëlle Bouchard et Odile Dallaserra

Données de catalogage disponibles auprès de Bibliothèque et Archives nationales du Québec

p. 36 :
Une Île
Paroles de Gilles Vigneault
Musique de Gilles Vigneault et Robert Bibeau

Suivez-nous sur le Web

Consultez nos sites Internet et inscrivez-vous à l'infolettre pour rester informé en tout temps de nos publications et de nos concours en ligne. Et croisez aussi vos auteurs préférés et notre équipe sur nos blogues !

EDITIONS-HOMME.COM
EDITIONS-JOUR.COM
EDITIONS-PETITHOMME.COM
EDITIONS-LAGRIFFE.COM

04-17

Imprimé au Canada

Dépôt légal : 2017
Bibliothèque et Archives nationales du Québec
ISBN 978-2-7619-4610-0

DISTRIBUTEURS EXCLUSIFS :

Pour le Canada et les États-Unis :
MESSAGERIES ADP inc.*
Téléphone : 450-640-1237
Internet : www.messageries-adp.com
* filiale du Groupe Sogides inc.,
filiale de Québecor Média inc.

Pour la France et les autres pays :
INTERFORUM editis
Téléphone : 33 (0) 1 49 59 11 56/91
Service commandes France Métropolitaine
Téléphone : 33 (0) 2 38 32 71 00
Internet : www.interforum.fr
Service commandes Export – DOM-TOM
Internet : www.interforum.fr
Courriel : cdes-export@interforum.fr

Pour la Suisse :
INTERFORUM editis SUISSE
Téléphone : 41 (0) 26 460 80 60
Internet : www.interforumsuisse.ch
Courriel : office@interforumsuisse.ch
Distributeur : OLF S.A.
Commandes :
Téléphone : 41 (0) 26 467 53 33
Internet : www.olf.ch
Courriel : information@olf.ch

Pour la Belgique et le Luxembourg :
INTERFORUM BENELUX S.A.
Téléphone : 32 (0) 10 42 03 20
Internet : www.interforum.be
Courriel : info@interforum.be

Gouvernement du Québec – Programme de crédit d'impôt pour l'édition de livres – Gestion SODEC – www.sodec.gouv.qc.ca

L'Éditeur bénéficie du soutien de la Société de développement des entreprises culturelles du Québec pour son programme d'édition.

Conseil des Arts du Canada Canada Council for the Arts

Nous remercions le Conseil des Arts du Canada de l'aide accordée à notre programme de publication.

Financé par le gouvernement du Canada
Funded by the Government of Canada
Canada

Nous reconnaissons l'aide financière du gouvernement du Canada par l'entremise du Fonds du livre du Canada pour nos activités d'édition.

Henri Dorion, Anik Dorion-Coupal et Pierre Lahoud

LES PLUS GRANDES ÎLES, LA VOIE URBAINE LA PLUS LONGUE, LA PLUS RAPIDE TRAVERSÉE À LA NAGE DU LAC SAINT-JEAN, L'HOMME LE PLUS FORT DE L'HISTOIRE DU QUÉBEC

LES ÉDITIONS DE L'HOMME
Une société de Québecor Média

TABLE DES MATIÈRES

Des superlatifs à découvrir

Petit mode d'emploi

Cette table des matières se prête à deux usages. Comme celle de tout autre livre, elle oriente le lecteur vers la page du sujet recherché. Elle peut aussi servir à évaluer l'utilité du présent ouvrage : à partir de cette table des matières, tentez d'identifier l'objet du superlatif qui constitue le titre de chaque chapitre. Plus vos réponses correspondent à celles que le livre apporte, plus vous serez satisfaits ; vous aurez peut-être aussi appris quelque chose, car nous avons documenté nos réponses d'informations additionnelles dignes d'intérêt. Par ailleurs, si vous échouez à l'examen, nous en serons heureux. Nous aurons alors le sentiment d'avoir fait œuvre utile. Pour localiser chacun des PLUS, se référer à la carte à la fin du volume.

Les plus du Québec

INTRODUCTION

On vit de plus en plus longtemps et pourtant de plus en plus vite. On veut en faire de plus en plus avant de disparaître, faire plus et plus vite que les autres. Le monde est une vaste scène où se disputent des compétiteurs assoiffés de records. Un des ouvrages les plus vendus au monde n'est-il pas le *Livre Guinness des records*?

L'homme, dans sa quête de la connaissance du monde, a cherché partout et toujours les superlatifs, qu'ils soient le fait de la nature ou le résultat du savoir-faire humain. Il veut escalader la montagne la plus haute, construire la tour la plus élevée, nager le plus vite possible, compter le plus grand nombre de buts, demeurer le plus longtemps possible dans son planeur, ou encore battre les records les plus originaux, comme amasser la plus grande collection de pères Noël.

Cette course aux records implique un corollaire: l'habitude toute naturelle d'énumérer les choses en respectant un ordre presque toujours dégressif, en commençant par le plus grand, le plus fort, le plus long, le plus n'importe quoi. Une liste des villes d'un pays débute presque toujours par la plus populeuse, une liste de montagnes par la plus haute, une liste de lacs par le plus grand. Même les tragédies sont l'objet d'un classement numérique: la liste des catastrophes aériennes débute toujours par la pire en nombre de victimes.

On s'intéresse aux têtes de liste, aux extrêmes, aux PLUS.

Chaque région du monde a ses superlatifs dont l'intérêt ne tient pas seulement au fait qu'ils sont des superlatifs, mais aussi au fait que leur caractère exceptionnel, ou au contraire typique, témoigne de ce qui fait l'originalité de la région concernée. Le Québec a, comme toute autre région, sa large gamme de superlatifs. Certains sont très relatifs en ce sens qu'ils font modeste figure quand on les place dans un contexte international; d'autres, au contraire, font pour ainsi dire partie des ligues majeures et se comparent avantageusement avec les superlatifs de pays voisins ou lointains. Sans en tirer dépit ou fierté, ces comparaisons contribuent à reconnaître la juste mesure des choses.

Aux superlatifs qu'offre la nature s'ajoutent ceux que l'homme établit en évaluant et en quantifiant certaines activités, selon des échelles relevant des deux dimensions du temps et de l'espace. Cette mesure de la performance peut être précisément contrôlée, dans le cadre des Jeux olympiques par exemple (leur devise est éloquente: *Citius, Altius, Fortius;* Plus vite, Plus haut, Plus fort), ou inscrite dans des livres de records, comme le *Guinness*, dans la mesure où les exploits sont déclarés et vérifiés.

Il n'est donc ni déplacé ni inutile de présenter le Québec, sa géographie, son territoire, son histoire, sa société et ses institutions, par ses superlatifs, comme un *Petit Guinness du Québec*. Dans cet esprit, nous avons dressé un tableau de 100 réalités qui révèlent certaines dimensions du Québec, un pays qui a la juste prétention de se comparer à d'autres.

Mais avant de déclarer haut et fort «Et le gagnant est...», il faut être sûr de son choix. Il faut s'assurer que le gagnant mérite son titre, il faut vérifier bien des choses, par exemple à partir d'où calculer la longueur d'un pont ou à partir de laquelle de ses sources calculer la longueur d'une rivière. Il faut aussi s'entendre sur la définition des termes de la comparaison. Pour déterminer les plus hauts édifices, faut-il inclure leurs tours de télécommunications? Comment mesurer et comparer les capacités musculaires des candidats au titre de «l'homme le plus fort»? À partir de quand comparer les données permettant de désigner le lieu le plus froid, le plus chaud, le plus venteux, le plus neigeux? Et qu'est-ce qui fait qu'une université est plus grande qu'une autre?

Parfois, ce sont des détails peu connus qui permettent d'établir tel superlatif. Par exemple, il faut se référer à une situation bien particulière pour établir le point le plus méridional du Québec, puisque sa frontière sud est définie par une ligne droite, le 45° parallèle. L'endroit le plus au sud est donc, non pas un point, mais une ligne, c'est-à-dire une série de points, tous situés à la même latitude... mais en principe seulement. On verra pourquoi.

Chaque superlatif est la pointe d'un iceberg dont la partie cachée est souvent aussi importante, sinon plus, que le superlatif lui-même. On peut d'ailleurs dire que le superlatif est d'autant plus important que les autres éléments de la comparaison le sont aussi. Il importe de savoir que notre plus grand pont cantilever, le pont de Québec, qui est à la fois le plus grand du monde, est aussi le seul au Québec.

Par ailleurs, le plus long pont couvert mérite toujours son titre superlatif même si le nombre de ponts couverts a considérablement diminué au cours du XXe siècle: de 1200 à 80. Quant aux lacs, le plus grand est à la tête d'une longue liste. On en compte près d'un million, peut-être même plus selon la définition que l'on donne au mot *lac*. Au fait, un réservoir, créé de main d'homme, est-il un lac? Si c'est le cas, le réservoir de Caniapiscau serait le plus grand lac du Québec, dépassant en superficie le lac Mistassini. Dans le cas contraire, les deux étendues d'eau mériteraient parallèlement la devise *nec pluribus impar* (à nul autre pareil), devise que s'était modestement attribuée Louis XIV. Cela dit, attention! Tout est relatif. Le plus grand lac du Québec n'est pas le plus grand lac du Canada qui, lui, n'est pas le plus grand lac du monde.

La liste des superlatifs du Québec dépasse le niveau de simples curiosités; elle constitue un document qui peut servir à mieux connaître et même à découvrir le Québec et les multiples éléments qui font son originalité. Connaître tous les PLUS du Québec, c'est déjà avoir une idée de l'importance relative de ces éléments et, dans plusieurs cas, une idée de la place du Québec dans le monde.

Il y a parfois de quoi *bomber le torse*; il arrive qu'un superlatif québécois soit aussi un superlatif canadien et même un superlatif mondial. La plus longue passerelle en aluminium du Québec est aussi la plus longue du monde, par exemple. Au total, certains records doivent être assumés avec modestie, comme celui du mont D'Iberville, moins élevé qu'une vingtaine d'autres sommets au Canada; d'autres méritent notre fierté, comme le pont de Québec.

Le superlatif n'est pas seulement une curiosité. Il joue aussi un rôle dans la nature qui nous enseigne qu'elle apprécie les superlatifs et leur effet sur l'équilibre et le fonctionnement du monde et des sociétés qui le composent. La lionne, pour s'assurer une descendance, choisira le lion qui a la plus grosse crinière. La roche la plus dure protégera les couches géologiques sous-jacentes et construira ainsi ces belles cheminées de fée. C'est le cheval le plus rapide qui assurera la fortune à son propriétaire et aux parieurs bien éclairés ou simplement chanceux.

L'homme, en observant dans la nature de tels superlatifs *fonctionnels*, a transposé cette leçon dans ses croyances. Il a imaginé l'existence d'un Très-Haut, d'un Être Suprême qui a pris autant de formes, de natures et de noms différents qu'il y a de religions. Les adeptes de l'Islam excellent dans les litanies de superlatifs : pour eux, l'une des clés pour entrer au paradis est de savoir réciter par cœur les 99 noms d'Allah : Al-Muqtadir (Le Tout-Puissant), Al-Kabir (l'Infiniment Grand), Al-'Alim (l'Omniscient), Al-Wahhab (le Très-Généreux), etc. D'autres religions troquent l'infiniment grand contre l'infiniment petit, autrement dit le maximum contre le minimum, le *nirvana*, qui est *l'extinction de toute flamme*, étant l'objectif ultime de la pratique du bouddhisme.

C'est donc entre dieux et nature, et entre le plus grand et le plus petit, que l'homme a développé le culte du superlatif. Depuis la tour de Babel et le temps des cathédrales, on a tellement cherché à faire plus haut, plus grand, plus cher, plus n'importe quoi, que l'économiste britannique Ernst Friedrich Schumacher a jugé qu'il était temps de renverser la vapeur et a décidé d'intervenir en publiant en 1973 un essai, *Small is Beautiful: A Study Of Economics As If People Mattered*. Il insistait sur l'importance de l'échelle humaine, un principe vite oublié par les architectes du futur qui, depuis quelques décennies, ont repris de plus belle la folie furieuse du plus haut, plus grand, plus gros, plus cher, plus n'importe quoi. Dubaï, avec ses tours de Babel futuristes, en est le plus flagrant exemple. Cette ville superlative finira-t-elle comme Icare et entraînera-t-elle dans sa chute une *désuperlativisation* du monde? Selon la théorie du balancier, peut-être. D'autant plus que les nanotechnologies ont vraiment le vent dans les voiles.

À des échelles beaucoup plus modestes, on peut poser la même question concernant les plus qui font l'objet de ce livre. Celui-ci donne, par les superlatifs qu'on y trouve, la mesure de quelques faits naturels et de quelques réalisations humaines concernant le Québec, la plus grande province du Canada, la plus septentrionale, la plus francophone, hôte du plus important carnaval d'hiver. Bref, voici un monde de superlatifs...

« Quand tu es arrivé au sommet de la montagne, continue de grimper. »

— Proverbe tibétain

NATURE ET GÉOGRAPHIE

Le village Les Éboulements

Le Jardin botanique de Montréal

Iceberg à Blanc-Sablon

Baleines devant Tadoussac

1

Le plus haut sommet

Le mont d'Iberville, avec ses 1652 mètres d'altitude, est la plus haute montagne du Québec, alors que le mont Caubvick, également haut de 1652 mètres, est le plus haut sommet de la province voisine. Est-ce un hasard? Pas vraiment, puisqu'il s'agit de la même montagne.

LE MONT D'IBERVILLE
Le toit du Québec

Ce haut relief, situé dans la partie septentrionale de la chaîne des Torngat, forme la frontière entre le Québec et la côte du Labrador terre-neuvien, mais aussi entre le parc national Kuururjuaq au Québec et le parc national des Monts-Torngat du côté de la province voisine.

En réalité, cette montagne aux deux noms culmine en deux pics très voisins, dont l'un, le mont Caubvick, dépasse de quelques dizaines de centimètres le mont d'Iberville situé à environ dix mètres de la ligne frontalière. Un esprit pointilleux pourrait prétendre que le sommet des Torngat est dans la province de Terre-Neuve-et-Labrador, mais ce serait pécher par excès de précision. De toute façon, le mont d'Iberville est le plus haut sommet du Québec.

Quand tu arrives en haut de la montagne, continue de grimper. (proverbe tibétain)

Une manière de dire: ne te contente pas de dire que c'est beau; étudie le paysage, interprète-le, réfléchis à la beauté du monde.

Pierre Le Moyne d'Iberville (1661-1706), héros militaire de la guerre de Succession d'Espagne. Il entreprit de nombreuses expéditions militaires victorieuses contre les Anglais dans la baie d'Hudson, à Terre-Neuve, en Acadie et en Guadeloupe.

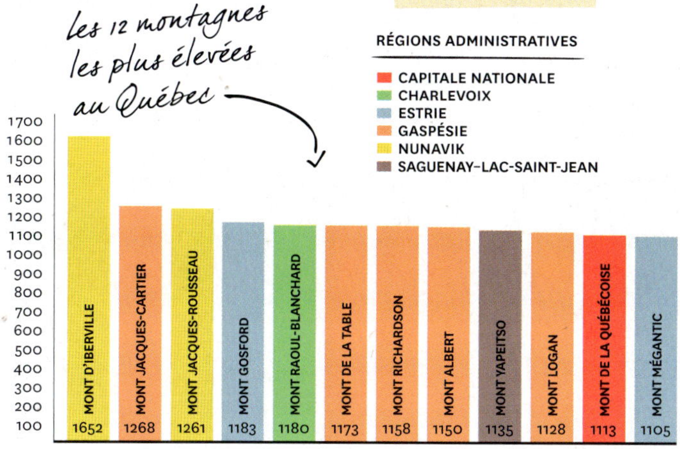

Mont d'Iberville

- Altitude : **1652 m**
- Massif : **Monts Torngat**
- Coordonnées : **58° 53' 00" Nord 63° 43' 00" Ouest**
- Contact entre les provinces géologiques de Churchill et de Nain
- Structure orthogonale du socle
- Surfaces d'érosion précambriennes morcelées
- Crêtes, strates rocheuses basculées, relief accidenté
- Champs de blocs sommitaux, géliformes à triage
- Criques et vallées tributaires suspendues, moraines
- Cicatrices d'érosion, cônes alluviaux, éboulis, glaciers rocheux, niveaux de terrasse
- Surfaces de déflation, thermokarsts
- Aire de mise bas du troupeau de caribous des monts Torngat

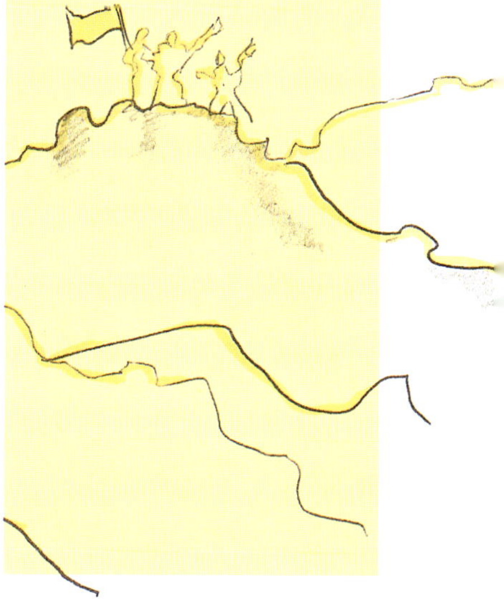

Du fait de son inaccessibilité, cette montagne, la plus haute à l'est des Rocheuses, se fait parfois ravir, dans l'esprit de certains, le titre de sommet du Québec qu'on attribue au mont Jacques-Cartier. Ce dernier est en réalité bon second avec ses 1268 mètres d'altitude. Il est intéressant de noter que ces deux sommets ont des profils très différents : alors que le mont d'Iberville ressemble à une aiguille acérée et vertigineuse, le mont Jacques-Cartier a un sommet plat qui ne représente pas un grand défi pour les alpinistes, hormis la longue marche que l'atteinte de ce sommet exige. Un fait cependant lie les deux sommets : le mont Jacques-Cartier offre aux sportifs la possibilité de connaître au sud les conditions écologiques et météorologiques caractéristiques du nord. En effet, l'étagement des écosystèmes a la même disposition selon l'altitude (de bas en haut) que selon la latitude (du sud au nord), ce qui permet de connaître le Grand Nord sans s'y rendre.

Mais soyons modestes et rappelons que le mont Logan, le sommet du Canada, est plus de trois fois plus élevé que ces deux montagnes québécoises.

2

La plus petite grosse montagne

Sur la carte du Québec, on trouve deux fois le toponyme *Grosse Montagne* et deux fois le nom *Grande Montagne*. De ces quatre reliefs, le plus petit est *la Grosse Montagne* située sur l'Île aux Oies. Elle est si petite qu'on se demande si elle mérite son nom.

LA GROSSE MONTAGNE DE L'ÎLE AUX OIES
Pourtant toute petite

Dans tous les domaines, les choses sont souvent définies par leurs dimensions. La toponymie n'échappe pas à la règle et les accidents géographiques sont souvent qualifiés de *grands*, *de gros* ou de *petits*. Ainsi, il existe plusieurs éléments du relief dont le nom se résume à l'un de ces adjectifs. Le Québec compte une trentaine de *Gros Ruisseaux* et une vingtaine de *Grosses Îles*.

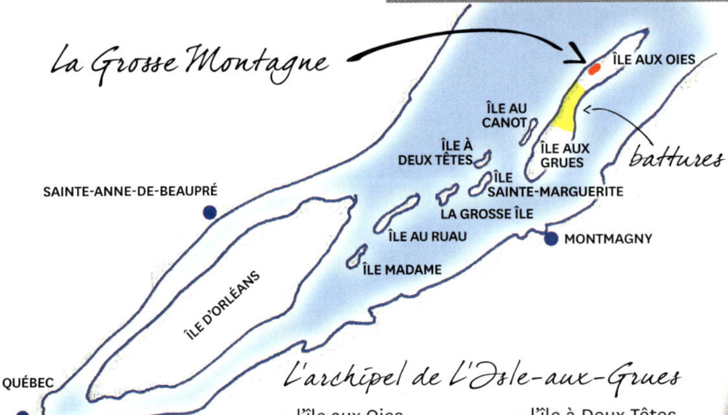

- l'île aux Oies
- La Grosse-Île
- l'île Sainte-Marguerite
- l'île au Canot
- l'île à Deux Têtes
- et autres petites îles et îlots inhabités

Deux îles et un marais

L'île aux Grues et l'île aux Oies sont reliées par des battures : un haut marais, milieu humide situé entre les niveaux de basse-marée et de haute-marée. Ce milieu est inondé périodiquement par les grandes marées, quelques jours par année, et recouvert de végétation dense et variée. Sa richesse écologique attire la faune ailée, notamment la grande oie des neiges.

Mais là, comme ailleurs, tout est relatif. Lorsqu'un accident géographique est nommé en fonction de sa dimension, c'est le plus souvent à cause de ce qui l'entoure ou l'avoisine immédiatement. Ainsi, dans la MRC de la Nouvelle-Beauce, la *Grande Montagne* porte ce nom en dépit de ses dimensions modestes, 480 mètres, par comparaison avec sa voisine la *Petite Montagne* qui fait 70 mètres de moins. On comprend aussi que, par rapport à la plaine d'où elle émerge, une montagne puisse paraître importante. C'est le cas des deux *Grosses Montagnes* de la plaine de Kamouraska, celle de Saint-André (107 mètres) et celle de Saint-Pascal (60 mètres seulement).

Vous voulez monter sur la Grosse Montagne?

Il vous faudra obtenir la permission des propriétaires car elle est située sur une île privée inaccessible au public.

Dès lors, il n'est pas surprenant, sur une île si basse qu'elle disparaît partiellement sous l'eau aux grandes marées de printemps et d'automne, qu'une modeste élévation de terrain puisse prendre quelque importance. Une importance qu'on est tenté de qualifier de démesurée quand on constate que la *Grosse Montagne* de l'Île aux Oies atteint à peine 20 mètres d'altitude. Inversement, que penser alors du *lac de la Petite Montagne*, situé en amont de la rivière Saut-au-Mouton sur la Haute-Côte-Nord et dominé par une éminence qui, elle, fait plus de 120 mètres?

Bien sûr, toutes ces *Grosses Montagnes* et *Grandes Montagnes* n'ont rien de grandiose quand on les compare aux vraies grandes montagnes du Québec dont l'altitude est de l'ordre de 1000 mètres et plus, alors que celles qui en ont le nom sont 10, 20 et même 50 fois moins élevées. Ces exemples ne sont pas des exceptions. Derrière Château-Richer, on trouve un plan d'eau qui a comme nom *Grand Lac*; pourtant, sa superficie est 75 000 fois plus petite que celle du lac Ontario, le plus petit des *Grands Lacs*.

Comme Jean-Paul Riopelle, les oies des îles ont grandement inspiré l'œuvre de Benoît Côté. *La famille* (2009).

Pour nous consoler de ces apparentes contradictions, pensons à l'île de la Guadeloupe, composée de deux parties: *Grande-Terre*, la plus petite des deux, et *Basse-Terre*, la plus élevée.

Grosse Montagne, Petite Montagne, Montagne du Nord, les Petites roches, le Gros cap, la Montagne du Sud sont parmi les toponymes physiographiques caractérisant le milieu naturel de l'île aux Oies.

3

La plus haute des Montérégiennes

On appelle Montérégiennes une série de dix collines qui s'échelonnent sur 150 kilomètres depuis Oka jusqu'à Mégantic. Leur altitude augmente généralement d'ouest en est de sorte que le mont Mégantic, avec ses 1105 mètres, est de loin le plus élevé, soit trois fois plus que la moyenne des neuf autres Montérégiennes. Il faut dire que le Québec compte une dizaine de montagnes plus élevées que le mont Mégantic.

LE MONT MÉGANTIC
La vigie du ciel

On dit souvent que les collines montérégiennes sont d'anciens volcans. Ce n'est pas exact. Voici en résumé leur véritable histoire géologique. Elle a commencé il y a 120 millions d'années par des remontées de roches en fusion sous la croûte terrestre sans pourtant atteindre la surface (2). Il y a environ 15000 ans, le glacier continental qui a recouvert le pays (3) a dégagé les sédiments qui s'y étaient accumulés à l'exception des dômes de roches très dures qui ont, de ce fait, constitué une série de collines dans la plaine (4). En fait, leur alignement se poursuit au-delà du Québec, aux États-Unis et même dans l'Atlantique. Les Montérégiennes ne constituent pas une chaîne de montagnes, car elles ne sont pas reliées en surface ; c'est un lien souterrain qui les unit.

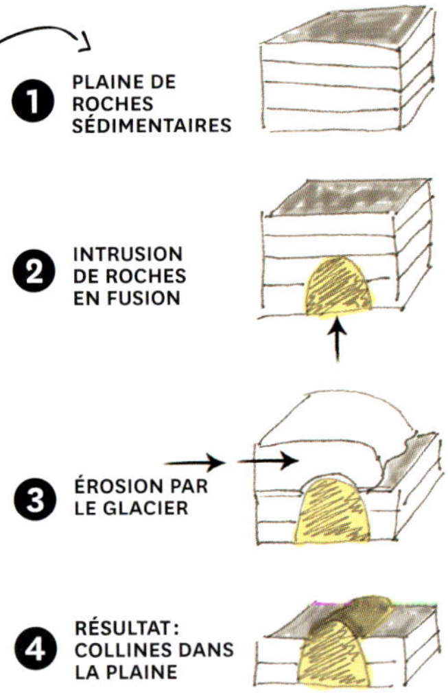

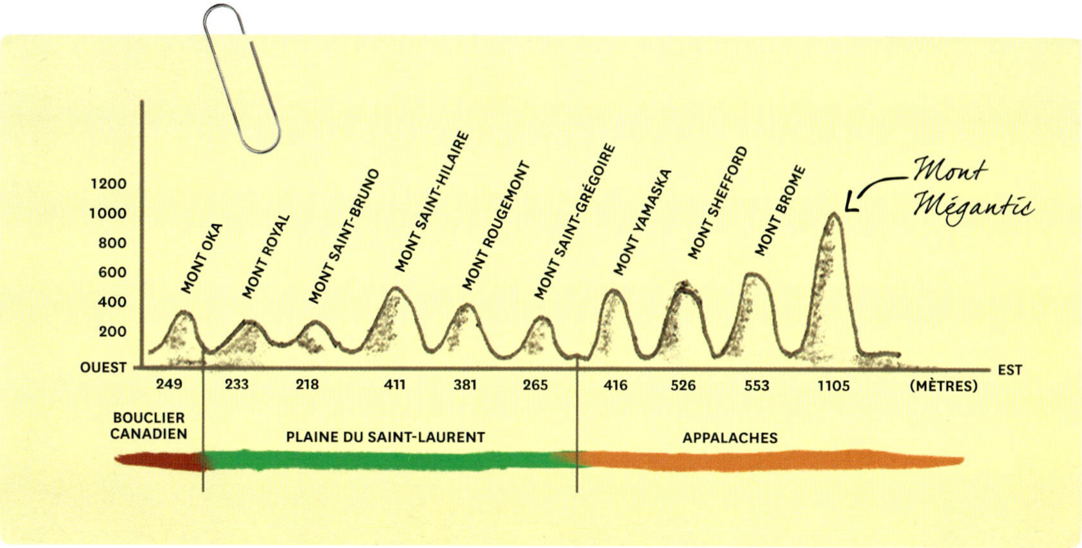

Par ses dimensions (hauteur et superficie), comme par sa position marginale par rapport aux neuf autres Montérégiennes, le mont Mégantic jouit d'un statut particulier. En effet, il est situé loin des zones urbaines et de la pollution atmosphérique qui en résulte souvent. Pour tirer profit de ces conditions, il a été décidé d'installer sur son sommet un observatoire astronomique qui, grâce à son télescope, le plus grand de l'est de l'Amérique du Nord, est considéré comme le plus important du Canada. L'*Astrolab*, un centre d'initiation aux sciences de la Terre, propose diverses activités reliées à l'astronomie, à la biologie, à la géologie et à l'écologie. Outre l'Observatoire, le Parc national du Mont-Mégantic comprend un réseau de sentiers qui permet de découvrir les éléments typiques d'un paysage appalachien.

Par sa hauteur et sa superficie, le mont Mégantic aurait mérité le qualificatif de *Royal* que Jacques Cartier a cependant attribué en 1535 à la principale colline d'Hochelaga, même si le mont Royal, d'où provient le nom des Montérégiennes, n'occupe, quant à ses dimensions, que le neuvième rang parmi les dix collines. Ajoutons que, par son altitude, le mont Mégantic n'occupe que la douzième place parmi les sommets du Québec.

4

La plus longue rivière

Au Canada, les rivières ont souvent les dimensions des fleuves européens. La rivière des Outaouais a une longueur totale de 1271 kilomètres, soit 200 de plus que la Loire, le plus long fleuve de France. C'est la plus longue rivière du Québec. Les Amérindiens l'appelaient *Kitchi Sipi,* c'est-à-dire la «grande rivière».

LA RIVIÈRE DES OUTAOUAIS

Une rivière capitale

C'est aussi la rivière qui, à l'instar du Saint-Laurent, offre la plus grande variété de paysages et d'aménagements. Depuis sa source, dans les hautes terres du Bouclier canadien, jusqu'à son embouchure dans la plaine du Saint-Laurent, elle traverse une série de lacs de dimensions, de formes et d'abords variés: le lac Témiscamingue dont la superficie est près de 300 kilomètres carrés, le Grand lac Victoria, le lac des Deux-Montagnes, de même que les réservoirs Dozois et Decelles.

Rivière des Outaouais, près de Papineauville.

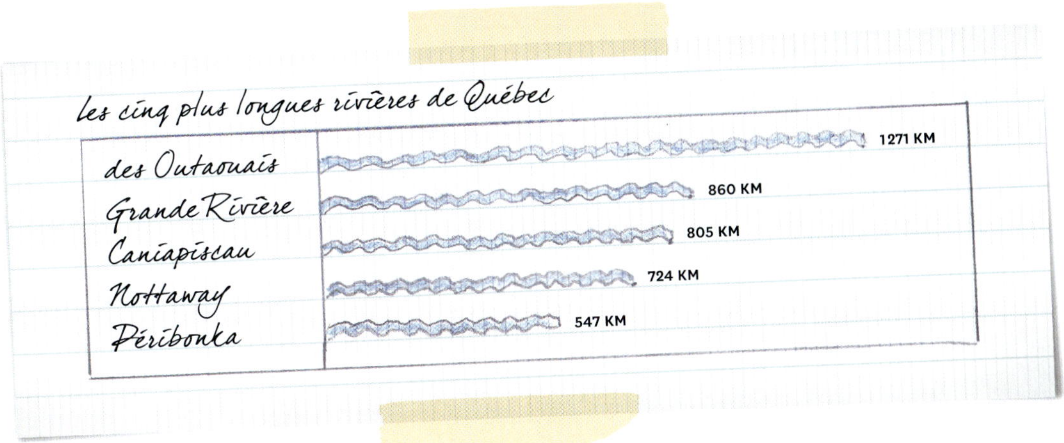

Le bassin de la rivière des Outaouais ne comporte pas moins de 59 barrages, dont dix sur la rivière elle-même, servant à la régulation des débits et à la production d'hydroélectricité. La plus importante centrale est celle de Carillon qui produit 750 millions de watts. Elle a été construite près du rapide du Long Sault où Dollard des Ormeaux a affronté les Iroquois dans une bataille restée célèbre, mais controversée. Un détail original : à cheval sur la frontière interprovinciale, la centrale elle-même est située au Québec, mais l'évacuateur de crues se retrouve en Ontario.

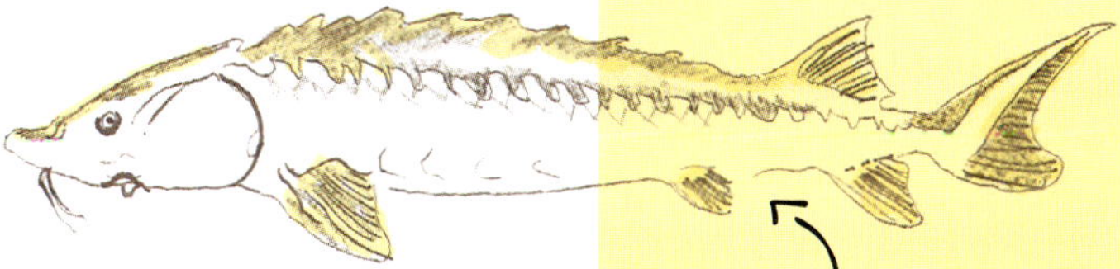

Un poisson de luxe dans la rivière des Outaouais ! On trouve dans le lac Témiscamingue des esturgeons dont on fabrique un caviar de grande qualité à Saint-Bruno-de-Guigues.

La rivière des Outaouais a joué un rôle important dans l'histoire économique de la région : très tôt, elle a constitué la voie d'accès aux richesses des « hauts pays », vers la baie d'Hudson et les Grands Lacs, d'abord pour la traite des fourrures, plus tard pour l'exploitation forestière.

Ses rives se sont peuplées au point d'accueillir la capitale canadienne, dont le nom a pris la forme anglaise de celui de la rivière, *Ottawa*, alors qu'a prévalu, du côté québécois, la forme francisée *Outaouais* pour désigner la rivière et la région. On sait que ces toponymes découlent du nom de la nation amérindienne qui fréquentait la région, mais on n'en connaît pas le sens exact.

5

La plus longue rivière navigable

Le Québec est un pays d'eau ; des dizaines de milliers de cours d'eau sillonnent son territoire. Son relief cependant fait en sorte qu'un très petit nombre d'entre eux sont considérés comme navigables (en excluant évidemment la navigation sportive légère). Parmi ceux-ci, le record de longueur est détenu par la rivière Harricana.

LA RIVIÈRE HARRICANA
Un cours d'eau utile

Dans Internet, on peut lire : « La rivière Harricana est un fleuve traversant la région administrative de l'Abitibi-Témiscamingue. » Les termes *fleuve* et *rivière* seraient-ils des synonymes ? En général, on réserve le mot *fleuve* à un cours d'eau qui aboutit immédiatement à la mer. Certains, cependant, utilisent ce terme pour désigner une rivière de grandes dimensions (rappelons que Jacques Cartier avait d'abord nommé le Saint-Laurent « Grande rivière du Canada »). Si l'on s'en tient à la définition reconnue des termes *fleuve* et *rivière*, et si on exclut la voie maritime du Saint-Laurent, l'Harricana est bien la rivière navigable la plus longue du Québec.

Il faut dire que la longueur des rivières peut varier selon les sources et cela, de deux manières. En effet, le choix d'une des sources d'une rivière (qui peuvent être nombreuses) comme point de référence pour le calcul de la longueur d'un cours d'eau n'est pas nécessairement le même d'une source statistique à l'autre. C'est ainsi que la longueur de l'Harricana varie, selon les sources, de 483 à 553 kilomètres. Cela dit, on s'entend sur le fait qu'elle est navigable sur 170 kilomètres.

La ville d'Amos doit son nom à l'épouse du premier ministre du Québec à l'époque, Sir Lomer Gouin, Alice Amos.

Le nom Harricana serait une déformation de Inikana ou de Anakona, termes algonquins signifiant « voie fluviale ».

À cet égard, la rivière Harricana est la sixième ou septième plus longue rivière du Québec, mais c'est celle qui est navigable sur la plus grande distance. En fait, elle est la deuxième plus longue voie navigable du Canada. Cette caractéristique lui a conféré une grande importance dans l'histoire du peuplement. En 1912 est fondée la ville d'Amos, là où le chemin de fer franchit l'Harricana en route vers l'ouest du continent. Dès lors, l'Harricana fait le lien entre les villes traversées par le chemin de fer et les nouveaux centres miniers autour de Val d'Or, pour le transport de personnes, de denrées et de différents matériaux : bois pour papier, madriers, dormants. Elle a aussi servi au flottage du bois. L'Harricana, grâce à son caractère navigable et flottable, a donc largement contribué au développement de la région et à faire d'Amos le *berceau de l'Abitibi*.

Le *S. S. Sullivan* sur la rivière Harricana. Ce bateau d'une dimension de 30 mètres de long sur 7 mètres de large avait une capacité de 125 passagers et de 70 tonnes de fret.

Amos, vers 1925.

6

La plus haute chute

La chute Montmorency n'est pas seulement la plus haute chute du Québec; elle est aussi la plus belle, la plus connue, la plus accessible, la plus visitée. Située à dix kilomètres à peine du centre-ville de Québec, elle constitue une démonstration concrète de l'histoire géologique du lieu; un véritable cours de géographie physique!

LA CHUTE MONTMORENCY
Un Niagara vertical

La rivière Montmorency, au terme d'un parcours de 120 kilomètres entre les montagnes du Bouclier canadien, se jette dans le Saint-Laurent situé en contrebas du plateau laurentien. Elle se paie alors un saut de 83 mètres, soit 30 de plus que les chutes Niagara. Ce faisant, elle découvre un plan de faille, une surface rocheuse créée par un décrochement dans la croûte terrestre. Cette surface avait été enfouie sous des sédiments comme ceux qui forment la côte de Beaupré entre la chute et le cap Tourmente. Durant des millénaires, la chute a patiemment creusé son chemin dans cette bande de terrain composée de schistes beaucoup plus friables que les roches très dures du Bouclier, pour former le bassin dit du «pain de sucre». Aujourd'hui, elle expose clairement le plan de faille sur lequel elle coule.

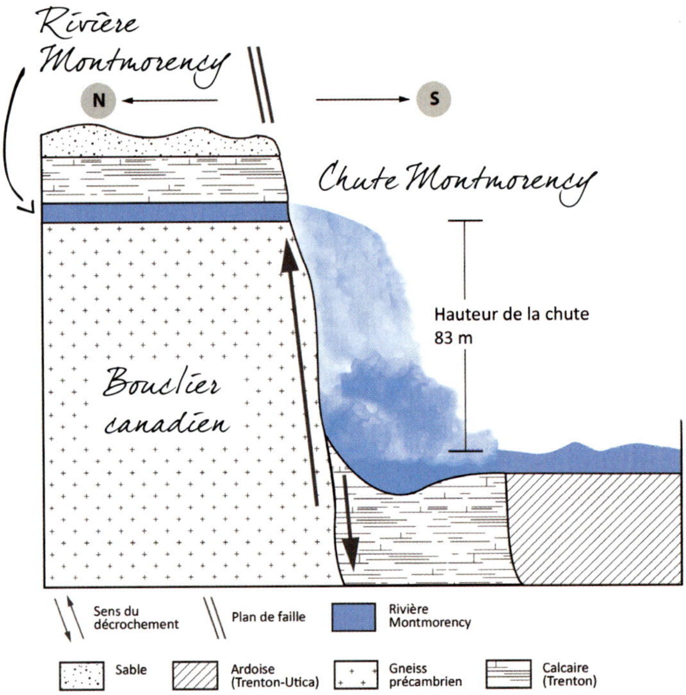

Dans le pain de sucre se formant chaque hiver au pied de la chute, on avait emménagé, dès 1880, un hôtel de glace bien fréquenté et bien arrosé, ce que décrit James McPherson Lemoine dans ses « Monographies et esquisses » (1885).

Robert C. Todd, *Le Cône de glace de la chute Montmorency*, vers 1840.

D'une saison à l'autre...

Les aménagements qui entourent le site (sentiers, escalier, pont, téléphérique, belvédère, parc) offrent des vues différentes et complémentaires de la chute, de la falaise, du plan de faille et du bassin, permettant ainsi de comprendre ce phénomène. Celui-ci est d'ailleurs enjolivé par une légende qui multiplie l'intérêt du lieu ; elle tire son origine d'un épisode historique. Vous connaissez sûrement la légende de la Dame blanche, cette fiancée éperdument amoureuse de son amant, mort en allant défendre son pays contre l'envahisseur anglais, alors qu'elle l'attendait pour l'épouser. Désespérée, elle s'est jetée dans la chute et son voile, emporté par le vent, est allé s'accrocher à la falaise, un peu plus loin. C'est la chute de la Dame blanche, surnommée « le Voile de la Mariée ».

Plus haute que les chutes du Zambèze, en Zambie, et d'Iguazú, en Argentine, mondialement célèbres, la chute Montmorency est cependant beaucoup moins haute que le *Salto Angel* (le Saut de l'Ange), qui permet au Venezuela de se vanter de posséder la chute la plus haute du monde : elle fait un bond de près de 1000 mètres, soit douze fois plus que la chute Montmorency.

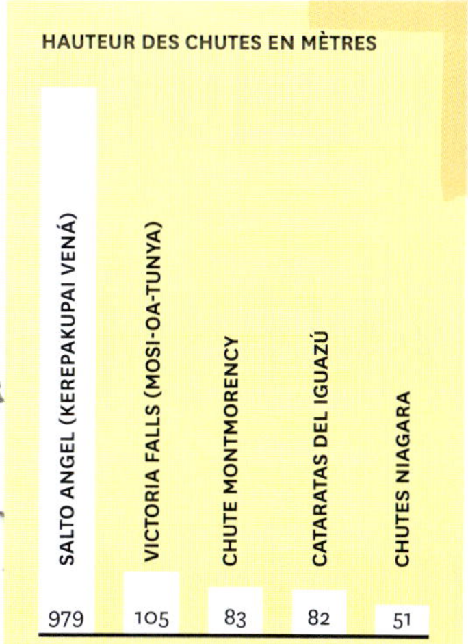

7

Le plus grand lac naturel

Situé au centre de la péninsule Québec-Labrador, le lac Mistassini, d'une superficie de 2335 kilomètres carrés et d'une profondeur de 180 mètres, a constitué la plus grande nappe d'eau douce au Québec jusqu'à l'aménagement, à la fin des années 1970, du réservoir de Caniapiscau, presque deux fois plus étendu.

LE LAC MISTASSINI
Notre petite mer

Le lac Mistassini est loin d'être le plus grand lac du Canada : 17 lacs canadiens dépassent le lac Mistassini en superficie, le plus vaste d'entre eux étant le Grand lac de l'Ours, 13 fois plus étendu. Cela dit, le lac Mistassini est quand même plus vaste que 45 des 220 pays du monde.

Outre le lac dont il est question ici, le toponyme Mistassini désigne près de 40 lieux différents, répartis entre les régions Nord-du-Québec, Saguenay–Lac-Saint-Jean et Côte-Nord : deux autres lacs, deux rivières, deux pointes, deux rochers, un secteur de la ville de Dolbeau-Mistassini, cinq rues…

La forme de ce lac est originale : un arc long de 175 kilomètres et large de 20 à 30 kilomètres, divisé en son milieu, sur presque toute sa longueur, par une longue crête rocheuse discontinue. On pourrait penser que le lac tient son nom de ce cordon rocheux : *mista assini* signifie en effet, dans les langues algonkiennes, « grande roche ». On croit plutôt que son nom évoque la présence d'un immense bloc erratique d'environ 1000 pieds cubes, d'origine glaciaire, situé près de la décharge du lac Mistassini. Précisons que l'exutoire du lac Mistassini n'est pas la rivière Mistassini qui se déverse dans le lac Saint-Jean, mais plutôt la rivière Rupert qui aboutit à la baie James.

Nation crie de Mistissini

Samuel de Champlain a connu l'existence de ce lac dès 1603, mais c'est en 1663 que Guillaume Couture, l'ancêtre de tous les Couture d'Amérique du Nord, accompagné de guides amérindiens, a touché ses rives lors d'une expédition organisée par le gouverneur de la Nouvelle-France dans le but d'atteindre la mer du Nord, c'est-à-dire la baie James. Quelques années plus tard, le père Albanel s'y est rendu et un poste de traite des fourrures y a été installé. Le poste de Mistassini, qu'on peut atteindre par la route, est situé au sud-est du lac. Avec ses quelque 3000 habitants, Mistissini est la deuxième communauté crie du Québec en importance.

Mistissini, village de la communauté crie, extrémité sud-ouest du lac Mistassini.

Un parc est en création au nord-est du lac Mistassini, le parc ATO: Albanel-Témiscamie-Otish. D'une superficie prévue de 11000 kilomètres carrés, ce parc, qui est une réalisation conjointe du Gouvernement du Québec et de la Nation crie de Mistissini, a pour but de protéger et de valoriser la diversité biologique de la forêt boréale et de la faune de même qu'à faire connaître les éléments culturels liés au territoire traditionnel cri.

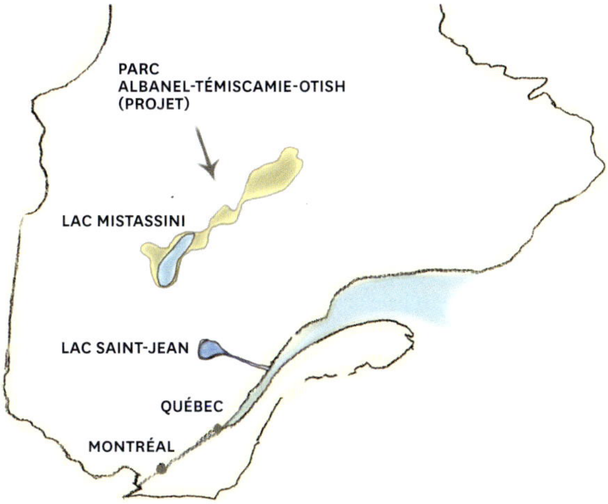

Levé topographique et grand canot d'écorce, sur le côté nord-ouest du lac Mistassini, en 1884.

8

Le plus grand réservoir

Dix des vingt plus grandes étendues d'eau du Québec sont artificielles. Elles ont été créées pour alimenter des centrales hydroélectriques. Le plus vaste de ces réservoirs est celui de Caniapiscau, de loin la plus grande étendue d'eau douce du Québec.

LE RÉSERVOIR CANIAPISCAU
Un lac plus grand que nature

Il s'agit du réservoir de tête du complexe La Grande. En se dirigeant vers la baie James, ses eaux alimentent une série de centrales qui composent l'élément majeur du réseau énergétique d'Hydro-Québec. Pour constituer cette importante réserve d'eau, il a fallu construire deux barrages et une quarantaine de digues, et détourner une partie du bassin de la rivière Caniapiscau, un affluent de la rivière Koksoak qui se déverse dans la baie d'Ungava. Cet apport est cependant contrôlé et peut, à l'occasion, être inversé.

Le barrage est formé d'un noyau de moraine, de plusieurs filtres en pierre tamisée, le tout recouvert d'une couche de blocs d'un mètre.

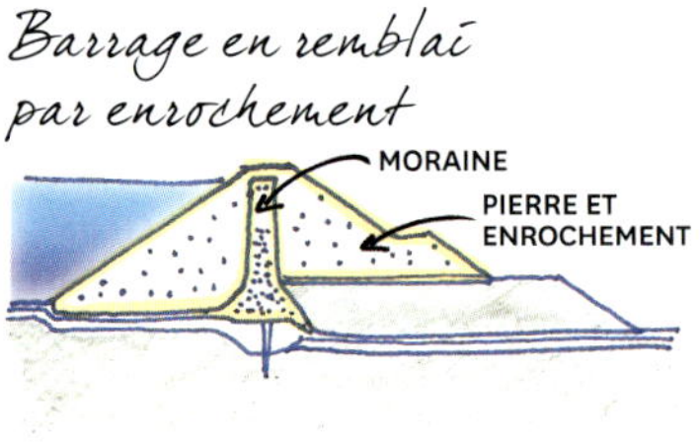

Le barrage KA-5 ferme le bras ouest de la rivière Caniapiscau pour former le réservoir. L'ouvrage en remblai fait 2123 m de longueur et 47 m de hauteur.

Ces rivières ont donc vu leur débit diminuer au profit du réservoir, qui a inondé plus de 3000 kilomètres carrés de terrain à l'origine boisé. Cette opération d'envergure a eu des conséquences écologiques importantes, notamment en augmentant la présence de mercure dans la chair des poissons et dans celle de leurs prédateurs. Ceci constitue un mal pour un bien, puisque la situation a amené Hydro-Québec à commander un très grand nombre d'études scientifiques pour mesurer ces impacts, études qui ont contribué à une meilleure connaissance de la géographie et des défis environnementaux de la région.

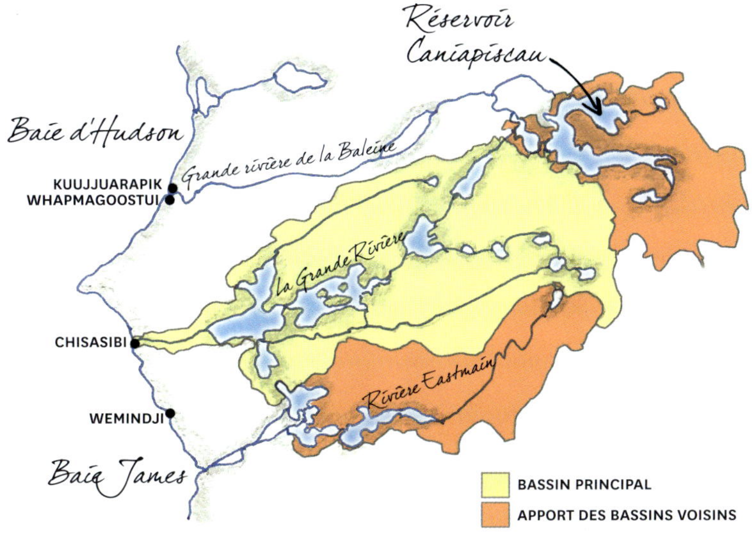

Le réservoir Caniapiscau représente d'immenses réserves d'énergie

COMPLEXE HYDROÉLECTRIQUE:
La Grande

Volume pour générer de l'électricité	39 milliards de m³
Volume total	52,6 milliards de m³
Superficie du réservoir	4359 km²
Aménagement	29 barrages et digues de 11 à 54 m de hauteur

L'ennoyage de la région concernée, constituée de collines ayant différentes hauteurs, a produit une grande quantité d'îles auxquelles il a fallu, aux fins de la gestion du territoire, attribuer des noms. La Commission de toponymie du Québec, en 1997, à l'occasion du 20e anniversaire de l'adoption de la Charte de la langue française, a donc utilisé des expressions et des mots issus de la littérature québécoise pour baptiser 101 de ces îles nouvellement formées. On a donné à plusieurs des noms cris.

Le nom cri Caniapiscau signifie: là où il y a une pointe rocheuse:
Ka (désignatif: «celui qui»)
+ *Niaw* (pointe)
+ *Piskaw* (rocheux)

Aux fins de comparaison, mentionnons que la superficie du réservoir Caniapiscau, 4359 kilomètres carrés, est trois fois et demie plus grande que celle du lac Saint-Jean et sept fois plus grande que celle du lac Léman partagé entre la France et la Suisse. Le Québec possède 23 lacs plus grands que le Léman. Ajoutons que la Finlande partage avec le Québec le surnom de «pays des mille lacs» (en réalité, le Québec en possède près d'un million). Elle dépasse peut-être cependant le Québec au chapitre des îles: le seul lac Inari, en Laponie finlandaise, en compte 3318!

Le Québec regorge d'eau! Plus de 130 000 cours d'eau et 1 million de lacs! Les lacs naturels et réservoirs couvrent environ 12% du territoire.

9

La plus grande île

Anticosti est, de loin, la plus grande île du Québec (mais seulement la vingtième plus grande du Canada). Longue de 220 kilomètres et large d'une cinquantaine, l'île d'Anticosti a la dimension d'un pays. En effet, une quarantaine d'États indépendants à travers le monde sont plus petits qu'elle. Sa superficie, d'environ 8 000 kilomètres carrés, dépasse de 40 % celle de l'Île-du-Prince-Édouard.

ANTICOSTI
Le cimetière du golfe

Serait-ce Anticosti qui a inspiré Vigneault quand il chante *Une île*?

Les grands bâtiments
Chargés de tracas
N'en approchent pas
Même à marée haute
Ce sont des hauts-fonds
Qui gardent la côte

Anticosti ne compte actuellement que 200 habitants permanents, mais environ 150 000 chevreuils, soit 750 bêtes pour chaque habitant de l'île. Le roi de la forêt anticostienne, en mangeant toutes les plantes dont il pouvait se nourrir, a éliminé l'ours noir qui avait donné son nom à l'île; le nom *Nastikotec*, comme *Natashquan*, signifie «là où l'on chasse l'ours». Le chevreuil règne maintenant en maître sur l'île et fait la joie de ceux qui peuvent se payer le luxe d'aller le chasser.

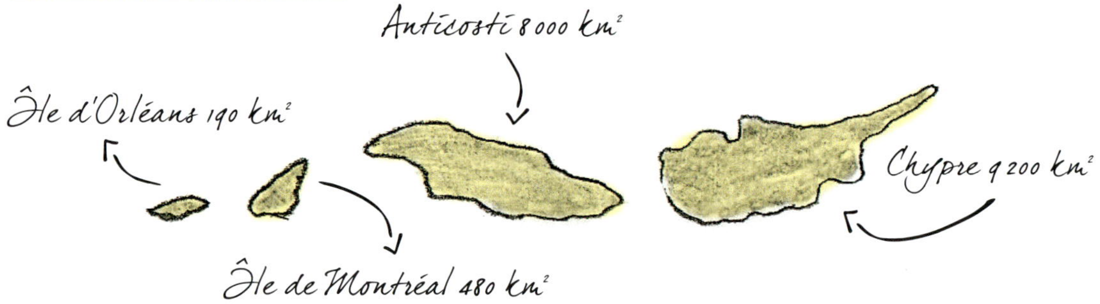

Riche en chevreuils, Anticosti l'est aussi en saumons et en paysages: le canyon de Vauréal est sans conteste le plus beau du Québec. L'histoire de cette île est tout aussi intéressante: il suffit de se rappeler l'étonnante saga d'Henri Menier, riche chocolatier français, qui, à la fin du XIXe siècle, est venu s'y installer, exploiter ses richesses, y construire un chemin de fer, un port et un château que la Consolidated Bathurst Ltd, devenue propriétaire de l'île, a incendié en 1953.

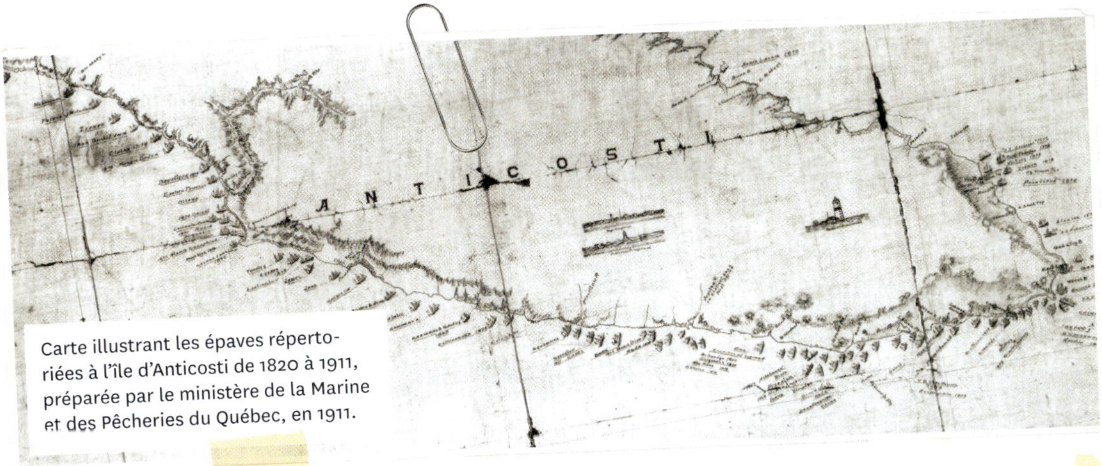

Carte illustrant les épaves répertoriées à l'île d'Anticosti de 1820 à 1911, préparée par le ministère de la Marine et des Pêcheries du Québec, en 1911.

L'histoire de l'île est aussi liée à d'autres drames: entourée de courants, de hauts-fonds, de vents et de brumes, Anticosti s'est acquis le triste surnom de «Cimetière du golfe» que lui valurent les quelque 250 naufrages dont témoignent quelques dizaines d'épaves qui ponctuent son pourtour. Anticosti fait ainsi partie du réseau des cimetières marins qui bordent les continents: le cimetière du Pacifique devant l'île de Vancouver, le cimetière de l'Atlantique en face de la Caroline du Nord au cap Hatteras, le cimetière de l'océan Indien autour de l'île de Mayotte, la «côte des Squelettes» face à la Namibie et tant d'autres.

La deuxième plus grande île du Québec, quatre fois plus petite qu'Anticosti, est l'île René-Levasseur, une île artificielle née de l'ennoyage de son pourtour par la création du réservoir de Manicouagan.

Le pavillon de chasse construit pour Henri Menier à Anticosti, vers 1895.

10

La plus grande île artificielle

Avant 1963, en amont de l'île Sainte-Hélène, le long de la voie maritime du Saint-Laurent, s'allongeaient quelques hauts-fonds vaseux. Quatre ans plus tard, au même endroit, la plus grande île artificielle du Québec faisait la fierté des Montréalais. L'île Notre-Dame avait été construite de main d'homme pour accueillir l'Exposition universelle de 1967.

L'ÎLE NOTRE-DAME
Née grâce au métro

À la même époque, on construisait le métro de Montréal. Heureuse coïncidence : le creusement des galeries a fourni une grande partie des 28 millions de tonnes de terre et de roche nécessaires à la construction de la nouvelle île. À l'été 1965, celle-ci était prête pour recevoir les pavillons que les pays participants allaient y ériger durant l'année précédant l'ouverture de l'Exposition universelle, prévue pour avril 1967, et les meubler de tout ce qui pouvait susciter l'intérêt des éventuels visiteurs. Ceux-ci furent nombreux : plus de 50 millions de personnes ont pu admirer les pavillons de 62 pays.

Vue vers l'est, avant les travaux, en septembre 1963.

En novembre 1963, première étape des travaux en vue du remblaiement des îles : construction d'un pourtour, élévation de digues pour protéger le site contre les inondations et empêcher l'eau de s'infiltrer, pompage des eaux hors des bassins.

Les sites aménagés, en septembre 1967. Vue vers l'ouest.

Les îles Sainte-Hélène et Notre-Dame aujourd'hui.

Expo 67, un choix de lieu stratégique et symbolique, mais non pas sans défis !

Quoi de mieux pour établir le site de l'Expo 67 qu'en face de Montréal, en plein cœur du Saint-Laurent, dans la force de son courant, voie de communication et de développement du Québec, ouvert sur l'Atlantique et sur l'Amérique? C'est ainsi que les îles de l'archipel en face du Vieux-Port de Montréal furent choisies: l'île Sainte-Hélène s'est vue agrandie en incorporant les îles avoisinantes, dont l'île Ronde (le futur parc de La Ronde), tandis que l'île Notre-Dame a été créée en reliant l'île Moffat et les ilôts qui l'accompagnaient à l'estacade de service de la voie maritime du Saint-Laurent. Un ouvrage titanesque.

Ce fut le plus grand chantier jamais réalisé au Québec sur une si brève période: plus de 800 édifices érigés, un total de 80 kilomètres de voies de circulation aménagés, 15000 arbres plantés, 27 ponts construits de même qu'une large gamme d'infrastructures et d'aménagements urbains. L'Expo terminée, la plupart des édifices ont été détruits ou déplacés. Seuls les pavillons de la France et du Québec ont survécu, et abritent désormais les bureaux de Loto-Québec et le Casino de Montréal. Ce qui est plus important toutefois, c'est que l'ensemble des îles Notre-Dame et Sainte-Hélène compose aujourd'hui le parc Jean-Drapeau où se trouve le plus grand complexe aquatique du Québec.

L'île Notre-Dame et l'île Ronde (aujourd'hui intégrée à l'île Notre-Dame).

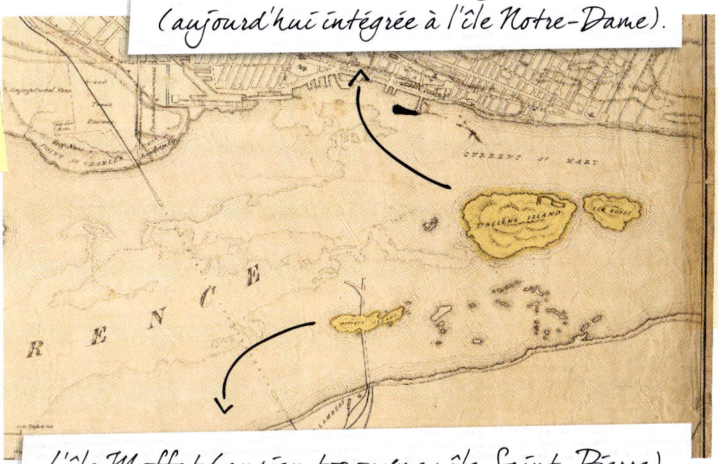

L'île Moffat (ancien toponyme : île Saint-Pierre) et les îlots, à l'origine de l'actuelle île Notre-Dame.

Il existe au Québec une autre île qui, d'une certaine manière, peut avoir droit au titre de *la plus grande île artificielle*. C'est l'île René-Levasseur qui résulte de l'ennoyage de deux dépressions périphériques autrefois occupées par des lacs se faisant face comme deux parenthèses. La construction du barrage de Manic-5, aujourd'hui Daniel-Johnson, et le rehaussement du niveau de l'eau ont fait en sorte que les extrémités nord et sud des deux lacs se sont rejointes et ont formé un seul plan d'eau en forme de couronne, laissant au centre une île mesurant un peu plus de 2000 kilomètres carrés. On a donné à cette île, mille fois plus grande que les îles Notre-Dame et Sainte-Hélène réunies, le nom de l'ingénieur en chef du chantier de Manic-5.

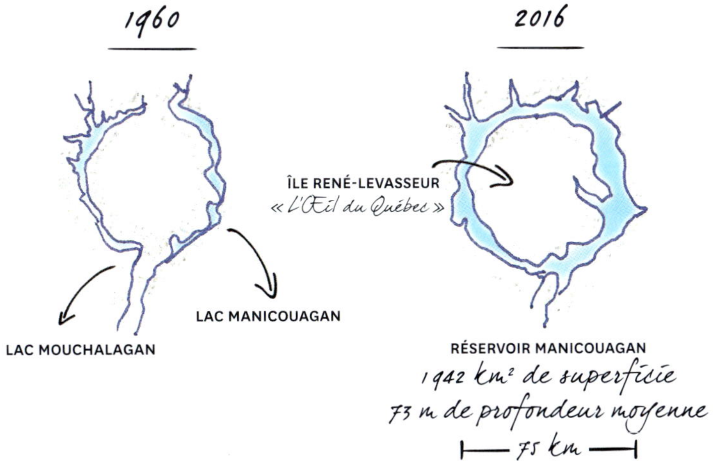

11

L'île située le plus à l'est

Le détroit de Belle-Isle est bien gardé par deux îles qui en ponctuent les entrées: la Belle Isle du côté de l'Atlantique et l'île au Bois du côté du golfe. La première relève de la province voisine, alors que l'Île au Bois est celle qui est située le plus à l'est du territoire québécois.

L'ÎLE AU BOIS
Gardienne du détroit de Belle-Isle

Il existe des lieux, perdus aux marges du territoire, inconnus de tous sauf de quelques spécialistes, et qui ne s'imposent ni par leurs dimensions ni par quelque caractéristique particulière visible. Certains de ces lieux révèlent cependant leur importance quand, en remontant le cours de l'histoire, on découvre le rôle qu'ils ont joué.

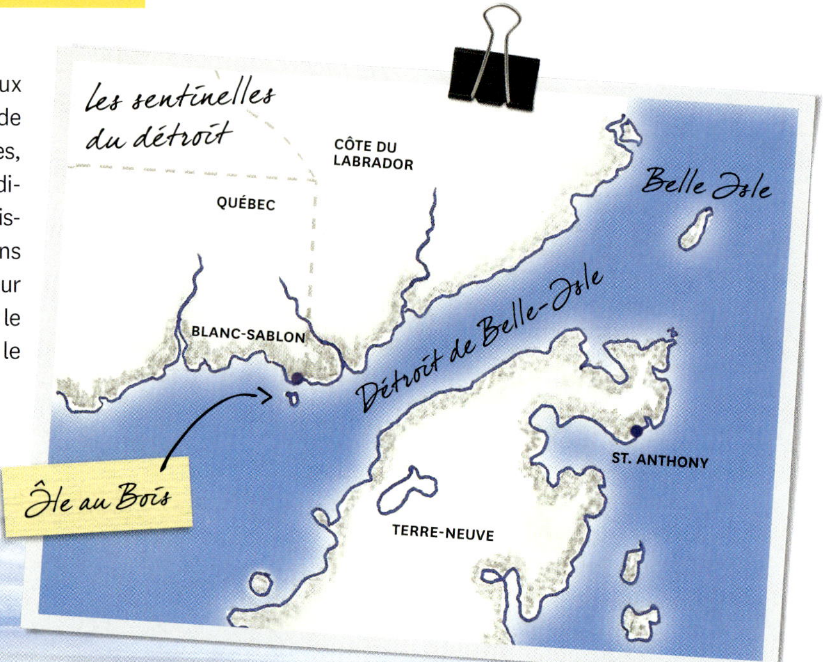

Malgré son nom, l'île au Bois, située en face de Blanc-Sablon, le dernier village québécois sur la Basse-Côte-Nord, n'est couverte que de lichens et de plantes sauvages. Lorsque Jacques Cartier l'a abordée, il lui a donné un nom descriptif, selon son habitude : l'*Île des Bois*. Mais tout le bois qui a pu s'y trouver a été bûché et utilisé par les pêcheurs qui n'y ont laissé que quelques arbustes. N'allez surtout pas penser que, parce que l'île ne porte plus son nom, il faille le changer ; la toponymie est une mémoire qu'il faut respecter. Il faut dire que, outre le souvenir de son ancienne couverture arbustive, l'île conserve celui d'établissements inuits datant de plus d'un millénaire, sans doute davantage. Plus près de nous, l'île a servi aux pêcheurs européens qui y séchaient et stockaient le fruit de leurs prises de morues et de phoques. D'éloquents vestiges le prouvent.

La morue séchée : mode d'emploi

Trois éléments naturels sont nécessaires pour faire sécher le poisson : le sel, le vent et le soleil. D'abord les morues sont salées, puis placées sur des supports, appelés vigneaux, pour les faire sécher en les exposant au vent et au soleil.

À Blanc-Sablon, des femmes font sécher de la morue sur des vigneaux recouverts de branches d'épinettes, 1940.

Des restes d'une cinquantaine de constructions témoignent de la diversité des aménagements que les pêcheurs basques, bretons et normands y ont installés dès le XVIe siècle. L'île était fort bien située pour accueillir les abondantes prises que leur fournissait le golfe. Ils y faisaient sécher le poisson, notamment le hareng et la morue, sur des vigneaux confectionnés pour les exposer à la circulation de l'air marin ou sur les dallages qu'ils réalisaient à partir des pierres sédimentaires de l'île. On y trouve aussi les vestiges de fours de briques où l'on faisait fondre la graisse des phoques pour en recueillir l'huile. Diverses constructions servaient au stockage des poissons et des équipements, de même qu'au logement temporaire des pêcheurs.

Ces vestiges, importants pour documenter l'histoire de la pêche aux siècles derniers, a valu à l'île d'être classée *site patrimonial*.

Classé site patrimonial, le site archéologique de l'Île-au-Bois qui englobe toute l'île, est un site de pêche saisonnière à la morue et au phoque. Les vestiges démontrent une occupation durant les XVIIe, XVIIIe et XIXe siècles. On y trouve de grandes structures en pierre et des traces d'établissements paléoesquimaux.

12

Le lac qui compte le plus grand nombre d'îles

Deux lacs du Nunavik, distants d'à peine 150 kilomètres, Bienville et Wiyâshâkimî, sont assurément les deux plans d'eau les plus riches en îles du Québec. Selon nous, le lac Wiyâshâkimî est celui qui détient le record, pour la raison suivante.

LE LAC WIYÂSHÂKIMÎ
Un lac d'archipels

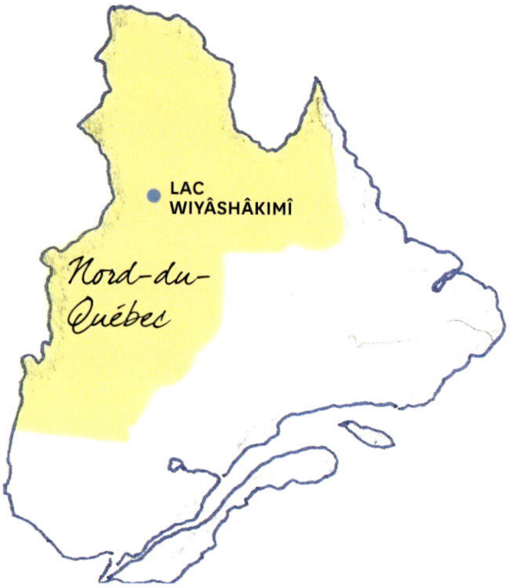

Les deux lacs en question comprennent un si grand nombre d'îles, d'îlots et de rochers qu'il faudrait une patience d'ange pour en faire un décompte précis à partir de cartes à très grande échelle. Par contre, en ce qui concerne le lac Bienville, étant donné qu'à plusieurs endroits on ne peut dire où finissent les cours d'eau affluents et où commence le lac proprement dit, cela a évidemment un impact sur le nombre d'îles qu'on pourrait considérer comme en faisant partie. Nous tenons donc pour acquis que les quelque 500 îles du lac Wiyâshâkimî, dont les contours sont plus nets, lui valent le titre du lac le plus riche en îles du Québec.

Vue satellitaire du lac Wiyâshâkimî et son archipel à l'Eau-Claire prise par le NASA-Johnson Space Center.

Chose certaine, par ailleurs, ce lac en contient sûrement plus que les deux lacs situés non loin de Senneterre, qui pourtant portent tous les deux le nom de *lac des Mille-Îles*. En fait, ni l'un ni l'autre n'en compte mille, pas plus que la rivière des Mille-Îles d'ailleurs.

Jusqu'au 26 février 2016, le lac Wiyâshâkimî avait pour nom *lac à l'Eau Claire*. Il importe de préciser de quel *lac à l'Eau Claire* il s'agit, puisqu'on trouve une vingtaine de lacs portant ce nom au Québec. Sauf exception, ces plans d'eau se situent tous dans le Bouclier canadien, ce qui n'est pas surprenant quand on sait que l'érosion des roches cristallines de cette région a produit surtout du sable et très peu de matériel susceptible de troubler la clarté des eaux, contrairement aux rivières de la plaine du Saint-Laurent.

La nouvelle dénomination du lac en langue crie a comme objectif de rendre plus visible le patrimoine autochtone de la région. L'ancien toponyme a été préservé dans *l'archipel à l'Eau Claire* que composent les centaines d'îles du lac.

Quatre langues pour un même lac

Français: *lac à l'Eau Claire*, jusqu'en 2016.

Cri: *lac Wiyâshâkimî*, qui signifie «plan d'eau claire», officialisé en 2016.

Inuktitut: *Allait Qasigialingat*, ce qui signifie «le lac des Cris où il y a des phoques d'eau douce».

Anglais: *Clearwater Lakes*, non officiel, utilisé dans la littérature anglophone.

Contrairement aux lacs Bienville et *Wiyâshâkimî*, dont la quasi-totalité des îles sont demeurées anonymes, le réservoir Caniapiscau a eu l'honneur de voir 101 de ses îles nommées à partir d'expressions tirées de poèmes d'auteurs québécois. Elles constituent le *Jardin du Bout du monde*.

Le lac Wiyâshâkimî est situé environ au 56e parallèle Nord. Il a la forme d'un 8, composé de deux étendues d'eau circulaires d'une trentaine de kilomètres de diamètre chacune. L'une d'elles comprend un grand nombre d'îles formant l'*archipel à l'Eau Claire*, également de forme circulaire. Tous les indices concordent pour établir qu'il s'agit de deux cratères d'impact météoritique, l'un datant de 280 millions d'années, l'autre de 460 millions. C'est le seul cas au Québec d'astroblèmes (cratères d'impact) aussi rapprochés, ce qui a fait croire, pendant un certain temps, que ces impacts s'étaient produits simultanément par le fractionnement d'une météorite.

Faudra-t-il un jour donner des noms à toutes les îles du lac Wiyâshâkimî? Ouf! Ce serait tout un travail!

Différents facteurs ont pu influencer ces types de base pour créer le lac Wiyâshâkimî dans sa forme actuelle.

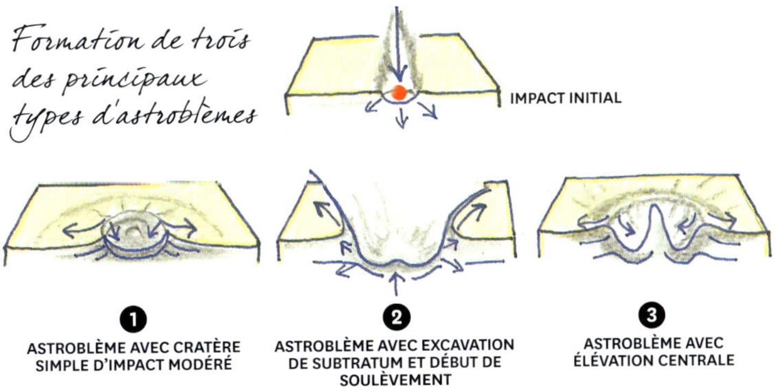

Astroblème

Structure d'impact terrestre devenue plus ou moins facilement identifiable à cause de l'œuvre des différents agents d'érosion. Le cratère est un des éléments constitutifs de l'astroblème.

Cratère d'impact

Dépression de forme plus ou moins circulaire issue de la collision d'un objet sur un autre de taille suffisamment grande pour qu'il ne soit pas complètement détruit par l'impact.

13

Le cours d'eau qui compte le plus grand nombre d'îles

La rivière des Mille-Îles est naturellement une candidate au titre du cours d'eau le plus riche en îles, mais elle ne mérite que la médaille d'argent. L'or revient au Saint-Laurent qui compte bien plus de 1000 îles, nombre d'ailleurs que la rivière des Mille-Îles est loin d'atteindre.

LE SAINT-LAURENT
Un fleuve d'îles

Bien comptées, on trouverait 2713 îles dans le Saint-Laurent. C'est déjà beaucoup d'en avoir autant, mais ce qui fait la richesse insulaire du fleuve, c'est l'impressionnante variété des îles. Elles diffèrent par leurs dimensions, leur position par rapport aux rives, leur forme, leur géologie, leur végétation, leur population, leur utilisation, leur isolement ou leur regroupement en archipels. Elles composent tout un monde!

Certaines îles sont solitaires, comme la minuscule Île Rouge occupée uniquement par un phare ou l'énorme Île d'Anticosti, où gambadent 750 fois plus de chevreuils que d'humains, soit 150 000. Certaines îles sont couvertes de forêts, comme l'Île aux Lièvres; de simples rochers, comme l'Île aux Œufs; de fruits et de légumes, comme l'Île d'Orléans; d'herbe, comme l'Île aux Oies; d'immeubles, comme l'île de Montréal; d'édifices à fonction sanitaire, comme la Grosse-Île; de *pots de fleurs*, comme les îles de Mingan; ou encore de fientes d'oiseaux, comme les Rochers-du-Cormoran. Certaines îles sont d'anciens cabourons, aujourd'hui ennoyés.

Treize noms pour un fleuve

En innu	*Wepistukujaw Sipo*
En abénaquis	*Moliantegok*
En mohawk	*Roiatatokenti* et *Raoteniateara*
Sur les cartes	
Actuelles	*Saint-Laurent*
Anciennes	*Grand fleuve de Hochelaga* *Rivière des Iroquois* *Rivière de Cataracoui* *Grande rivière de Canada*

Des îles surnommées

Île Perrot	*La Porte de la Montérégie*
Îles de Boucherville	*Les Îles percées*
Les cent îles du lac Saint-Pierre	*La Louisiane du Québec*
Île d'Orléans	*L'Île ensorcelée,* *Le Jardin de Québec*
Grosse île	*L'Ellis Island du Canada*
Île aux Coudres	*L'Île des Marsouins*
Île d'Anticosti	*L'Île aux naufrages,* *Le cimetière du golfe*
Îles de la Madeleine	*Les Demoiselles perdues en mer*

Sur les îles, moins il y a d'humains, plus il y a d'oiseaux, et nombreux sont les repaires de nidification pour une très grande variété d'espèces. La toponymie de ces lieux témoigne d'ailleurs de cette variété : Île aux Grues, Île aux Oies, Île aux Hérons, Île à l'Aigle, Île aux Canards, Île aux Corbeaux, Îles aux Perroquets, Île aux Sternes, Île aux Tourtes… La liste des îles du Saint-Laurent, c'est la déclinaison d'un immense parc ornithologique.

Les îles servent aussi de repères pour délimiter les trois composantes du système hydrographique du Saint-Laurent : de l'archipel de Montréal à l'Île d'Orléans, le fleuve ; de l'Île d'Orléans à l'Île d'Anticosti, l'estuaire ; au-delà, le golfe, puis la mer.

Un archipel d'archipels

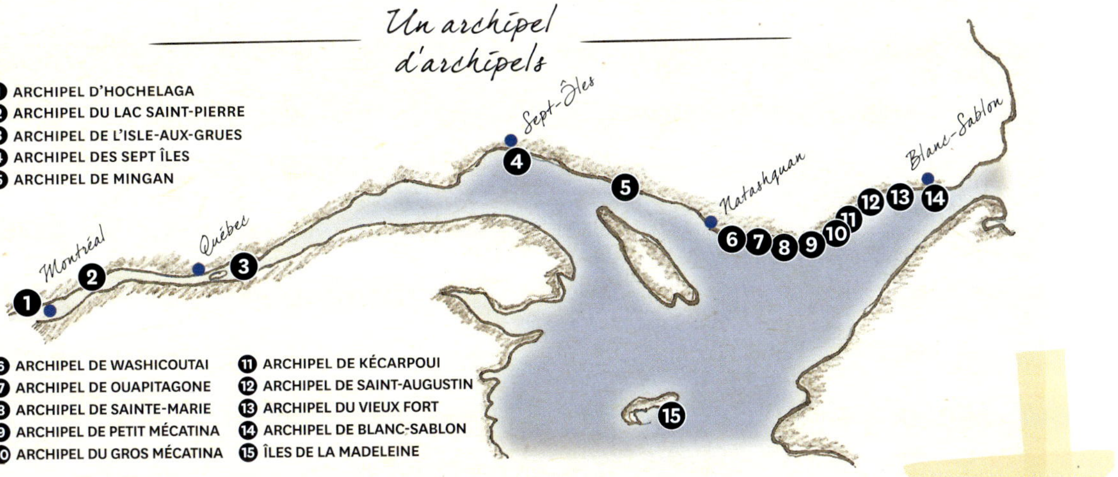

1 ARCHIPEL D'HOCHELAGA
2 ARCHIPEL DU LAC SAINT-PIERRE
3 ARCHIPEL DE L'ISLE-AUX-GRUES
4 ARCHIPEL DES SEPT ÎLES
5 ARCHIPEL DE MINGAN
6 ARCHIPEL DE WASHICOUTAI
7 ARCHIPEL DE OUAPITAGONE
8 ARCHIPEL DE SAINTE-MARIE
9 ARCHIPEL DE PETIT MÉCATINA
10 ARCHIPEL DU GROS MÉCATINA
11 ARCHIPEL DE KÉCARPOUI
12 ARCHIPEL DE SAINT-AUGUSTIN
13 ARCHIPEL DU VIEUX FORT
14 ARCHIPEL DE BLANC-SABLON
15 ÎLES DE LA MADELEINE

14

La plus longue flèche littorale

Les flèches sablonneuses qui barrent partiellement l'embouchure des rivières sont fréquentes sur les littoraux de la Côte-Nord et de la Gaspésie. La plus longue a donné son nom au village de Barachois, situé au bout de la péninsule gaspésienne entre Gaspé et Percé.

BARACHOIS
Un prototype

Il arrive qu'un élément géographique donne son nom à un lieu. C'est le cas, par exemple, pour *Le Cap, Le Havre, La Baie* ou *Lachute*. C'est aussi le cas du nom Barachois, un terme qui désigne un phénomène littoral comprenant divers éléments : une lagune, un étang ou un marécage séparé de la mer par un cordon de sable ou de gravier (que les géomorphologues appellent « poulier ») tout en laissant une ouverture plus ou moins large (appelée « goulet »), permettant à l'eau venue de l'intérieur de s'écouler vers l'extérieur. Cette forme littorale est le résultat de la rencontre des alluvions apportées par un cours d'eau avec des courants marins qui déplacent ces alluvions et construisent peu à peu une flèche dans le sens du littoral.

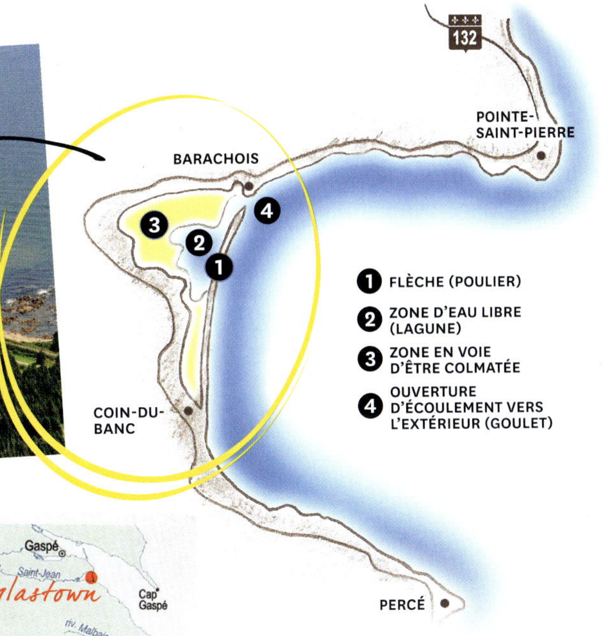

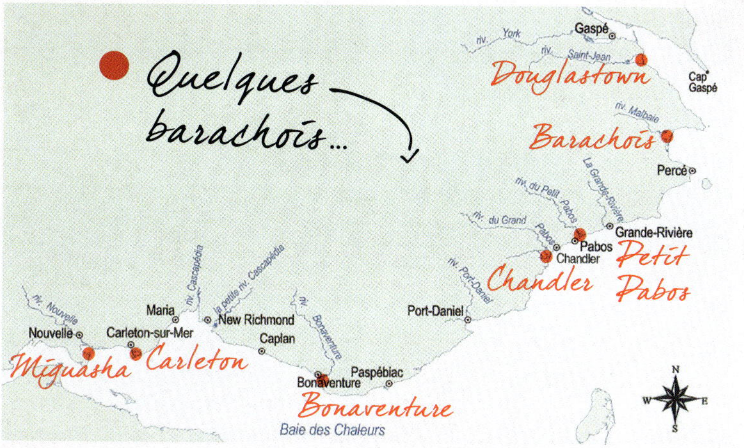

Sur la côte sud de la Gaspésie, entre Ristigouche-Partie-Sud-Est à l'ouest et le cap Gaspé à l'est, on compte en tout 11 barachois estuariens et 8 barachois lagunaires.

Le sud de la Gaspésie offre plusieurs exemples de barachois, le plus important et le plus net étant celui qui porte, de façon tout à fait justifiée, le nom du phénomène. On l'a utilisé, sur une longueur de plus de cinq kilomètres, pour y construire le chemin de fer qui se rendait à Gaspé, jusqu'à ce que ce service pourtant essentiel soit suspendu.

Avant 1971, le village de Barachois était connu sous le nom de Barachois-de-Malbaie, ce dernier terme étant le nom du canton, empruntant lui-même le nom de la rivière Malbaie qui traverse le canton, à ne pas confondre avec la rivière du même nom dans Charlevoix. On trouve plusieurs autres barachois dans la toponymie des provinces voisines.

Diverses hypothèses ont été avancées pour expliquer l'origine du mot *barachois*. Plusieurs auteurs suggèrent qu'il s'agirait d'une déformation phonétique de l'expression *barre à choir*, laissant entendre qu'à marée basse, on peut y laisser choir son embarcation. D'autres font référence au portugais pour dire que barachois signifie «terrain plat barré». L'hypothèse la plus vraisemblable fait appel à la langue basque, dans laquelle *barratxoa* signifie «petite barre». On sait que, depuis longtemps, les Basques ont fréquenté la région.

Barachois fait maintenant partie de la ville de Percé et constitue, avec les anciennes municipalités et hameaux de Saint-Pierre-de-Malbaie, Pointe-Saint-Pierre, Bridgeville, Coin-du-Banc, L'Anse-à-Beaufils et Cap-d'Espoir, une des plus grandes municipalités urbaines d'Amérique couvrant 67 km de littoral et une superficie de 428 km^2.

15

La plus grande caverne

On se doutait depuis longtemps que, dans les environs de la chute Montmorency, il y avait quelque chose de particulier sous la surface, mais ce n'est qu'en 1979 qu'on a découvert la grotte de Boischatel, la plus grande du Canada à l'est des Rocheuses.

LA GROTTE DE BOISCHATEL
Une rivière souterraine

Le calcaire est une roche qui se dissout au contact de l'eau. Au cours des siècles et des millénaires, l'eau s'infiltre entre les lits rocheux et élargit progressivement les interstices en dissolvant la roche, au point souvent qu'une rivière peut disparaître de la surface et emprunter un cours souterrain. Ce faisant, le cours d'eau peut dégager sous la surface des couloirs, des puits et des chambres de plus en plus vastes. Son ancien cours de surface devient une vallée sèche alors que la rivière, après avoir suivi un parcours souterrain, finit par ressortir du sol ou d'une paroi rocheuse; c'est ce qu'on appelle une résurgence, qui est souvent localisée dans un bout-du-monde, une vallée en cul-de-sac.

Une chambre du sous-sol de Boischatel.

Petit glossaire

Canyon: vallée à parois verticales propre aux régions karstiques.
Caverne: anfractuosité dans la roche en place pouvant servir d'abri; grande grotte.
Dallage: disposition de lits horizontaux de roches pavant les fonds de vallées karstiques.
Doline: cuvette crevant la surface d'un plateau calcaire.
Géode: cavité rocheuse tapissée de cristaux.
Grotte: cavité de dimensions variables dans des roches calcaires.
Karst: structure géomorphologique résultant de l'érosion hydrochimique et hydraulique de toutes roches solubles, principalement de roches calcaires.
Marmite: cavité circulaire creusée dans le calcaire par une roche entraînée dans un tourbillon.

Toponymie karstique dans le secteur de Boischatel

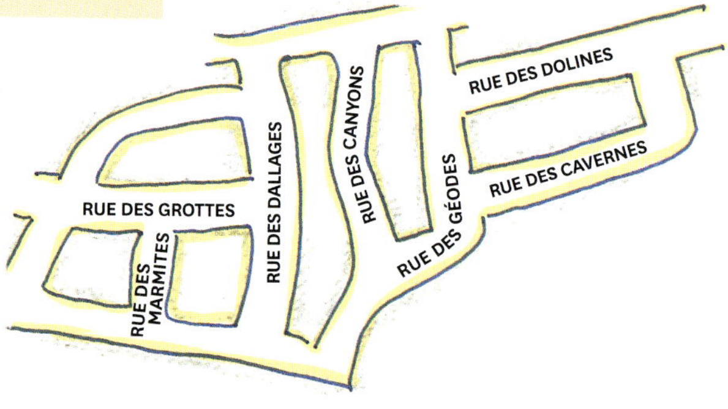

Ce processus typique des régions karstiques (où prédominent les roches calcaires) a fait son œuvre sous Boischatel en creusant des tunnels et des galeries qui forment une caverne ayant des dimensions impressionnantes. Les galeries souterraines ont une longueur totale de près de trois kilomètres. Elles varient en hauteur et en largeur ; la chambre la plus vaste se déploie sur une largeur de sept mètres et une hauteur de quelque douze mètres. L'entrée est cependant fort étroite (moins d'un mètre).

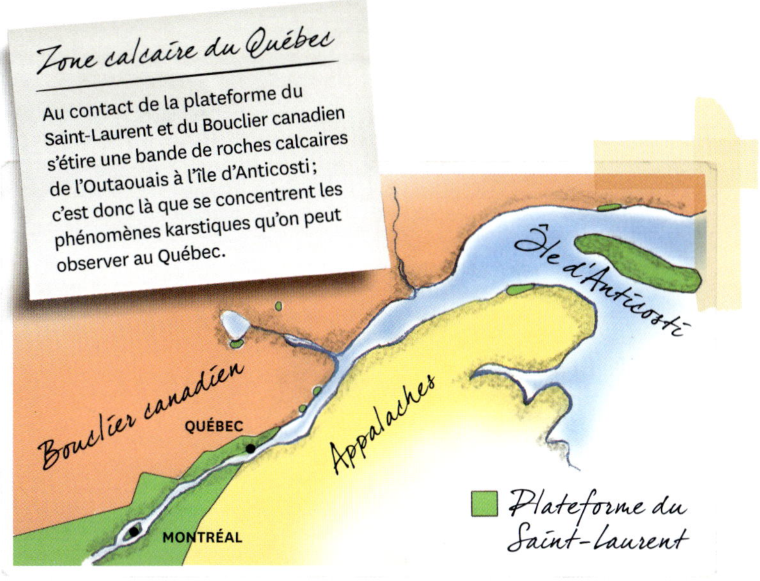

Le Québec possède plusieurs grottes intéressantes, chacune ayant sa personnalité. Le *Trou de la Fée*, à Crabtree, a été la première grotte inscrite dans le répertoire spéléologique du Québec. Un autre *Trou de la Fée*, à Desbiens, est une caverne située – fait très rare – dans des roches granitiques ; elle est un refuge important de chauves-souris. Le *Trou du Diable*, à Saint-Casimir, est parcouru par une rivière souterraine sur une longueur de près d'un kilomètre ; c'est la deuxième plus grande caverne du Québec. La caverne *Laflèche* est la plus grande grotte du Bouclier canadien ; en plus de ses 400 mètres de galeries, elle comporte un puits d'une quinzaine de mètres et plusieurs stalagmites. La grotte de *Saint-Elzéar-de-Bonaventure* offre, pour sa part, les plus belles concrétions des cavernes québécoises. La grotte de *Lusk*, dans le parc de la Gatineau, a la particularité d'être creusée dans le marbre. Enfin, la caverne de Saint-Léonard est située en pleine ville de Montréal : un métro naturel.

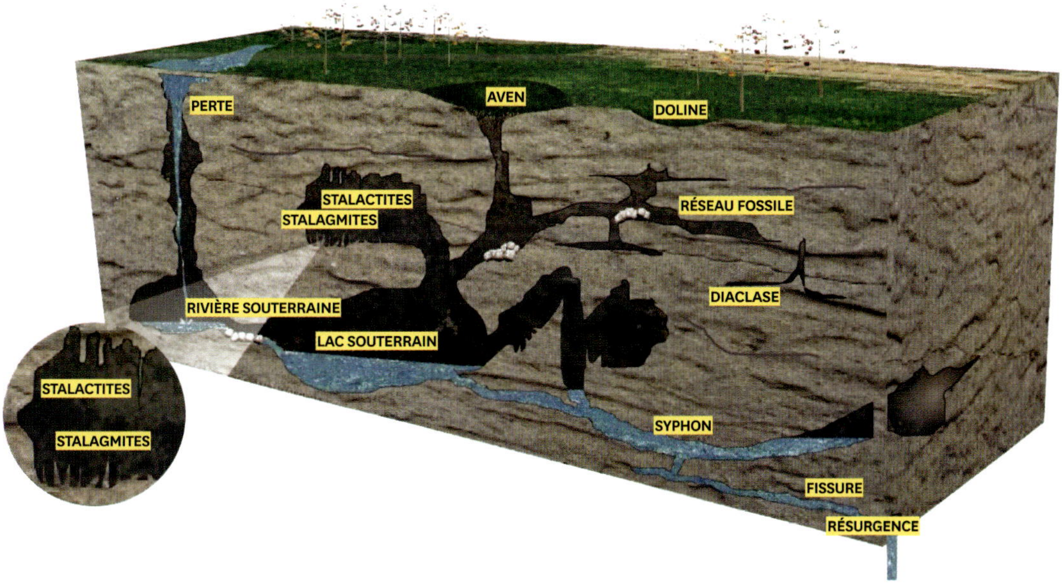

16

Le plus important tremblement de terre au Québec

Le 5 février 1663, à 17 h 30 précises, la terre a secoué la région de Charlevoix; la secousse a été sentie sur la rive sud du fleuve Saint-Laurent et jusqu'en Nouvelle-Angleterre. On estime que la force du séisme était de 7 à l'échelle de Richter.

LE SÉISME DE 1663
La colère de Dieu

Les séismes les plus importants ressentis au Québec

	QUAND	OÙ	MAGNITUDE
1	**5/02/1663**	**Charlevoix**	**7,0**
2	1/03/1925	Charlevoix-Kamouraska	6,7
3	20/10/1870	Charlevoix	6,5
4	25/12/1989	Nunavik	6,3
5	1/11/1935	Témiscamingue	6,1
6	6/12/1791	Charlevoix	6,0
7	17/10/1860	Charlevoix	6,0
8	16/09/1732	Près de Montréal	5,8

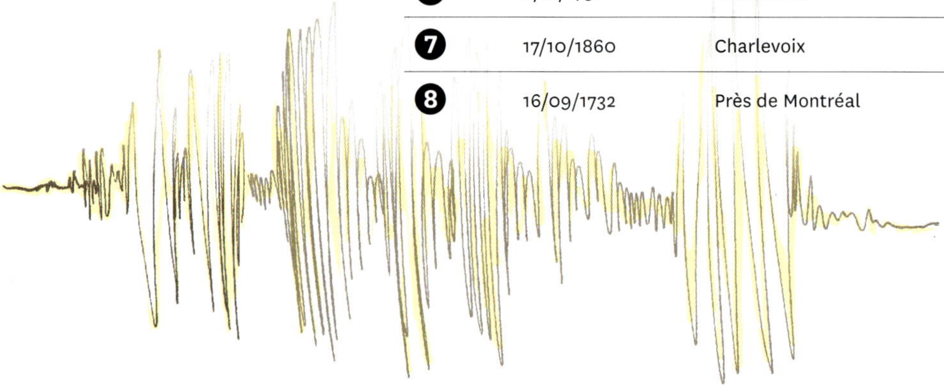

Les *Relations des Jésuites*, recueil des correspondances de ces missionnaires présents en Nouvelle-France, donnent une description très imagée de ce séisme qui a été considéré comme une manifestation de la colère divine. En effet, la terre a tremblé la veille du Mardi Gras qui, en Nouvelle-France, était un jour de fête et de joyeuses libations. Les autorités religieuses, notamment le père Lallemand et mère Marie de l'Incarnation, ont vu dans cet événement une punition pour expier le péché de ceux qui pratiquaient la traite de l'eau-de-vie. On dit que la leçon a porté des fruits, du moins durant quelque temps. Le père Lallemand, dans sa *Relation*, a écrit: «Quand Dieu parle, il se fait bien entendre, surtout quand il parle par la voix des Tonnerres ou des Terre-trembles.»

La région de Charlevoix a été particulièrement ébranlée, l'épicentre du séisme se situant entre La Malbaie et Rivière-Ouelle. On peut en observer une conséquence frappante quand on sait que la langue de terre qui s'avance dans le Saint-Laurent à Saint-Joseph-de-la-Rive a été formée par les vibrations du séisme qui ont décroché de la montagne une importante masse de terre.

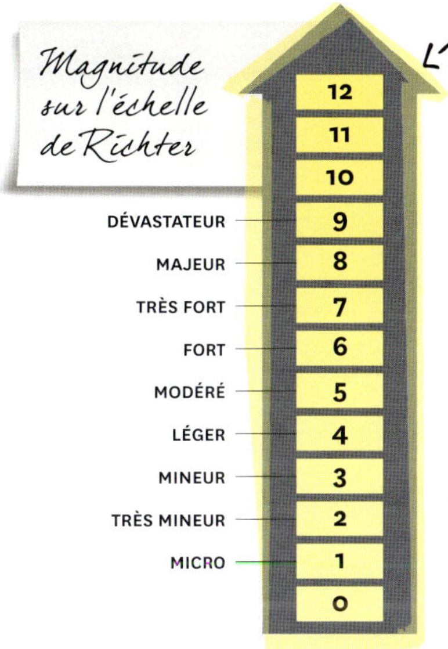

Chaque degré de magnitude signifie 32 fois plus d'énergie que le degré précédent. Un séisme de magnitude 9 est 32 fois plus énergétique qu'un séisme de magnitude 8… et environ 1000 fois plus qu'un de magnitude 7.

On n'a jamais observé de séisme de magnitude 10, ni au-delà

Il y a des milliers de micro-séismes (magnitude inférieure à 2) chaque jour !

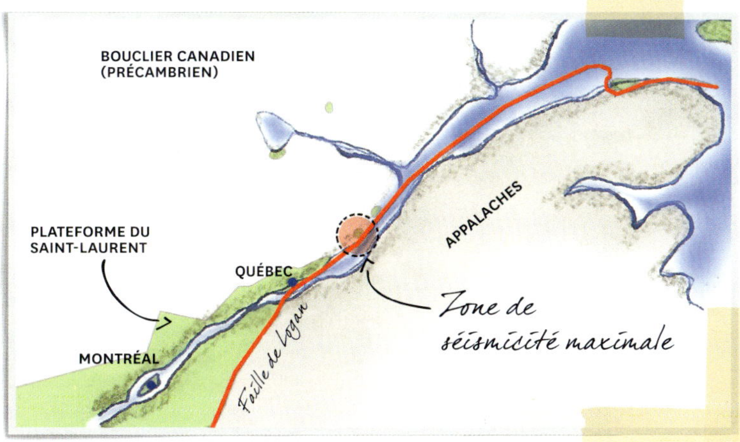

Que la terre ait tremblé dans cette région n'a rien d'exceptionnel, puisque la vallée du Saint-Laurent constitue l'une des régions du Canada qui présentent la plus grande activité sismique au pays. On y observe des dizaines de tremblements de terre chaque année, en général de très faible intensité, ce qui peut faire croire que la présence de la faille Logan, qui marque le fond de la chaîne des Appalaches, y est pour quelque chose. En réalité, il faut plutôt se reporter aux effets de la météorite qui a créé l'astroblème de Charlevoix et fragilisé ainsi le sous-sol rocheux, plus sensible aux mouvements telluriques. On peut donc s'attendre à d'autres tremblements de terre… à moins que la tempérance ne devienne une vertu nationale.

17

La plus importante tempête de neige

Neige, vent, blizzard, dommages matériels, pannes d'électricité, blessures, etc., voilà les principaux ingrédients qui composent ce qu'au Québec on appelle une *tempête*. En tenant compte de l'ensemble de ces éléments, on peut conclure que la plus importante tempête de neige du XXe siècle a eu lieu le 4 mars 1971.

DU 3 AU 5 MARS 1971
La tempête du siècle

Comme le climat se réchauffe progressivement depuis un siècle ou deux, il est possible que nos ancêtres aient connu de pires hivers que les nôtres. Mais statistiques obligent. Quoique celles-ci enregistrent des données fort différentes (température, force du vent, coûts des dommages, nombre de pannes et de personnes touchées, etc.), leur poids peut varier pour juger de l'importance d'une tempête selon les points de vue.

Quelques données et faits saillants

Vent maximal
110 km/h

Pression minimale
966 hPa

Hauteur de neige
80 cm

Date de formation
3 mars 1971

Date de dissipation
5 mars 1971

Nombre de morts
30

Visibilité nulle durant 18 à 24 heures, routes impraticables

Congères atteignant par endroits le second étage des maisons

Pour la première fois, le métro a roulé toute la nuit du 4 au 5 mars

En matière d'accumulation de neige, nous sommes encore loin des records mondiaux

Silver Lake (Colorado), 15 avril 1921
193 cm

Une station en Alaska, le 7 février 1963
198 cm

Le bilan de la perturbation atmosphérique qui a touché le Québec, tout particulièrement la vallée du Saint-Laurent, du 3 au 5 mars 1971, comporte des *indicateurs de gravité* variés. La liste est longue : importantes chutes de neige (jusqu'à 80 centimètres dans la réserve faunique des Laurentides), vents violents (bourrasques allant jusqu'à 100 km/h), bris dans le système de transport d'énergie et pannes d'électricité, accidents de la route dus à la visibilité réduite, puis paralysie presque totale des transports routiers et aériens, nombreux bris d'enseignes, de vitrines, de cheminées et de toitures, une trentaine de décès directs et indirects (dont des malaises cardiaques subis en pelletant). La durée du plus fort de la tempête, près de vingt heures, a accentué son impact sur la vie de la population de l'ensemble du Québec, tout particulièrement dans les villes.

Rien d'étonnant alors dans le fait que, dès le lendemain de cet événement, on l'ait appelé « tempête du siècle ». Cela dit, la chute de neige n'a pas constitué un record pour la plupart des villes. En effet, les 54 centimètres reçus cette année-là par Québec et les 47 centimètres reçus par Montréal ont été dépassés à Mont-Joli le 5 février 1995 et à Sherbrooke, le 15 février 2007 (60 centimètres dans les deux cas), de même qu'à Montréal, qui a connu deux chutes de près de 60 centimètres en 1954 et en 1969. Il faut dire que ces précipitations s'ajoutaient à d'importantes couches de neige au sol qui offraient au vent du matériel pour faire son œuvre.

Le réchauffement de la planète serait-il une garantie que la *tempête du siècle* fut la dernière ?

Chute de neige mémorable à Québec, vers 1875. Amoncellement dans une rue du Vieux-Québec.

La ville de Québec s'est toujours enorgueillie de cumuler la plus haute moyenne de couverture neigeuse au Québec et d'avoir de « vrais hivers ». La tâche du pelletage vient avec !

Une tempête en juin !

Les 6 et 8 juin 1816, des bourrasques de neige ont balayé Montréal. Quelques jours plus tard, le 10 juin, il est tombé 30 cm de neige à Québec.

18

Le pire incendie de forêt

Dire simplement «le Grand feu» renvoie au plus important incendie de forêt de l'histoire du Québec. Le 19 mai 1870, 3800 kilomètres carrés de forêt ont été ravagés en quelques heures.

LE «GRAND FEU» DU LAC SAINT-JEAN

Une région en enfer

Bien qu'un certain nombre d'incendies de forêt aient été allumés par la foudre (moins du tiers), la grande majorité d'entre eux sont dus à l'activité humaine. Le «Grand Feu» qui a ravagé la région du lac Saint-Jean en 1870 ne fait pas exception. Le 18 mai de cette année-là, des colons de Saint-Félicien, croyant pouvoir mettre le feu à leur abattis sans risque qu'il ne se propage à la forêt dont ils s'estimaient assez éloignés, allument imprudemment ce qui allait devenir le pire incendie de forêt de l'histoire du Québec.

Le Grand Feu du Saguenay, *Canadian Illustrated News*, 25 juin 1870.

Il faut dire que les conditions climatiques ont aussi leur grande part de responsabilité dans ce terrible sinistre. Le printemps avait été chaud et sec, et la forêt était hautement inflammable; la complicité du vent a donc été fatale. De fortes bourrasques venant de l'ouest ont fait avancer le feu vers l'est jusqu'à couvrir, en l'espace d'une journée, 3800 kilomètres carrés de forêt, de champs et d'habitations, une superficie s'étendant de Saint-Félicien jusqu'à La Baie.

L'ampleur de ce désastre se mesure moins par le nombre de morts (seulement sept, mais les blessés graves se sont comptés par centaines) que par le fait que 500 familles (près de 5000 personnes, le tiers de la population du Saguenay) ont subi des pertes qui les ont laissées dans une misère totale. Elles ont tout perdu: maison, bâtiments, bétail, récoltes.

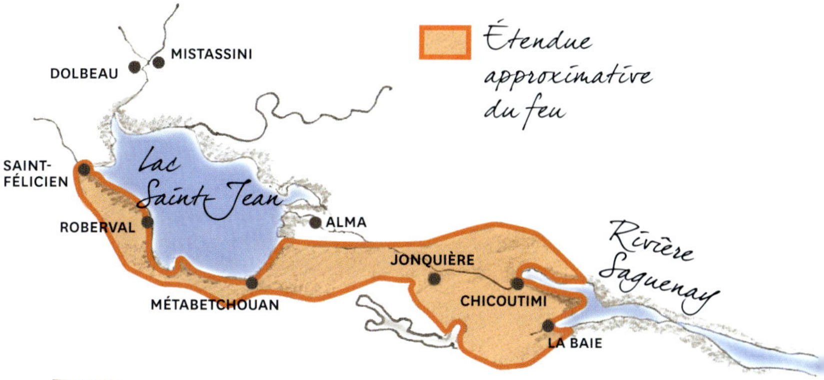

« Prudence ! Une simple étincelle peut ruiner une région entière. »

Les comptes rendus de ce triste événement ont décrit des scènes d'apocalypse, comme cette foule de personnes réfugiées dans les rivières et s'aspergeant d'eau pour éviter d'être brûlées davantage. D'autres, incapables de fuir, se réfugiant dans des caveaux à pommes de terre. Comme dans d'autres cas de cataclysmes à l'époque, certains y ont vu la main de Dieu venue punir les excès des hommes de chantier ou, du moins, un avertissement sérieux de la Providence.

De son côté, à sa manière, la nature a bénéficié de ce sinistre en aidant les bleuetières à proliférer au point de devenir le symbole de la région.

L'avion amphibie bombardier d'eau Canadair CL-215 est conçu pour la lutte contre les feux de forêt.

19

La plus grande baie baignant le Québec

De tous les rentrants de côte entourant le Québec, la baie d'Hudson est le plus vaste. Elle est même la plus grande baie du monde. Sa superficie varie de 820 000 à 1 200 000 kilomètres carrés, selon les sources. Ce dernier chiffre en fait le troisième plus vaste rentrant de côte de la planète, après le golfe du Bengale et le golfe du Mexique.

LA BAIE D'HUDSON
Plutôt un golfe ou une mer

La baie d'Hudson en quelques chiffres

± 1 000 km (largeur)
± 700 km du nord au sud
profondeur moyenne de son bassin : 125 m, mais < 80 m jusqu'à 100 km de la côte.

Si la baie d'Hudson est la plus grande baie du monde, il faut admettre que cela est dû à une imprécision terminologique. En effet, les dictionnaires s'entendent sur le fait que les baies sont de petits golfes et les golfes, des parties de mers. Or, la baie d'Hudson est de trois à cinq fois plus étendue que le golfe du Saint-Laurent, lui-même ayant une superficie 50 % plus grande que celle de la mer Adriatique. L'ordre inverse !

Une mer blanche à perte de vue

On trouve dans Internet une définition qui confirme cette antinomie : « La baie James est un grand golfe prolongeant la baie d'Hudson. » La baie d'une baie « grande comme un golfe » et plus grande qu'une mer ! Ce n'est pas là l'exemple extrême ; pensons à la mer d'Aral, qui n'a pas perdu son statut de *mer* à la suite de la constante diminution de sa superficie : à son minimum, 10 000 kilomètres carrés, celle-ci équivalait à peine à la moitié du lac Ontario, le plus petit des Grands Lacs.

La baie porte le nom de l'explorateur anglais Henry Hudson, parti à la recherche du passage du Nord-Ouest. Pris dans les glaces, son équipage l'abandonna sur une chaloupe. On ne le revit plus.

John Collier. *Le dernier voyage de Henry Hudson* (1881). Tate Museum.

La dimension de la baie d'Hudson en fait un cas isolé parmi les étendues d'eau de la planète: aucune autre baie ne figure dans la liste des 88 étendues d'eau répertoriées comme ayant une superficie supérieure à 10000 kilomètres carrés. Autre comparaison: tous les pays d'Europe sont plus petits que la baie d'Hudson, sauf la Russie.

La baie d'Hudson est la plus grande baie baignant le Québec, mais elle n'est pas située au Québec: bizarre, ridicule, mais exact! En 1912, lorsque le gouvernement canadien décida d'augmenter le territoire du Québec vers le nord, il lui transféra l'ancien district d'Ungava, qui jusque-là faisait partie des Territoires-du-Nord-Ouest, mais sans les îles littorales qui en garnissaient le pourtour. La frontière septentrionale du Québec fut alors établie *along the shore*, cette ligne de rivage ayant été par la suite précisée comme étant «la ligne des basses eaux». Cette anomalie allait nettement à l'encontre des intérêts des populations inuites: elles ont toujours fréquenté et utilisé ces îles qui, aujourd'hui, font partie du Nunavut. Une entente entre le gouvernement canadien et des représentants des Inuits, dont le Québec ne fait pas partie, a reconnu la propriété d'un grand nombre d'îles aux Inuits du Québec.

Le Québec est limité par la baie James. Celui qui s'y baigne sort du Québec et tous les quais construits pour desservir le Nunavik se trouvent au Nunavut. Une aberration géopolitique.

Pour se démêler un peu

- La baie James: golfe du Canada ayant la dimension d'une mer.
- La Baie-James: région du Québec baignée par la baie du même nom.
- Baie-James: ancienne municipalité du Nouveau-Québec.
- Eeyou Istchee Baie-James: gouvernement régional, au Nunavik.
- L'abbé James (Doran): prieur de La Porte latine, à Genève. Aucun rapport avec la baie James.

20

Le fjord le plus méridional du Québec

Le Québec ne possède réellement qu'un seul véritable fjord, celui du Saguenay. Situé au 48e parallèle de latitude Nord, il est le fjord le plus méridional de l'hémisphère Nord. Les fjords de Norvège sont tous situés beaucoup plus au nord, au-delà du 60e parallèle.

LE SAGUENAY
La porte du Royaume

Le Saguenay
(Louis Fréchette, 1839-1908)

Cela forme deux rangs
de massifs promontoires,
Gigantesque crevasse
ouverte, aux premiers jours,
Par quelque cataclysme et
qu'on croirait toujours
Prête à se refermer ainsi
que des mâchoires.

Lorsqu'en 1535, Jacques Cartier est arrivé devant l'embouchure du Saguenay avec ses trois vaisseaux, la *Grande Hermine*, la *Petite Hermine* et l'*Émérillon*, il s'est rappelé que les Indiens qu'il avait emmenés en France l'année précédente lui avaient parlé d'un royaume où se trouvaient de grandes richesses. C'est là, à Tadoussac, qu'il a conclu avec les Autochtones l'équivalent d'un premier traité commercial.

Ce royaume était accessible par deux voies de pénétration : à l'ouest, la rivière des Outaouais et, à l'est, le Saguenay qui, à la différence des autres affluents du Saint-Laurent, est un fjord. Un fjord, c'est une vallée glaciaire abandonnée par le glacier qui l'a creusée, pour être ensuite envahie par la mer. Naturellement, c'est dans les régions nordiques qui ont été recouvertes par les glaciers continentaux que se sont formés des fjords, comme en Norvège, en Islande, sur la côte du Labrador, en Alaska et, dans l'hémisphère Sud, au Chili.

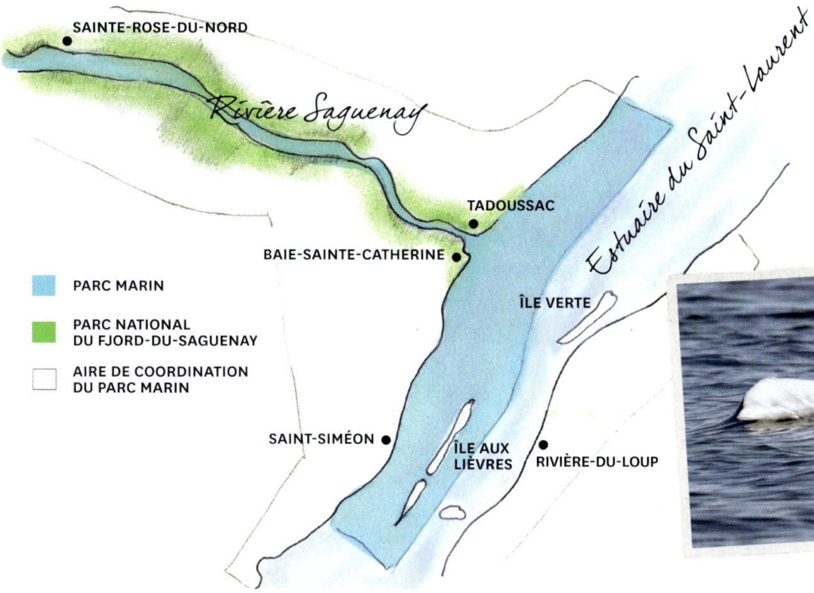

Les dimensions du fjord du Saguenay sont imposantes: flanqué de parois qui s'élèvent à plus de 400 mètres, sa longueur est d'environ 100 kilomètres, sa largeur varie de 1 à 3,5 kilomètres et sa profondeur atteint 275 mètres. Cet ensemble naturel spectaculaire, habité par une faune marine riche, bénéficie aujourd'hui d'une protection écologique adéquate depuis que le Parc national du Fjord-du-Saguenay, créé en 1983 (plus de 300 kilomètres carrés), et le Parc marin du Saguenay – Saint-Laurent, créé en 1998 (1200 kilomètres carrés), coordonnent leurs activités et leurs règles de protection de l'environnement. Celles-ci sont complémentaires: elles concernent respectivement les falaises du fjord ainsi que les forêts qui les surmontent et les mammifères marins quant à leur observation et à leur sauvegarde. Une protection d'un autre ordre est assurée par la Vierge du fjord qui le domine du haut du cap Trinité.

Pont ou bac?

Il est intéressant de mentionner que le Parc national du Fjord-du-Saguenay est jumelé avec le Parc national des Cévennes en France et que les deux parcs se sont mutuellement emprunté des toponymes pour nommer les éléments de leurs paysages respectifs qui étaient jusque-là anonymes.

En innu, Saguenay signifie « là d'où l'eau sort ».

21

Le nom de lieu le plus fréquent

Au Québec, pour un lac, être officiellement baptisé *Long* équivaut à s'appeler John Smith, pour un États-Unien. Dans les deux cas, il y a foule. Plus de 150 plans d'eau ont comme nom *lac Long*, ce qui en fait le toponyme québécois le plus fréquent (si on ne tient pas compte des odonymes, ou noms de rues).

LAC LONG
Une liste infinie

Il existe des centaines de millions de lieux sur la terre. De ce fait, presque toutes les régions du monde, le moindrement étendues, comptent plusieurs lieux différents qui portent le même nom. Le Québec n'y échappe pas. La Commission de toponymie du Québec cherche donc à appliquer le *principe d'univocité* : « un seul nom pour chaque lieu ; un seul lieu pour chaque nom. » Voilà un beau principe qui ne sera jamais atteint.

Lac Long, région de Portneuf.

Au Québec, quand la Commission de toponymie a été créée en 1977, il y avait 318 lacs qui portaient le nom de *lac Long*. Depuis, 149 de ces lacs ont été rebaptisés. Aujourd'hui, il n'en reste donc que 169. Malgré tout, le nom lac Long reste le toponyme le plus fréquent sur les cartes. La multiplicité de plusieurs autres noms a aussi été diminuée depuis. Ainsi, 99 des 238 *lacs à la Truite* et 56 des 145 *lacs Vert* ont été rebaptisés.

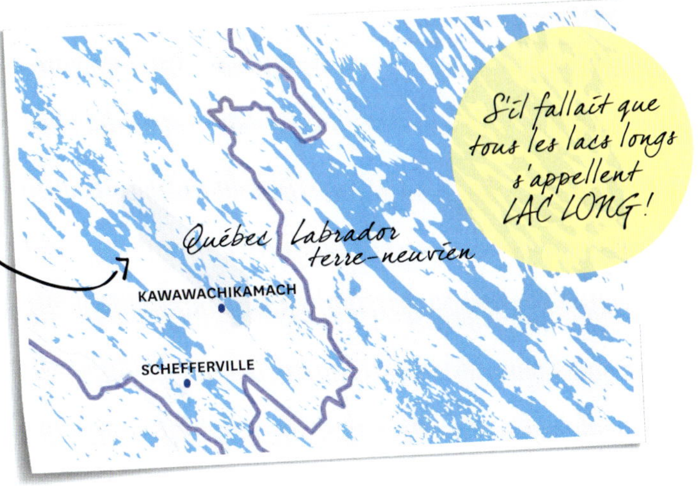

On peut se demander pourquoi on ne change pas le nom de 168 des 169 *lacs Long* pour qu'il n'en reste qu'un seul. La raison en est simple : les noms de lieux ont la vie dure. On peut bien les remplacer, mais la population continuera souvent à utiliser les anciens noms, et ce, pendant très longtemps. C'est souvent le poids de l'usage qui décide si un nom doit être changé ou pas. Il faut s'y résigner : on devra vivre avec ce fait ! Par contre, pour des raisons évidentes, deux municipalités ne peuvent pas avoir exactement le même nom. C'est ainsi que *Sainte-Anne* ne se retrouve jamais seule dans le nom d'une ville ou d'un village ; on y a ajouté *-des-Monts*, *-des-Plaines*, etc.

On peut aussi se demander pourquoi on trouve autant de *lacs Long* au Québec alors qu'en France, il n'y en a que deux ou trois. C'est parce que la forme des lacs dépend du relief. Dans le Bouclier canadien, le glacier qui a recouvert le Québec il y a des milliers d'années a sculpté des vallées où, dans les secteurs les plus profonds, les eaux sont restées emprisonnées, formant des lacs longilignes dans l'axe de ces vallées. Ailleurs, des plans d'eau allongés témoignent des étapes successives du retrait de la ligne de rivage.

NOM	MUNICIPALITÉ
Long, Lac	Rivière-aux-Outardes (Territoire non organisé)
Long, Lac	Les Lacs-du-Témiscamingue (Territoire non organisé)
Long, Lac	Rivière-Mistassini (Territoire non organisé)
Long, Lac	La Tuque (Ville)
Long, Lac	Petit-Mécatina (Territoire non organisé)
Long, Lac	Lac-Oscar (Territoire non organisé)
Long, Lac	Brébeuf (Municipalité de paroisse)
Long, Lac	Baie-Johan-Beetz (Municipalité)
Long, Lac	Lac-Boisbouscache (Territoire non organisé)
Long, Lac	Mont-Valin (Territoire non organisé)
Long, Lac	Mont-Valin (Territoire non organisé)
[illegible]	[illegible] (Ville)

Pour ce qui est des noms de voies de circulation (rues, avenues, boulevards, etc.), les mêmes se répètent très souvent. Par exemple, le Québec compte plus de 250 *rues de l'Église*. Comme le nom de la municipalité figure toujours dans l'adresse, il n'y a pas de risque de confusion. Il importe cependant que, dans une même municipalité, aucun nom de rue ne se répète. Les nouvelles villes nées des fusions ont donc dû procéder à une révision importante de leur odonymie.

22

Le plus long nom de lieu

Des quelque 230 000 noms de lieux officiels du Québec, le plus long, quant au nombre total de lettres qu'il comporte, est celui de la municipalité gaspésienne de *Sainte-Madeleine-de-la-Rivière-Madeleine*; il contient 35 lettres, une de plus qu'un toponyme cri, Kaachiskamichischeuwachisinaanuuch.

SAINTE-MADELEINE-DE-LA-RIVIÈRE-MADELEINE

Un long village

Ce toponyme cri, le plus long d'un seul tenant, désigne un minuscule plan d'eau près de la rivière Eastmain. Kaachiskamichischeuwachisinaanuuch paraît bien long pour les non-initiés de la langue crie. Mais quand on sait que ce mot signifie «raccourci qui permet d'éviter la tourbière», on réalise que les langues agglutinantes permettent, pour exprimer une réalité complexe, d'utiliser un seul mot dont le nombre total de lettres est souvent inférieur à l'expression qu'il traduit.

Le plus long toponyme de langue française qui ne comporte aucun trait d'union n'a que 18 lettres. Il s'agit de *Transanticostienne*, qui désigne une route traversant l'Île d'Anticosti d'ouest en est. À travers le temps, les noms de certaines municipalités ont été réduits comme des peaux de chagrin. Ainsi, *Saint-François-Xavier-de-la-Petite-Rivière-Saint-François* est devenu *Petite-Rivière-Saint-François* et *Cœur-Très-Pur-de-la-Bienheureuse-Vierge-Marie-de-Plaisance* a perdu 41 de ses 50 lettres pour devenir *Plaisance*.

Une Madeleine prolifique

Le toponyme rivière Madeleine a donné naissance à une famille nombreuse:

Sainte-Madeleine-de-la-Rivière-Madeleine
Madeleine-Centre
Sainte-Marie-Madeleine (paroisse)
Rivière-la-Madeleine (hameau)
Lac Madeleine
Petit lac Madeleine
Rivière Madeleine
Rivière Madeleine Nord
Rivière Madeleine Sud

Cette tendance est universelle et répond bien à l'accélération du rythme de la vie moderne. On comprend qu'il est plus logique de parler d'un vol entre «*Los Angeles* et *Bahia*» que d'une liaison entre «*El Pueblo de Nuestra Señora la Reina de Los Ángeles del Río de Porciúncula* et *São Salvador da Bahia de Todos os Santos*». Les États-Uniens sont d'ailleurs encore plus économes que les Québécois à ce chapitre : Los Angeles est devenu pour eux *L.A.*, prononcé *Èlé*.

Imaginons lire sur un panneau l'indication «De L.A. à Bahia» avec les toponymes d'origine en toutes lettres…

les Gallois ont préféré ne rien changer au toponyme d'origine, mais on nous facilite la tâche avec quelques indices de prononciation.

Ce mouvement général n'a cependant pas convaincu un village du pays de Galles à changer son nom initial, *Llanfairpwllgwyngyllgogerychwyrndrobwllllantysiliogogogoch*. Il en a même fait un attrait touristique. En effet, de nombreux touristes s'y rendent uniquement pour photographier cette curiosité toponymique qui occupe toute la largeur de la gare. De son côté, le gouvernement thaïlandais insiste pour rappeler que le nom officiel de sa capitale, Bangkok, comporte 163 lettres dans sa version thaïe : *Krung Thep mahanakhon amon rattanakosin mahintara ayuthaya mahadilok phop noppharat ratchathani burirom udomratchaniwet mahasathan amon piman awatan sathit sakkathattiya witsanukam prast*!

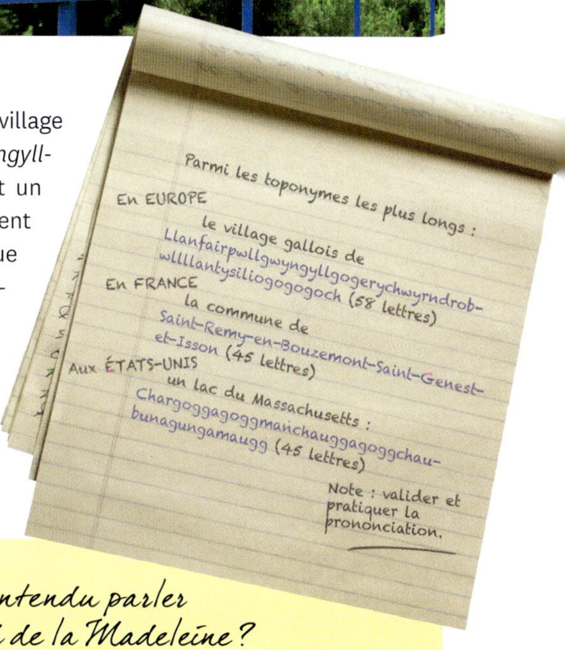

Le syndrome du nom long part de loin : Aristophane, dans sa comédie *L'assemblée des femmes*, mentionne un plat fictif dont le nom comprend 182 lettres !

Avez-vous entendu parler du braillard de la Madeleine ?

Depuis longtemps, une plainte incessante émanant de la forêt terrorisait les habitants et même les marins. Un brave matelot (mais certains disent que c'était le curé) eut le courage d'aller voir. Il découvrit que le frottement de deux arbres voisins en était la source. L'un des deux arbres abattu, la sérénité revint au village.

23

Le point le plus au nord

Le cap Wolstenholme constitue le point le plus au nord du Québec. Situé à environ 1900 kilomètres de la frontière méridionale de la province, ou du 45° parallèle, il est aussi le point le plus au nord de toutes les provinces canadiennes.

LE CAP WOLSTENHOLME
Le «Cap Nord» du Québec

La limite nord du Québec dépasse de presque 300 kilomètres le 60° parallèle, qui sert de frontière septentrionale aux provinces de l'Ouest (une seule petite exception: le cap Chidley, qui constitue le point le plus au nord de la côte du Labrador, dépasse cette latitude de quelques dizaines de kilomètres). Il est donc justifié de surnommer le cap Wolstenholme «Cap Nord du Québec», par référence au *cap Nord*, connu comme étant le point le plus septentrional de la Norvège et de l'Europe continentale.

Cap Wolstenholme

Cap Nord

Outre leur nordicité extrême, la ressemblance entre ces deux caps est frappante. L'un constitue l'extrémité septentrionale du Québec, l'autre, celle de la Norvège. Les deux sont constitués de falaises hautes de 300 mètres qui plongent verticalement dans la mer. L'une et l'autre abritent d'importantes colonies de guillemots. Les environnements fragiles de ces deux régions méritent d'être protégés. Le *Royal North Cape Club* veille sur la région du cap Nord, alors que la création d'un Parc national du cap Wolstenholme est à l'étude.

Guillemots de Brünnich.

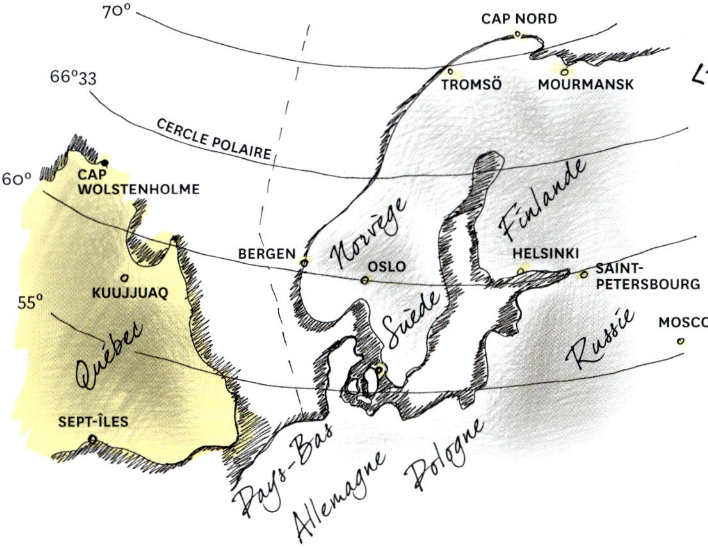

Cela dit, certaines régions nordiques semblent situées plus au nord que d'autres. À preuve, à la même latitude que celle des régions désertes du nord du Québec, on trouve de grandes villes européennes, telle Mourmansk, ville russe qui compte près d'un tiers de million d'habitants. On ne s'étonnera donc pas de savoir qu'on peut atteindre le cap Nord norvégien par la route, alors qu'on ne peut imaginer quand le cap Wolstenholme sera ainsi accessible.

D'où provient le nom de ce cap? L'explorateur Henry Hudson lui a attribué, dès 1610, celui de Sir John Wolstenholme, un marchand anglais qui avait patronné son expédition dans la baie qui porte aujourd'hui son nom. Les Inuits l'appellent «cap *Anaulirvik*», ce qui signifie «lieu où l'on donne des coups de bâton».

Si le désir de vous payer des vacances vous prend et si vous hésitez entre la solitude reposante du cap Wolstenholme et les bruyantes plages de la Floride, ne basez pas votre choix sur la distance, puisque depuis Montréal, elle est la même dans les deux cas, soit environ 1900 kilomètres.

… on l'écrit ᐊᓇᐅᓕᕐᕕᒃ en inuktitut (langue inuite parlée dans l'est de l'Arctique canadien)

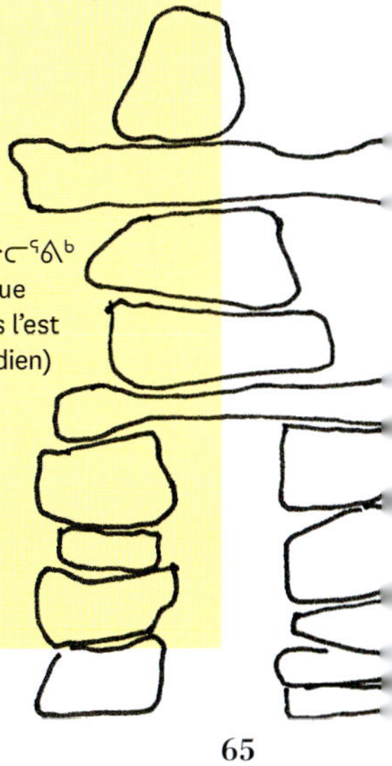

24

Le point le plus au sud

Le lieu le plus au sud du territoire québécois est en principe une ligne qui, même si elle est censée être droite, ne l'est pas. Elle est légèrement sinueuse de part et d'autre du 45e parallèle Nord, et on peut localiser approximativement l'endroit où sa courbe descend le plus vers le sud. Ce point est situé à une dizaine de kilomètres au sud de Huntingdon.

LE 45e PARALLÈLE

Plus précisément la latitude 44°59'28.77"/74°09'01.92"

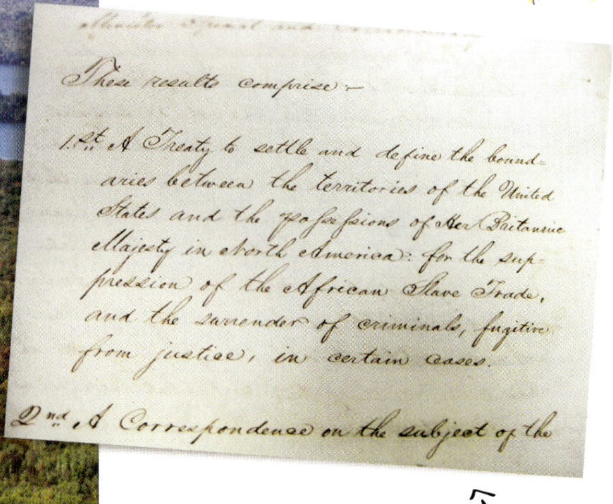

These results comprise:—

1st A Treaty to settle and define the boundaries between the territories of the United States and the possessions of Her Britannic Majesty in North America: for the suppression of the African Slave Trade, and the surrender of criminals, fugitive from justice, in certain cases.

2nd A Correspondence on the subject of the

Extrait

La frontière entre le Québec et les États-Unis a été établie par le traité Webster-Ashburton en 1842. Le secteur le plus méridional de cette frontière devait suivre le 45e parallèle Nord, selon les termes du traité. Une commission fut donc mandatée pour démarquer sur le terrain, à l'aide de bornes intervisibles, la localisation exacte de cette frontière. Les arpenteurs-géomètres de l'époque n'ayant pas à leur disposition des instruments de mesure aussi précis que ceux d'aujourd'hui, les bornes-frontières ont été placées à des endroits ne correspondant pas partout à la latitude exacte de 45°. Le résultat fait en sorte que le tracé de la frontière s'en écarte sensiblement, par certains endroits vers le sud, par d'autres vers le nord, formant une ligne sinueuse composée d'une série de segments de droite.

C'est dans sa partie ouest que cette ligne s'écarte davantage du 45e parallèle vers le sud : jusqu'à 1200 mètres environ, plus précisément à l'endroit où la rivière Châteauguay croise la frontière, c'est-à-dire à 44° 59' 29" de latitude Nord. Ce point est situé à environ 1500 mètres au sud de Powerscourt, un hameau fier de son pont couvert construit en 1861 et classé immeuble patrimonial.

La frontière méridionale du Québec ayant été établie alors que le territoire était déjà occupé, elle passe en plein milieu de plusieurs édifices, les *line houses*, qui font partie du *folklore frontalier*. C'est le cas de la Haskell Free Library et de la maison de l'Opéra à Stanstead. Les livres de la bibliothèque et la scène de l'Opéra étant situés du côté canadien, on a pu dire qu'on trouve là la seule bibliothèque américaine à ne pas contenir de livres et le seul opéra à ne pas avoir de scène.

Des communautés imbriquées !

Parmi les villages traversés par la frontière internationale :

- Saint-Régis / réserve d'Akwesasne
- Beebe Plain et Rock Island (municipalité de Stanstead)
- Beecher Falls
- Saint-Pamphile
- Pohénégamook

« Les étrangers qui habitent tout près de la frontières sont un peu moins étrangers que les autres. »
(Philippe Geluck, Le Chat)

Comme quoi les limites sont parfois insolites !

1 et 2 : Tracé approximatif de la frontière traversant la Haskell Library.

3 : La frontière belgo-néerlandaise traverse une maison (et sa porte d'entrée).

Une des milliers de bornes qui ponctuent la frontière canado-américaine, la plus longue frontière internationale du monde.

25

La plus longue frontière interprovinciale

La longueur totale des frontières délimitant le territoire québécois est de l'ordre de 12000 kilomètres. Au nord-ouest et au nord, le Québec est voisin du Nunavut; à l'est, il partage sa frontière la plus longue avec la côte du Labrador.

LA FRONTIÈRE AVEC LE LABRADOR TERRE-NEUVIEN

Une limite imprécise

Le Québec partage des frontières terrestres avec trois provinces: l'Ontario, le Nouveau-Brunswick et, depuis 1949, Terre-Neuve-et-Labrador. Jusqu'en 2001, le nom de cette dernière était *Terre-Neuve*. C'est alors qu'on a décidé d'ajouter les termes *et-Labrador* par voie d'amendement à la Constitution canadienne. Étrange décision que celle-ci, puisque le Labrador est partagé entre les deux provinces, seule la «côte» ayant été reconnue à Terre-Neuve par le Conseil privé de Londres en 1927, généreusement définie il est vrai.

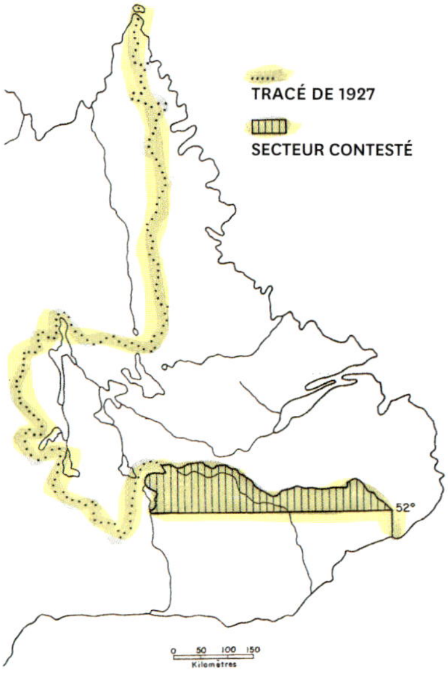

« [...] une ligne partant vers le nord à partir de l'extrémité est de la baie de l'Anse au Sablon jusqu'au 52e parallèle nord, et, de là, vers l'ouest [...] jusqu'à la rivière Romaine, ensuite vers le nord suivant la rive est ou gauche de la rivière jusqu'à sa source et ensuite vers le nord jusqu'à la ligne de partage des eaux, et ensuite vers l'ouest et le nord en suivant la ligne de partage des eaux allant à l'océan Atlantique jusqu'au cap Chidley. »

Extrait de la décision du comité judiciaire du Conseil privé de Londres, 1er mars 1927. Trad. *In the Privy Council. In the matter of the Boundary between the Dominion of Canada and the Colony of Newfoundland in the Labrador Peninsula.* Vol. XII, p. 1026.

Rapport de la Commission d'étude sur l'intégrité du territoire du Québec: 64 volumes dont 18 consacrés à la frontière au Labrador!

La frontière elle-même entre les deux provinces est problématique, sa définition n'ayant pas été reconnue officiellement par les gouvernements successifs du Québec bien qu'elle l'ait été tacitement à maintes reprises. Aujourd'hui, seule la portion sud du Labrador est sujette à différend. La plus grande partie de la frontière a été établie à la ligne de partage des eaux entre les bassins de l'Atlantique et du Saint-Laurent.

Les territoires traversés par la frontière étant en terrain plat, souvent mal drainé, crevé de nombreux marécages et même de lacs se déversant à la fois dans les deux bassins, la ligne de partage des eaux est extrêmement sinueuse et, par endroits, difficile sinon impossible à localiser précisément. Cela dit, on estime que sa longueur totale, depuis Blanc-Sablon au sud jusqu'en face de l'île Killiniq au nord, dépasse 3000 kilomètres, ce qui en fait la plus longue frontière interprovinciale du Canada.

Il importe de savoir que cette frontière n'a jamais été marquée sur le terrain, bien que les compagnies qui ont exploité les gisements de minerai de fer situés de part et d'autre de la ligne de partage des eaux aient procédé, aux fins du paiement des droits d'exploitation, à un marquage non contesté par les gouvernements des provinces concernées. Il est intéressant de noter qu'une «borne altimétrique» a été placée dans le sol rocheux près de la localisation présumée de la frontière à quelques centaines de mètres à l'est du village de Blanc-Sablon. Dans la région, on considère cette borne comme indiquant la frontière.

26

Le nom de lieu le plus court

Si l'on ne considère que les toponymes qui ne comportent pas de terme générique (lac, île, mont, etc.), le nom le plus court de la toponymie québécoise est *By*, un canton de la région administrative des Laurentides, au sud-est de la réserve faunique de La Vérendrye.

BY
Court, mais plus long que d'autres

La plupart des noms de lieux sont formés d'un terme générique (lac, par exemple) suivi d'un terme spécifique (Mistassini, par exemple). D'autres toponymes sont formés d'un seul mot spécifique, un nom propre, comme c'est le cas des noms de pays ou de villes, parfois d'îles: *Canada, Québec, Groënland*. La recherche du nom de lieu le plus court est donc susceptible d'arriver à des réponses différentes selon le type de nom de lieu considéré.

Pour ce qui est des noms de lieux de la toponymie québécoise formés d'un seul mot spécifique, le plus court n'est composé que de deux lettres: *By*. Ce toponyme honore la mémoire d'un ingénieur militaire anglais qui a construit le canal reliant Kingston à Ottawa. C'est aussi en son honneur que celle-ci a d'abord été nommée Bytown, en 1826, nom qu'elle a conservé jusqu'en 1850. Le langage populaire francophone a longtemps utilisé la forme *Bitoune* pour désigner la capitale canadienne.

Le Colonel By regardant la construction du canal Rideau, en 1826 (Ontario).
C. W. Jefferys [vers 1930-1931].
Le nom du colonel John By (1779-1836) fut attribué au canton situé à une cinquantaine de kilomètres au nord du réservoir Cabonga, près de la réserve faunique La Vérendrye.

Au Québec, aucun lieu n'est désigné par un nom d'une seule lettre, comme il en existe de nombreux exemples dans le monde. En Scandinavie, plusieurs villages ont pour nom *Å*, qui signifie «ruisseau», ou *Ö*, qui signifie «île». Dans le département de la Somme, en France, un petit village se nomme *Y*, prononcé «i» et non «igrec», habité par une centaine d'Ypsiloniens. On dit que le vieux nom gaélique de l'île d'Iona en Écosse était tout simplement *I*, ce qui en ferait le nom le plus court de tous les toponymes de la terre.

Plusieurs toponymes du Québec sont, par ailleurs, composés d'un terme générique accompagné d'un terme spécifique qui se limite à une seule lettre, laquelle, à la différence des noms scandinaves, n'a pas de signification particulière. Ces lettres n'ont souvent été utilisées qu'en vertu d'un système de désignation alphabétique (rang A, rang B, rang C, etc.) ou, de façon plus originale, en fonction de la forme du relief qui rappelle celle d'une lettre donnée. Les lettres O, U, X, Y et Z (ces trois dernières étant prononcées *igrec, iks* et *zed*) ont ainsi été données comme toponymes inspirés par Dame Nature, surtout pour désigner des lacs.

Des lieux monosyllabiques

Chacune des lettres suivantes désigne un ou plusieurs lacs: A, C, D, F, J, L, M, O, S, T, U, V, X et Z (lac A, lac B, etc.). Par ailleurs, la forme de certains lacs rappelle celle des lettres H, J, L, O, P, T, U et V (lac en H lac en J, etc.). Il existe aussi une chute en S, une passe en S, une passe en V et une passe en Z... mais il n'y a pas de passe XXX.

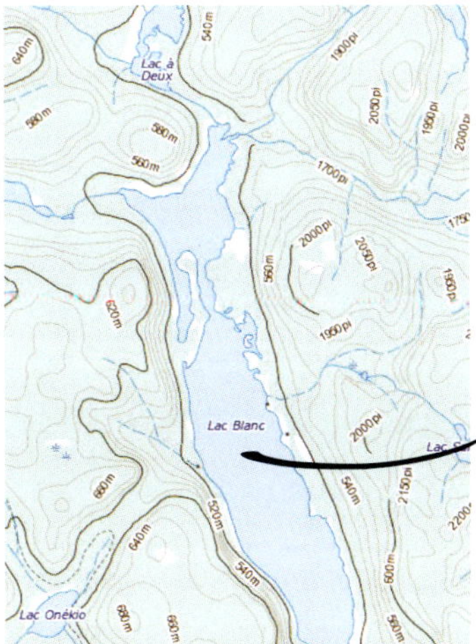

Le lac Blanc est aussi connu par son surnom lac Y (prononcé igrec). Comme c'est fréquent en toponymie, il faut une bonne dose d'imagination pour voir dans la forme du lac celle d'un «Y» bien découpé.

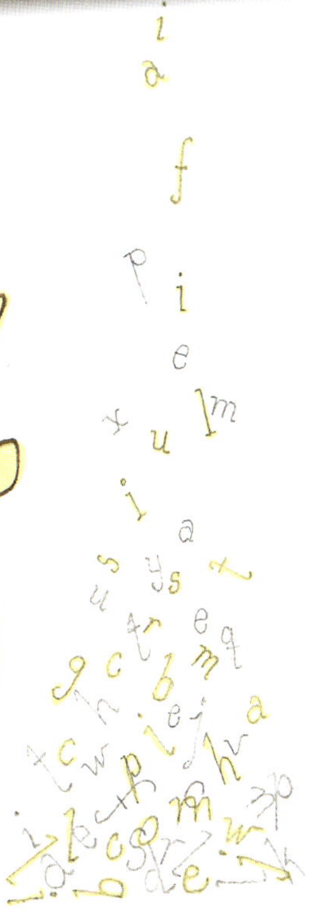

27

Le plus long palindrome géographique

Laval est, sauf erreur, la seule ville du Québec à porter un nom qui peut se lire dans les deux sens, c'est-à-dire qui constitue un palindrome. Par contre, de nombreux noms de lieux géographiques du Québec sont des palindromes. C'est le cas des noms d'une trentaine de lacs, par exemple.

LAVAL
Un nom aller-retour

La très grande majorité des langues du monde s'écrivent et se lisent de gauche à droite. Seuls l'arabe, l'hébreu et le berbère utilisent le sens inverse. Le mongol traditionnel, aujourd'hui remplacé par une écriture cyrillique, s'écrivait pour sa part de haut en bas, ce que le chinois peut aussi se permettre. Très rares cependant sont les langues qui peuvent s'écrire dans plus d'une direction. C'était le cas des hiéroglyphes égyptiens et de certains dialectes malais.

Parmi la quarantaine de palindromes que recèle la toponymie du Québec, quelques-uns, composés de lettres symétriques, peuvent de ce fait apparaître dans un miroir sans déformation, tels les lacs *Tatutat, Taxat, Otto, Ava, Omo, Oxo.* Il existe aussi des rapides Kijiki, en Mauricie; mais ce n'est pas une raison pour tenter d'y naviguer dans les deux sens!

Il existe aussi un phénomène étrange, appelé «boustrophédon», qui a jadis caractérisé certaines langues, dont le grec et l'éthiopien: il consistait à changer le sens de l'écriture à chaque ligne d'un texte. Cette fantaisie linguistique ne correspondait cependant pas à la définition d'un palindrome. Un palindrome est un mot ou une expression qui peut se lire dans un sens comme dans l'autre sans changer de signification, alors qu'un texte en boustrophédon s'écrit alternativement dans un sens, puis dans l'autre.

Le palindrome, sauf s'il est composé de plusieurs mots, est un phénomène qui résulte du hasard. C'est donc un jeu amusant que de rechercher des noms de lieux qui répondent à la définition du palindrome, que celui-ci soit réversible syllabe par syllabe, comme *Toronto* et *Kijiki*, ou lettre par lettre, comme *Laval*. Si l'on ne tient pas compte du terme générique *lac* qui fait partie du toponyme, le palindrome géographique le plus long au Québec est *Tatutat*. Ce lac est situé dans le cours de la rivière Mistassini.

Laval, d'une superficie de 266,8 km², est la troisième ville la plus peuplée du Québec, la treizième du Canada et le troisième plus grand centre économique du Québec, derrière Montréal et Québec. C'est à la fois une région administrative, une ville ainsi qu'une municipalité locale titulaire de compétences attribuées aux municipalités régionales de comté (MRC).

Souvenir des fêtes du 21-23 juin 1908. Affiche souvenir commémorant les fêtes entourant le deuxième centenaire de la mort de Monseigneur de Laval, premier évêque de la Nouvelle-France.

Les records québécois en la matière sont plutôt modestes comparativement aux records mondiaux. Sauf erreur, les palindromes géographiques les plus longs au monde seraient *Wassamassaw,* un territoire de la Caroline du Sud jadis occupé par une bande amérindienne du même nom, et *Anahannahanna,* une petite ville de Madagascar située entre la capitale, Antananarivo, et la côte de l'océan Indien.

Mentionnons que le palindrome géographique le plus court, *Ada*, est aussi le plus fréquent. On le trouve dans une douzaine de pays, la moitié aux États-Unis. Le Québec a trois lacs qui portent ce nom. Rappelons aussi cette phrase palindrome astucieuse : *A man, a plan, a canal, Panama*.

Le nom de Laval désigne une soixantaine de rues et d'avenues au Québec, pratiquement toutes en mémoire de Monseigneur François de Laval, premier évêque de Québec.

28

Le cervidé le plus répandu

Plusieurs raisons peuvent nous amener à penser que le chevreuil (ou cerf de Virginie) est le plus abondant cervidé au Québec. Si l'orignal (ou élan d'Amérique), le roi de nos forêts, s'impose par ses dimensions et son allure fière et impressionnante, est-il aussi abondant qu'imposant? Cela reste à voir.

LE CARIBOU
Le prince du Nunavik

On voit souvent le chevreuil dans nos champs, parfois même près de nos maisons; récemment, un de ces élégants cervidés s'est promené avec insouciance dans le stationnement d'un centre commercial de Québec. À l'île d'Anticosti, les chevreuils sont si nombreux qu'on a dû aménager des exclos, c'est-à-dire des territoires clôturés où sont interdits de séjour ces sympathiques ruminants afin de protéger la végétation de leur voracité. Bien qu'on estime leur nombre à un quart de million, les chevreuils ne sont pourtant pas les cervidés les plus répandus au Québec. Est-ce alors l'orignal qui remporte la palme? Non plus, puisqu'il est deux à trois fois moins abondant que le chevreuil.

Leurs très proches cousins européens s'appellent le renne, le cerf et l'élan.

De loin, le cervidé le plus abondant au Québec est le caribou. Il se partage en deux troupeaux : celui de la rivière George, qu'on évaluait, il y a vingt ans, à 800 000 têtes, mais qui en compte aujourd'hui environ 8900, et celui de la rivière aux Feuilles, qui compte d'année en année environ 400 000 bêtes. Ces chiffres varient considérablement d'une année à l'autre, et ce, pour différentes raisons, comme la présence humaine, les variations climatiques ou la reproduction. On se rappellera qu'en 1984, près de 10 000 caribous ont péri en tentant de traverser la rivière Caniapiscau lors d'une crue importante qui s'est avérée fatale pour eux lors de leur migration saisonnière.

Le renne, animal utile :
Viande, sang : nourriture
Peau : vêtements, carpettes
Nerfs : raquettes
Sabots : manches de couteaux
Moelle du panache : pharmacologie populaire

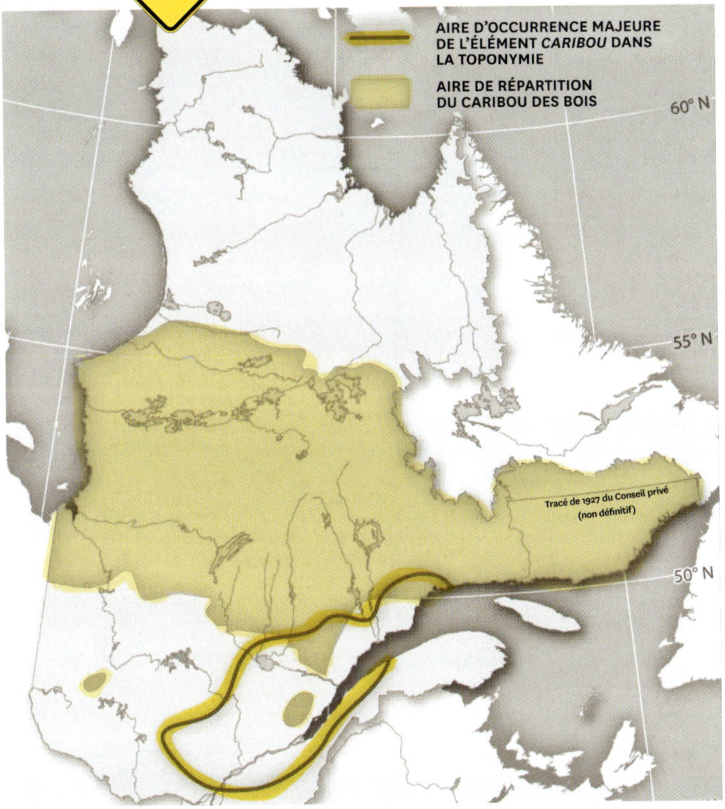

Il ne faut pas se fier à la toponymie pour savoir où trouver des caribous, car cette dernière retient souvent ce qui est rare.

Le caribou est menacé partout au Canada, mais sensiblement moins dans le nord-est du pays, au Québec et sur la côte du Labrador. La situation est particulièrement préoccupante en Gaspésie, son habitat le plus méridional : elle pose le dilemme classique de l'équilibre entre le développement touristique et la protection de l'environnement.

Quant au cousin européen du caribou, le renne, il importe de faire la distinction entre le renne sauvage et le renne domestiqué. Ce dernier est en diminution, mais le renne sauvage se multiplie, surtout en Russie. Au total, les rennes russes constituent un troupeau probablement deux fois plus important que celui des caribous canadiens. Ces statistiques demeurent toutefois approximatives et changeantes.

29

Le mammifère le plus lourd

Ceux qui pensent que l'ours polaire ou l'orignal (élan d'Amérique) sont les plus gros mammifères du Québec oublient que la baleine n'est pas un poisson, mais un mammifère. On le sait depuis qu'Aristote l'a découvert. La baleine bleue a donc droit au titre du plus gros mammifère de la planète et, par le fait même, du Québec.

LA BALEINE BLEUE
Le Goliath du golfe

Une douzaine d'espèces de cétacés fréquentent le golfe du Saint-Laurent, dont les baleines, les rorquals, les cachalots, les dauphins, les marsouins, les épaulards et les bélugas, mais seuls ces derniers ne le quittent pas l'hiver venu. Les baleines s'y prélassent du printemps à l'automne, en profondeur comme en surface, en remontant le fleuve jusqu'à l'embouchure du Saguenay, et même un peu en amont, puis se dirigent vers les mers du Sud pour y passer l'hiver. Ces sympathiques animaux peuvent atteindre et même dépasser 30 mètres de longueur et peser jusqu'à 160 tonnes, soit le double du poids qu'on attribue au plus grand des dinosaures.

Saviez-vous que…

Les rorquals sont des baleines. Quatre espèces de rorqual fréquentent le parc marin du Saguenay: le rorqual bleu (baleine bleue), le rorqual à bosse (baleine à bosse), le petit rorqual et le rorqual commun. Le béluga et le phoque commun sont les seuls mammifères marins qui vivent toute l'année dans l'estuaire du Saint-Laurent.

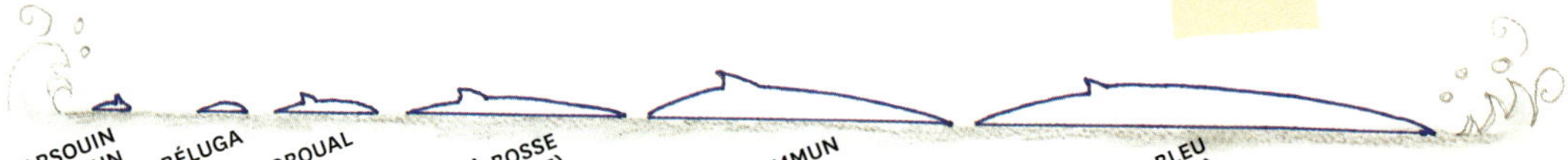

Les Cahiers de la Bonne chanson, nº 8. Abbé Charles-Émile Gadbois, Saint-Hyacinthe, 1950.

Autant la baleine est grosse, autant ses proies sont minuscules. Elles se composent de petits poissons et de crustacés, surtout de krill, une espèce de crevette minuscule presque transparente, qui pèse en moyenne deux grammes. Le krill se déplace par bandes de millions d'individus. Les baleines en absorbent plusieurs tonnes par jour, mais ne sont pas à la veille de dégarnir les fonds marins, car on estime que les océans froids comptent plusieurs centaines de millions de tonnes de ces minuscules crevettes.

En 1996, on a noté que 50 % de la population mondiale de baleines avait diminué dans les 25 années précédentes. La chasse à la baleine, qui fut un temps très active, a contribué à en diminuer la population. Du XVIe au XVIIIe siècle, les Basques traversaient l'Atlantique pour venir les pêcher et en faire de l'huile, activité dont témoignent les nombreux fours en pierre dont on trouve les vestiges le long des rives et des îles du Saint-Laurent. Ce n'est pas pour rien que les armoiries de plusieurs villes basques représentent des baleines. Ajoutons que les réserves de krill ont aussi baissé au cours des dernières années à cause du réchauffement de la planète, ce qui représente une menace pour l'alimentation de la baleine bleue.

Biarritz/ Miarritz

Guétary/ Getaria

Hendaye/ Hendaia

Les cétacés sont à l'honneur sur les armoiries de trois villes côtières de la province du Labourd (Lapurdi) au Pays basque français. La pêche côtière à la baleine est ainsi évoquée dans les armes communales de Biarritz, Guétary et Hendaye: la barque équipée de rameurs, la baleine libre ou harponnée et le guetteur scrutant l'arrivée des cétacés.

Notons également la baleine comme motivation d'une colonisation basque des Amériques qui a eu lieu de 1517 ou peut-être plus tôt, jusqu'en 1767. Elle consistait principalement en des postes saisonniers de pêche à la morue et de chasse à la baleine, dans le golfe du Saint-Laurent et les environs. La toponymie et des vestiges archéologiques ont laissé leurs traces de cette page de notre histoire.

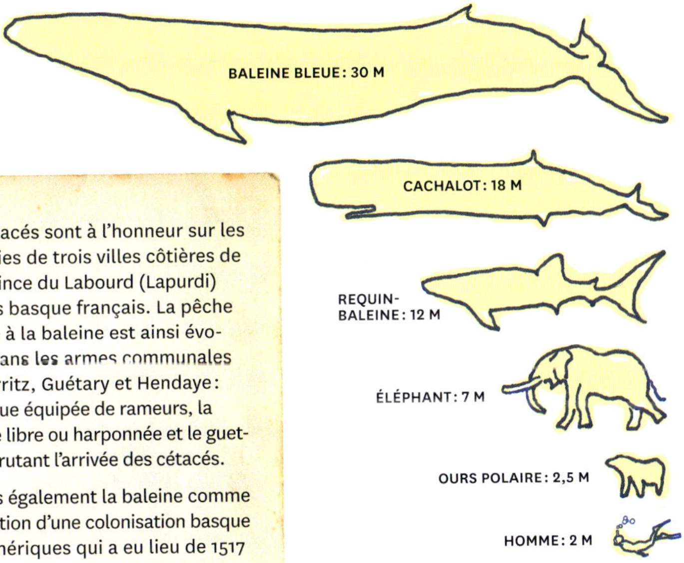

La cartographie ancienne, autant que l'héraldique et la mythologie, a fait une large part aux poissons et aux autres monstres marins. Littérature et folklore ont suivi: pensons à Jonas dans la baleine et à Moby Dick.

30

Le plus lourd animal terrestre

Pour identifier le plus lourd animal terrestre, on peut hésiter entre l'orignal (élan d'Amérique) et l'ours polaire, car certains orignaux adultes peuvent être plus lourds que certains ours polaires également adultes. Cependant, si on se réfère aux poids moyens de ces deux espèces, c'est l'ours polaire qui remporte la palme.

L'OURS BLANC
Le roi du pôle Nord

Ce choix se trouve confirmé par le fait que le record de masse enregistré pour l'ours polaire le plus lourd est de 1102 kilogrammes, ce qui dépasse par près de 300 kilogrammes le poids enregistré de l'orignal le plus lourd. Il s'agissait évidemment d'un mâle, puisque chez les ours blancs, les femelles sont en général deux fois plus petites que les mâles. Étrangement, à la naissance, les oursons polaires sont minuscules et pèsent moins de un kilogramme.

Sans être prophète de malheur, on peut craindre que l'ours blanc perde éventuellement son statut de mammifère carnivore le plus lourd de la planète (l'éléphant, deux fois plus lourd que lui, est herbivore), car l'espèce est actuellement soumise à des pressions très fortes dont le facteur le plus important est le réchauffement de la planète. Elle est également menacée par la présence humaine accrue dans son habitat naturel, la chasse et la présence de matières toxiques dans ses proies.

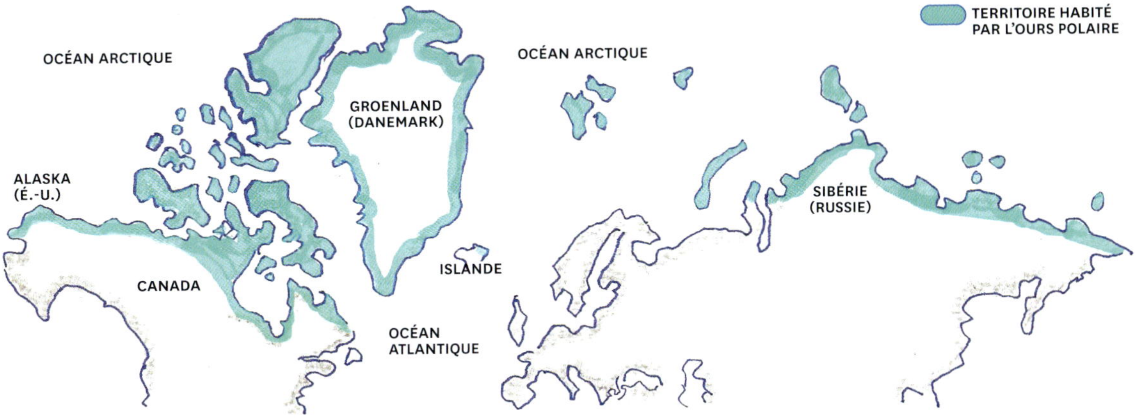

Bien que l'on puisse considérer l'ours blanc comme un mammifère marin, car c'est dans la mer qu'il trouve l'essentiel de sa nourriture, la banquise constitue une nécessité vitale pour lui. Il l'utilise à diverses fins : transport, accès aux zones où vivent ses proies naturelles, lieux de repos et de rencontres. Or, c'est connu, on note depuis quelques décennies un recul constant de la banquise polaire. Faute de glaces flottantes pour se transporter, des ours ont dû nager jusqu'à 100 kilomètres pour atteindre les secteurs où trouver les phoques et autres mammifères marins dont ils se nourrissent. L'ours polaire est exclusivement carnivore, contrairement aux autres ours, qui sont omnivores, mais surtout herbivores.

On estime que, depuis quarante ans, la calotte glaciaire a diminué de près de 10 % par période de dix ans. Cette évolution climatique a des résultats navrants pour cette espèce : les ours polaires diminuent en poids et en nombre. On estime leur nombre actuel à environ 25 000, dont 15 000 vivent au Canada.

Paroles d'humoristes :

« Les ours blancs sont blancs parce qu'ils sont vieux. »
(Alphonse Allais)

« Les ours se suivent et ne se ressemblent pas. »
(Danielle Boom)

31

La plus grande héronnière

Manifestement, les hérons aiment le Québec: c'est en effet ici, dans les îles du lac Saint-Pierre, qu'ils se réunissent en plus grand nombre. Sur la Grande-Île, l'une des cent îles du lac Saint-Pierre, se trouve la plus importante héronnière du monde.

LA HÉRONNIÈRE DU LAC SAINT-PIERRE
La plus grande au monde

Le héron, cet échassier «au long bec emmanché d'un long cou», comme le décrit La Fontaine dans sa fable *Le Héron*, est un grand oiseau qui dépasse un mètre, en hauteur et en envergure. Il vit en colonies qui regroupent en général une centaine d'individus. Celles du lac Saint-Pierre en comptent plusieurs milliers, notamment sur la Grande-Île qui en accueille plus de 1200. Il faut dire que cet élégant oiseau y trouve des conditions qui l'incitent à s'y installer.

Les îles du lac Saint-Pierre, qui constituent le plus important archipel du Saint-Laurent avec ses 103 îles, sont situées dans cette région amphibie surnommée la «Louisiane du Québec», ses nombreux chenaux rappelant les bayous. Ces îles sont soumises à des inondations printanières qui, paradoxalement, ont un effet positif sur l'environnement, du moins pour ce qui est de la vie des hérons. La montée des eaux alimentées par la fonte des neiges accumulées durant l'hiver, nettoie les espaces où s'étaient empilés les excréments très acides des oiseaux à la saison précédente. Ce lessivage permet aux hérons, revenus de leur hivernage dans les terres du Sud (de décembre à mars), de retrouver leur habitat bien propre, prêt pour la nidification. Durant une douzaine de semaines, le héron sera occupé à construire son nid, à couver les œufs et à élever les petits. Les parents iront chasser à plusieurs kilomètres du nid pour leur apporter à manger.

Activités possibles

Randonnée nature à travers les îles de Sorel et le labyrinthe de chenaux, visite du Biophare (reconnu par l'UNESCO) et de la Maison du Marais, observation des grands hérons, dégustation d'une gibelotte...

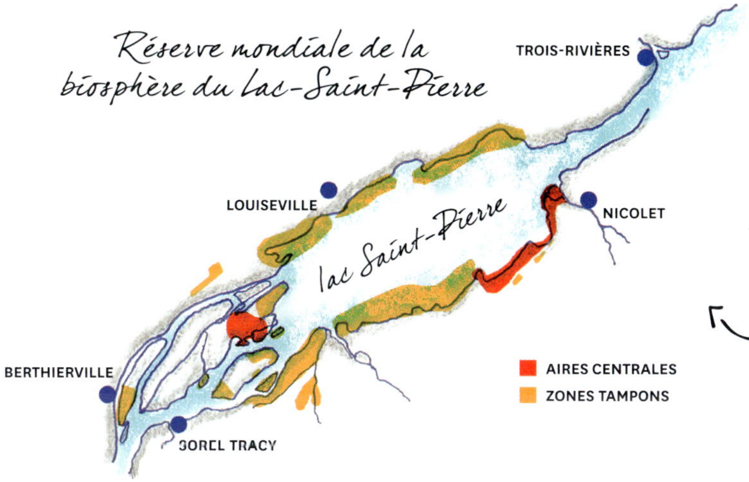

Leur alimentation est essentiellement composée de poissons et d'amphibiens, parfois de petits rongeurs. Une partie de ce menu se retrouve aussi dans la gibelotte, mets que les gens du coin préparent en ajoutant à la barbotte, à la lotte ou à la perchaude, du bouillon, des légumes, des tomates et du lard salé. Ce mets typique du pays du Survenant a été mis à l'honneur au cours de 38 éditions du Festival de la gibelotte à Sorel-Tracy.

La richesse aviaire de la héronnière a trouvé protection dans la création de la Réserve mondiale de la biosphère du Lac-Saint-Pierre qui, outre la plus importante héronnière au monde, abrite près de 300 espèces d'oiseaux dont une douzaine est sur la liste des espèces menacées.

Une bonne gibelotte contient...
du lard salé
des filets de perchaude ou de barbotte
des oignons et des carottes
des haricots jaunes et verts
des pois verts et du maïs en grains
du bouillon de bœuf et de poulet
de la pâte de tomates
de la soupe de tomate concentrée
des tomates fraîches
du laurier, du thym, du persil, du basilic et du sel

32

Le plus grand oiseau

Les quelque 475 espèces d'oiseaux observés au Québec varient considérablement en dimensions et en poids. Le plus petit, le colibri, pèse 3000 fois moins que l'aigle royal, le plus grand oiseau du Québec.

L'AIGLE ROYAL

Il pèse l'équivalent de 3000 colibris

Le terme *royal* convient bien à cet oiseau : ses dimensions, sa force, sa vitesse, ses serres puissantes, son regard perçant, son goût des hauteurs lui confèrent le droit à ce titre. Cela dit, son envergure impressionnante, jusqu'à 2,8 mètres, pourrait laisser croire qu'il est plutôt lourd. En réalité, son poids moyen n'est que de 4 kilogrammes pour le mâle et de 6,3 kilogrammes pour la femelle.

On sait rapidement le reconnaître par sa taille d'abord, mais aussi, lorsqu'il est en plein vol plané, par les plumes bien découpées de ses vastes ailes déployées.

C'est en vol qu'on peut surtout admirer le roi des oiseaux, car son aire est le plus souvent située dans des endroits escarpés ou quasi inaccessibles et, surtout, loin de toute présence humaine. Il peut se déplacer à une vitesse atteignant 100 km/h. Son vol plané fait fi des vents même violents et lui permet de rester presque immobile durant de longues périodes, jusqu'au moment où, apercevant une proie, loin au-dessous de lui, il descend en piqué à une vitesse qui peut atteindre 300 km/h. Il se nourrit de petits animaux, mais il peut aussi s'attaquer aux marmottes, aux renards, aux moutons et même à de jeunes cervidés. Il peut voler en portant des proies ayant son poids et même davantage.

«Les œuvres récentes de René Derouin poursuivent l'observation de la nature et de la société actuelle. À travers ses multiples migrations, il découvre la rapacité de notre époque. S'inspirant des oiseaux de proie, il crée des œuvres d'une grande densité dans une métaphore poétique sur l'agitation et la voracité de notre société.»

Rapaces C-3, René Derouin (2015)
Photo Lucien Lisabelle
153 x 108 cm

Parmi les oiseaux de proie du Québec, le pygargue à tête blanche, autrefois appelé «aigle à tête blanche», fait aussi bonne figure quant à sa taille, puisqu'il est à peine moins grand que l'aigle royal. Contrairement à ce dernier, le pygargue se nourrit essentiellement de charognes. L'aigle royal est plus sélectif en matière de gastronomie.

Aigle royal et pygargue ne sont pas les plus grands oiseaux du monde. Le record à cet égard revient au condor des Andes, pour les oiseaux terrestres, et à l'albatros, pour les oiseaux de mer. L'albatros est aussi le plus grand de tous les oiseaux volants (ce qui exclut l'autruche et l'émeu), avec une envergure pouvant atteindre 3,4 mètres.

L'aigle, c'est le génie!
Oiseau de la tempête
Qui des monts les plus hauts cherche le plus haut faîte.

– Victor Hugo, *Odes et Ballades*, 1822

De tout temps, l'aigle a été l'oiseau le plus vénéré, notamment par les Anciens qui, en Perse, à Rome et chez les Aztèques, avaient instauré des cultes particuliers en son honneur. Aujourd'hui, on le trouve dans les armoiries d'une vingtaine de pays et sur les drapeaux de cinq d'entre eux.

33

Le plus petit oiseau

Les colibris sont si petits, en taille (8 centimètres du bout du bec au bout de la queue) et en poids (2 grammes, soit 3000 fois moins que l'aigle royal), qu'on les a surnommés «oiseaux-mouches».

LE COLIBRI À GORGE RUBIS
Une bombe d'énergie

Vert, rouge, gris et blanc…
De plumage vert iridescent sur le dessus et blanc grisâtre sur le dessous, les colibris adultes ont le bec long, droit et très mince. Le mâle adulte a la gorge iridescente de couleur rouge rubis et la queue échancrée. La femelle, tout comme le colibri immature, n'a pas de zone colorée sur la gorge.

Il existe plus de 300 espèces de colibris, regroupés dans la famille des *trochilidés*, dont seulement une seule est observée au Québec: le colibri à gorge rubis. Contrairement aux espèces qui habitent l'Amérique du Sud et qui sont sédentaires, notre colibri passe ses hivers dans le sud du Mexique et en Amérique centrale. Sa migration est un exploit, surtout pour celui qui choisit de passer directement du Texas à la péninsule du Yucatan en survolant le golfe du Mexique, car cela représente une distance de 800 kilomètres sans escale.

Le poète Jacques Delille, en 1809, disait avec élégance de l'oiseau-mouche:

«Vif, prompt, gai, de la vie aimable et frêle esquisse,
Et des dieux, s'ils en ont, le plus charmant caprice»

À vrai dire, le colibri est une bombe d'énergie. Il bat des ailes à un rythme qui atteint 80 battements à la seconde, ce qui exige de son cœur qu'il batte, lui aussi, à un rythme invraisemblablement élevé: jusqu'à 1200 pulsations par minute lorsqu'il est en vol. Au repos, ce rythme descend à 400 pulsations et la nuit, à 40. Il dépense beaucoup d'énergie à défendre son territoire et l'accès aux plantes qui lui assurent son carburant, ce qu'il fait avec une agressivité étonnante, n'hésitant pas à s'attaquer à des oiseaux beaucoup plus gros que lui, mais aussi à ses semblables.

Un rythme cardiaque phénoménal pour permettre 40 battements d'aile à la seconde !

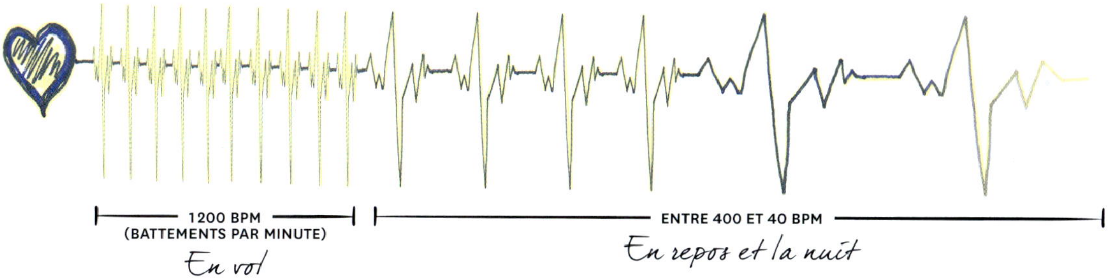

Répartition géographique du colibri à gorge rubis

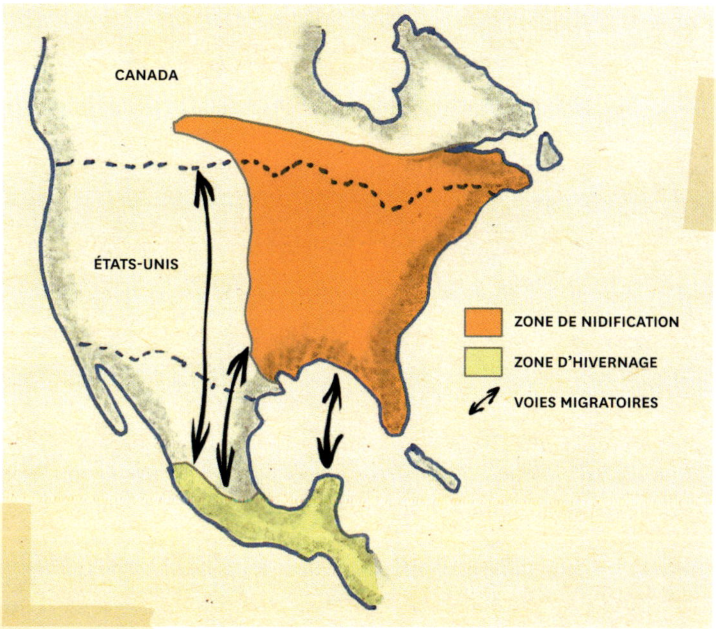

Pour refaire ses forces, il doit se nourrir toutes les 15 minutes, en suçant le nectar des fleurs et en captant des insectes en plein vol, ce qu'il fait avec une précision inouïe. Sa manière particulière d'utiliser ses ailes lui permet de voler dans tous les sens, y compris verticalement, à reculons, à l'envers. C'est un véritable acrobate aérien, un minuscule hélicoptère en chair et en os. Il est le seul oiseau à pouvoir faire du surplace dans les airs en récoltant son nectar. Chaque jour, il absorbe plus que son poids en nourriture.

La danse nuptiale du mâle est un véritable ballet aérien au cours duquel il déploie ses couleurs en dessinant dans l'air des figures compliquées, ce qui fait la jalousie des ornithologues européens, car le colibri n'existe que dans les Amériques.

À Rockfort-Fulton, au Texas, sur le trajet suivi par les colibris lors de leurs migrations saisonnières, se tient chaque année un festival de l'oiseau-mouche (*The Hummingbird Celebration*). Au programme : observation de colibris, explication des plantes qu'ils aiment, conférences, concours, fabrication d'abreuvoirs, etc. Une *learning experience*.

Une folle comparaison : Un colibri pèse 80 millions de fois moins que la baleine bleue et 2000 fois plus qu'une puce !

34

Le plus important jardin zoologique

Parmi la vingtaine de jardins zoologiques du Québec, celui de Granby est le plus important, tant par le nombre et la variété des espèces qu'il présente que par sa fréquentation.

LE ZOO DE GRANBY
Une arche de Noé

Un zoo en milieu urbain.

Créé en 1953, ce parc zoologique s'est progressivement agrandi et a considérablement diversifié les activités qu'il offre aux visiteurs de tous âges. On y trouve environ 1500 animaux représentant plus de 200 espèces exotiques et près d'une centaine d'espèces marines. Cette grande richesse faunique est présentée selon un plan géographique.

La section africaine contient une large gamme d'espèces des régions de savane et de forêt: hippopotames, zèbres, girafes, lions, gorilles, autruches, flamands roses, etc. L'Asie, avec ses forêts et ses déserts, est représentée par le tigre, l'ours de l'Himalaya, le petit panda, le cheval de Prjewalski (une race préhistorique presque éteinte) et le chameau, un animal exclusif à l'Asie (seul le dromadaire existe en Afrique). L'Océanie présente des espèces endémiques: kangourous, wallabys, émeus. Originaires d'Amérique latine, de la forêt tropicale jusqu'aux Andes, le jaguar, le lama et le condor font bonne figure.

Animaux que le zoo de Granby ne possède pas encore: licorne, dragon, sphinx, griffon, marsupilami, Memphré…

Par ailleurs, des secteurs thématiques ont été ajoutés au jardin: la savane africaine, la rivière aux hippos, le parc aquatique et une variété de jeux pour enfants et parents.

Parmi les nouveau-nés de 2016 :

Le zoo de Granby est fier d'avoir vu naître des quintuplés chez les suricates; Kimi (espoir en japonais), le petit macaque, né à la grande surprise des gardiens d'animaux qui l'ont trouvé par hasard; le premier bébé de l'année, Kumi (dix en swahili), le dixième girafeau de Masaï, née elle-même au zoo de Granby il y a vingt ans.

À découvrir, ici et ailleurs

QUELQUES AUTRES ZOOS AU QUÉBEC:

- En Outaouais: le Parc Oméga
- Dans la grande région de Montréal: l'Espace pour la vie – Biodôme de Montréal et le Zoo Ecomuseum
- Au Saguenay-Lac-Saint-Jean: le Zoo sauvage de Saint-Félicien
- Dans les Laurentides: la Ferme des reptiles Exotarium et le Zoofari
- En Montérégie: le Parc Safari, Le Nichoir/centre de réhabilitation pour les oiseaux
- En Abitibi-Témiscamingue: le Refuge Pageau/centre de réhabilitation pour les animaux sauvages

PARMI LES PLUS BEAUX ZOOS DU MONDE:

- La part belle à la faune boréale, le zoo sauvage de Saint-Félicien au Saguenay-Lac-Saint-Jean, Québec
- Un des plus grands du monde, le zoo de Berlin, en Allemagne
- Une immense forêt tropicale artificielle reproduite au zoo du Bronx, à New-York, États-Unis
- Près de 10 000 animaux et 900 espèces au zoo d'Ueno, à Tokyo, Japon
- La référence en matière de bien-être des animaux, le zoo de San Diego, États-Unis
- La plus grande collection animalière en France, au zoo de Beauval
- Plus de 20 000 animaux dans un des plus vieux zoos au monde, le zoo de Londres, en Grande-Bretagne
- Des espèces rares et des activités nocturnes au zoo de Singapour
- Le plus ancien zoo du monde (1752), le zoo de Schönbrunn
- Foyer de nombreuses naissances chaque année et parmi les 4 premiers meilleurs zoos au monde, le zoo de Prague

Un peu partout dans le monde, des voix s'élèvent pour dénoncer les traitements réservés aux animaux des parcs zoologiques et leurs conditions de détention. Des abus existent effectivement, mais les autorités de la plupart des institutions, du moins au Québec, tentent d'établir un équilibre entre leurs objectifs pédagogiques, l'accessibilité sécuritaire à une large gamme d'espèces animales et le bien-être des animaux. Ainsi, il y a une dizaine d'années, le zoo de Granby s'est équipé d'un hôpital vétérinaire qui veille à la santé des animaux.

La préoccupation pédagogique se manifeste par l'ajout d'un volet géographique à la dominante zoologique: aux différents *postes de douane* du zoo, dans le monde de l'Afrique, les enfants peuvent faire estampiller le passeport qu'on leur a remis à l'entrée. Un souvenir qui leur permet d'associer les espèces à leurs habitats d'origine respectifs.

35

Le plus grand jardin botanique

L'activité horticole a permis de constituer un patrimoine considérable au Québec. Celui-ci comporte un grand nombre de jardins situés aux quatre coins de la province. La réalisation la plus spectaculaire dans ce domaine est le Jardin botanique de Montréal, l'un des plus importants au monde.

LE JARDIN BOTANIQUE DE MONTRÉAL
Un éden pédagogique

Le frère Marie-Victorin et ses élèves apprentis botanistes, vers 1936.

Henry Teuscher avec le frère Marie-Victorin à la Serre A-1, en 1936.

Le Québec doit beaucoup à Conrad Kirouac, mieux connu sous le nom de frère Marie-Victorin. Outre sa monumentale *Flore laurentienne*, qui décrit et illustre des dizaines de milliers de spécimens de la flore québécoise, on lui doit l'idée de créer un jardin botanique qui rendrait justice à la diversité et à l'intérêt du visage horticole du Québec. Il s'y est consacré dès 1920 ; dix ans plus tard, le Jardin prenait forme et, en 1956, des serres d'exposition venaient compléter les aménagements déjà réalisés. Ce fut le début d'une longue suite d'additions qui ont constitué, au fil des ans, l'un des complexes les plus prestigieux qui soient relativement à la diversité biologique.

Réparties dans dix serres d'exposition et une trentaine de jardins thématiques, plus de 20 000 espèces végétales y sont représentées. Une approche géographique a amené les concepteurs du Jardin, dont le chef horticulteur Henry Teuscher, à créer un Jardin de Chine, un Jardin japonais et un Jardin des Premières-Nations.

Le Jardin botanique ne se borne pas à collectionner les espèces. Il vise aussi à établir de façon active des rapports entre la flore et la société. Un programme nourri d'activités s'étale sur toute l'année, à chacune des saisons : le temps des sucres et les papillons en liberté au printemps, la décoration des citrouilles et la magie des lanternes à l'automne, par exemple.

Le monde animal y est également représenté : l'Insectarium, qui contient un quart de millions d'espèces d'insectes, présente des activités qui vont de l'odyssée des monarques jusqu'à la gastronomie pour insectivores. Le Biodôme est un complément important au monde horticole du Jardin botanique : installé dans l'un des bâtiments érigés pour les Jeux olympiques de 1976, il ajoute la faune à la flore. Il présente quatre écosystèmes, dont deux spécifiques au Québec : la forêt tropicale humide, la forêt laurentienne, le golfe du Saint-Laurent et les pôles.

Outre Montréal, les régions du Québec ont toutes beaucoup à offrir sur le plan de l'horticulture. L'Association des Jardins du Québec et l'Association des Petits jardins du Québec se consacrent à la promotion de l'activité horticole. Plus de 150 jardins, dont la vocation, les dimensions et les activités sont évidemment fort diverses, constituent un patrimoine qui complète certains autres grands jardins d'importance dans la province. C'est le cas, entre autres, des Jardins de Métis, dont la famille Reford a assuré la grande qualité, ce qui lui a valu le surnom de « paradis végétal gaspésien », et du Parc Marie-Victorin que la compagnie Cascades a créé à Kingsey Falls, patrie du frère Marie-Victorin.

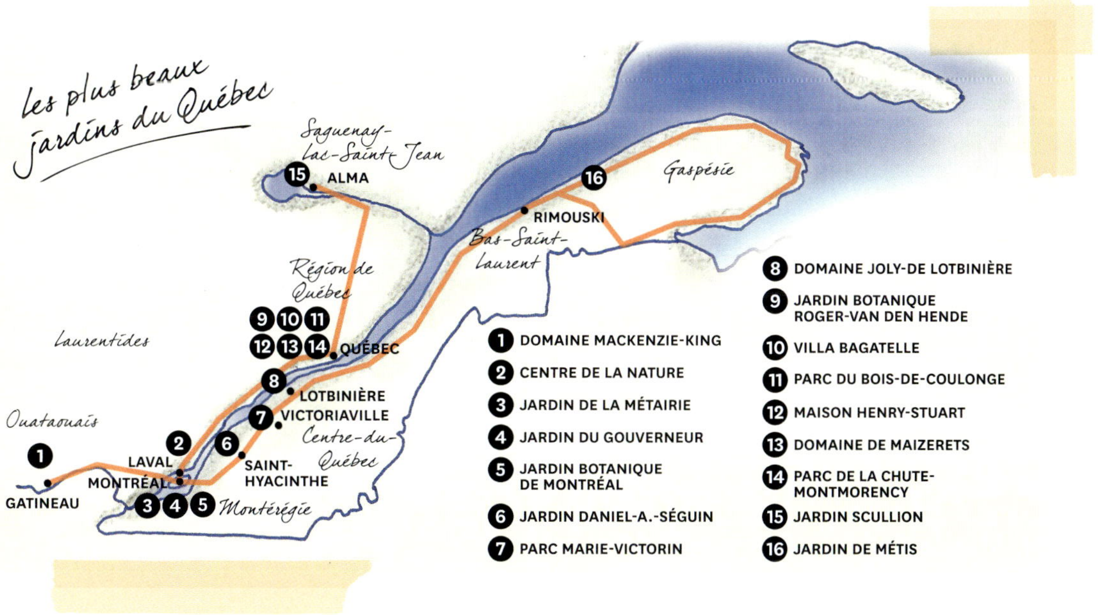

36

La plus longue passe migratoire souterraine

La rivière Madeleine, en Gaspésie, est très appréciée des saumons et des pêcheurs. Jusqu'en 1968, les uns et les autres fréquentaient la partie de la rivière en aval du Grand Sault qui empêchait le saumon d'aller au-delà pour frayer. Afin de lui permettre de contourner cet obstacle, le gouvernement du Québec a construit une passe migratoire souterraine, la plus longue au monde.

LA PASSE MIGRATOIRE DE RIVIÈRE-MADELEINE

Où les saumons peuvent frayer

Ici, l'emplacement du «monte-charge à saumons», qui peut en transporter jusqu'à 65/jour.

Extrémités de la passe migratoire souterraine: en bas, l'appel d'eau et l'entrée; en haut, le bassin de comptage et la sortie.

Les multiples usages de l'eau (consommation, production d'énergie, nautisme, etc.) ont nécessité, pour corriger les caprices du relief et régulariser les eaux des affluents des deux côtés du Saint-Laurent, la construction de milliers de barrages. Ce faisant, les besoins de l'homme sont venus concurrencer ceux du saumon et, par le fait même, ceux des pêcheurs.

Le mode de reproduction du saumon exige en effet qu'il puisse aller déposer ses œufs en amont des affluents du fleuve, dans des frayères. Pondus à l'automne, les œufs éclosent au printemps et les *alevins* demeurent durant deux ou trois ans dans le secteur de la rivière où ils sont nés. En atteignant une taille d'environ cinq centimètres, ils prennent le nom de *tacons*, puis, une fois rendus trois fois plus longs, celui de *smolts*. C'est alors qu'ils partiront pour la mer, après avoir mémorisé l'odeur de leur rivière afin de pouvoir y revenir pondre leurs œufs et perpétuer leur cycle de reproduction.

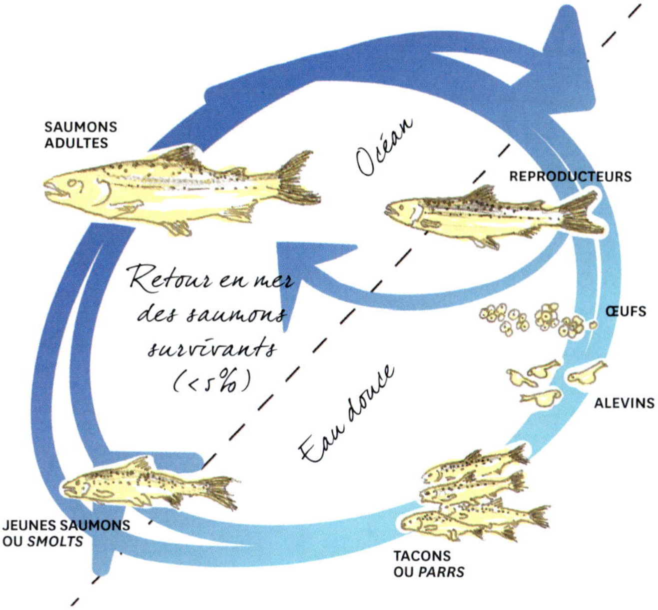

Cet aller-retour de près de 2000 kilomètres est ponctué de dangers de diverses natures (prédateurs, maladies, pêche) de sorte qu'à partir d'une ponte de 8000 œufs, il ne restera que quatre ou cinq saumons qui reviendront à leur rivière d'origine deux ou trois ans plus tard. Il faut dire qu'après la fraie, un certain nombre de saumons meurent avant d'atteindre la mer.

La passe migratoire de la rivière Madeleine permet maintenant à plus d'un millier de saumons d'avoir accès annuellement à plus de 70 fosses le long de la rivière. Ils peuvent, pour atteindre leurs zones de fraie, emprunter la passe migratoire installée dans un tunnel creusé dans le roc sur une longueur de 140 mètres, de façon à racheter les quelque 25 mètres de la chute. Le fait que le saumon peut nager à une grande vitesse, parfois supérieure à celle de chutes d'eau, lui permet de les remonter, mais rarement au-delà d'une dizaine de mètres. D'où la nécessité de venir à sa rescousse en construisant des passes migratoires. Ainsi, l'homme aide le saumon à se reproduire… pour finalement pouvoir s'en nourrir.

Autant que celle des oiseaux migrateurs, et peut-être plus encore, l'épopée de ce grand voyageur qu'est le saumon force l'admiration et donne à penser que la science et la force des animaux ne sont pas inférieures à celles des hommes.

Sous ce sentier, la passe migratoire creusée dans le roc de la montagne.

Le choix de la mouche tient compte de l'espèce visée et de l'environnement. La mouche est fabriquée en fixant sur un hameçon divers matériaux (plumes, poils, matériaux synthétiques, etc.). On les regroupe par type: les mouches sèches, qui imitent les insectes flottants en surface, les mouches noyées, qui imitent les larves et nymphes d'insectes aquatiques, et les streamers, qui imitent les alevins.

Destination de pêche réputée, le Québec est un territoire unique au monde pour la pêche sportive au saumon. En tout, près de soixante rivières à saumon réparties dans six régions touristiques.

«Si l'on bâtissait la maison du bonheur, la plus grande pièce serait la salle d'attente.»

— Jules Renard

LE MONDE CONSTRUIT

Les ponts de Québec et Pierre-Laporte

Le Tracel de Cap-Rouge

Le phare de Cap-des-Rosiers

L'église de Saint-Pierre-de-La Vernière, dite «l'Église du diable»

37

L'hôtel le plus photographié

On dit que le Château Frontenac est l'hôtel le plus photographié au monde. Cela est vraisemblable. En effet, dès le début du xxe siècle, sa réputation avait déjà atteint la Russie, où un livre pour enfants présentait un conte intitulé *Une ville sur le dos d'une baleine* et illustré par un dessin du Château Frontenac au sommet d'un cap en forme de baleine.

LE CHÂTEAU FRONTENAC
Un monument photogénique

On associe souvent la naissance du Canada à l'épopée du chemin de fer. Quinze ans avant la Confédération naissait en 1852 le Grand Tronc qui allait devenir la trame de fond du peuplement du pays. Vingt-cinq ans plus tard, le rail traversait le Canada et ouvrait de larges horizons pour les voyages de tous les types : exploration, commerce, tourisme. Dès 1881, la compagnie Canadien Pacifique était fondée et commençait à ponctuer son chemin de fer transcontinental d'hôtels pour recevoir les voyageurs.

Du conte russe où figure le Château sur le dos d'une baleine.

En 1892, à travers le Canada, on entreprend la construction d'une longue série d'hôtels dont, pour certains, le style était vaguement inspiré de châteaux européens. Le Château Frontenac, construit selon les plans de l'architecte américain Bruce Price inspirés de ceux d'Eugène-Étienne Taché, ouvre ses portes l'année suivante et, dès lors, bénéficie d'un achalandage important qui justifiera des agrandissements successifs en 1899, 1908, 1919, 1924 et 1993.

Hôtel de prestige, le *Château* a été l'hôte de nombreuses têtes couronnées, de chefs d'État et de vedettes du monde artistique. Des scènes du film *I Confess* (*La loi du silence*), d'Alfred Hitchcock, y ont été tournées en 1952.

PREMIÈRE MONDIALE
CE SOIR à 8 h. 30, AUX 2 CINEMAS
CARTIER ET CAPITOL
EN PERSONNE CE SOIR SUR LA SCENE DES 2 THEATRES
ALFRED HITCHCOCK
ANNE BAXTER
ROGER DANN
ADMISSION CE SOIR SEULEMENT: $1.13
PRIX RÉGULIERS DANS LES DEUX THEATRES VENDREDI ET LES JOURS SUIVANTS
ASSISTEZ AUX MATINEES ET EVITEZ LES FOULES DU SOIR
ALFRED HITCHCOCK'S
I Confess
MONTGOMERY CLIFT
ANNE BAXTER
KARL MALDEN
BRIAN AHERNE
ROGER DANN · DOLLY HAAS · CHARLES ANDRE · JUDSON PRATT
OVILA LÉGARÉ · GILLES PELLETIER

12 février 1953.

Détail intéressant : au-dessus du passage qui donne accès à l'hôtel, une pierre retient l'attention. Il s'agit d'une stèle provenant de l'ancien château Saint-Louis sur laquelle a été sculptée la croix de l'Ordre des Chevaliers de Malte. Cette référence à l'histoire s'ajoute à celle qu'évoque la mémoire de Louis de Buade, comte de Frontenac, qui, à titre de gouverneur de la Nouvelle-France, a répondu à l'amiral Phipps qui lui demandait de se rendre : « Je n'ai de réponse à faire que par la bouche de mes canons. »

Château Frontenac, 1893.

Un château Frontenac décoratif et gourmand

38

L'édifice le plus haut à Montréal

Le centre-ville de Montréal se présente comme une colonie de poteaux géants dont plusieurs semblent être d'égale hauteur. Vérification faite, le plus haut de ces édifices est le 1000 De La Gauchetière. Il est aussi celui qui compte le plus grand nombre d'étages.

LE 1000 DE LA GAUCHETIÈRE *Un périscope urbain*

Seulement 318 jours ont suffi pour assembler les 9 000 tonnes d'acier composant la structure (autant d'acier que la tour Eiffel).

Cet immeuble de 51 étages, bâti en 1992 dans le style postmoderne, a été construit l'année du 350e anniversaire de la fondation de Montréal. Sa silhouette au faîte pointu tranche avec celle des autres édifices presque tous à toit plat. Son nom est en même temps son adresse, amputée du point cardinal «Ouest» qui la précise. Certains habitués le nomment même tout simplement *Le Mille*, preuve de l'importance de la référence qu'il constitue pour s'orienter dans le centre-ville.

La rue De La Gauchetière traverse un arrière-fief que Catherine Gauchet de Belleville avait reçu en concession en 1664 sous le nom de la Gauchetière.

On peut dire que la verticalité du paysage urbain a changé en un peu plus de 80 ans!

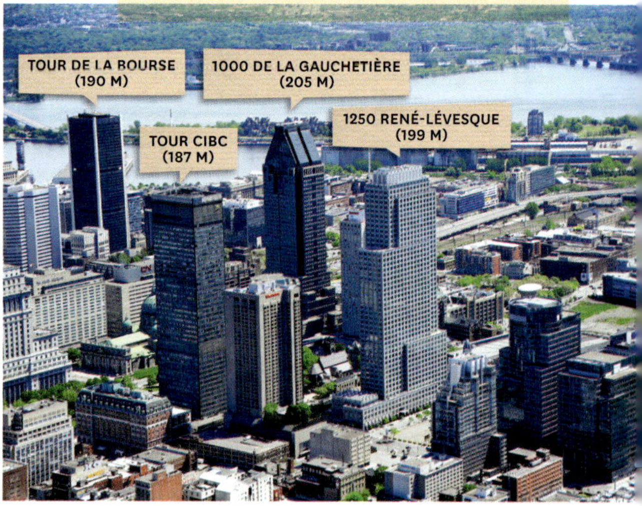

En 1928, le site du futur 1000 De La Gauchetière. Plus loin, le pont Jacques-Cartier en construction.

Ce secteur de Montréal se caractérise par l'agglomération de nombreux gratte-ciel, 23 des 25 édifices les plus hauts du Québec s'y retrouvant. Le 1000 De La Gauchetière, avec ses 205 mètres de hauteur, peut sembler ne pas dépasser ses voisins, mais c'est parce que le niveau du terrain sur lequel ceux-ci sont bâtis varie. De plus, deux autres immeubles, la Tour CIBC et le 1250 René-Lévesque, pourraient prétendre dépasser *Le Mille*, mais ce ne serait qu'à cause des antennes qui les prolongent. Cela dit, ces trois plus hauts édifices de Montréal respectent le règlement municipal qui interdit de construire des immeubles dépassant le sommet du mont Royal, c'est-à-dire 233 mètres. Il existe une exception à cette règle: l'Oratoire Saint-Joseph, qui bénéficie d'une assise qui, ajoutée à ses 128 mètres, lui permet de se rapprocher davantage du ciel que les constructions civiles.

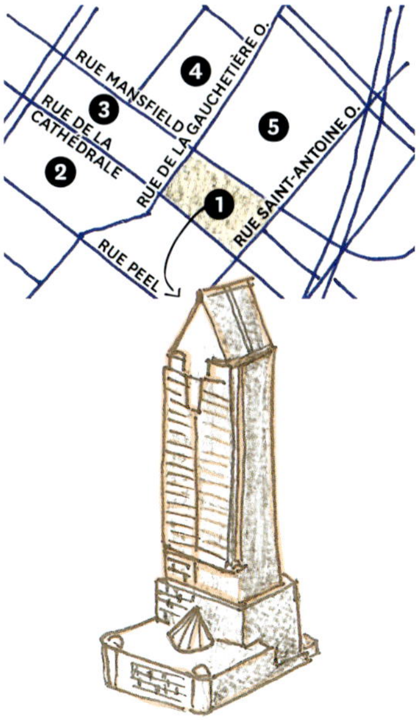

1 1000 DE LA GAUCHETIÈRE
2 PLACE DU CANADA
3 CATHÉDRALE MARIE-REINE-DU-MONDE
4 GARE CENTRALE
5 PLACE BONAVENTURE

Les plus hauts gratte-ciel (hauteur structurelle)

Au Québec

MONTRÉAL

Rang	Nom du bâtiment	Hauteur
1	1000 De La Gauchetière	205 m
2	1250 René-Lévesque	199 m
3	Tour de la Bourse	190 m
4	Place Ville-Marie	188,1 m

QUÉBEC

Rang	Nom du bâtiment	Hauteur
1	Édifice Marie-Guyart (Observatoire)	132 m

Notons que la Tour de Montréal (tour du Stade olympique) remporte le record de la plus haute tour inclinée du monde (175,3 m)!

Ailleurs dans le monde

Rang	Nom du bâtiment	Hauteur
1	Buri Khalifa (Dubaï, Émirats arabes unis)	828 m 163 étages
2	Shanghai Tower (Shanghai, Chine)	632 m 128 étages

Notons que le futur gratte-ciel qui sera érigé à Djeddah, en Arabie saoudite, devrait atteindre 1000 mètres en 2019. Comme quoi pour certains *The sky is the limit!*

L'Arabie saoudite, la Chine, les Émirats arabes unis et la Malaisie se livrent à une course folle pour atteindre le plus haut sommet.

(Classement au 23 novembre 2016)

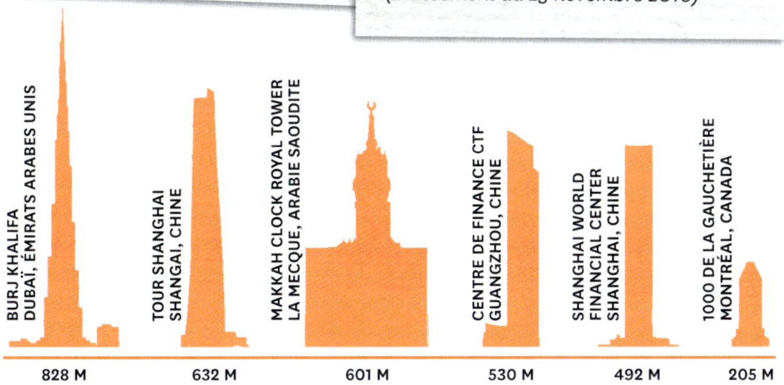

Le 1000 De La Gauchetière offre une large gamme de commerces, de galeries, de bureaux et de services, y compris une vaste patinoire intérieure. Il est relié au Montréal souterrain, le plus vaste réseau piétonnier souterrain du monde. À cet égard, *Le Mille* est un véritable noyau urbain, situé à proximité d'une autoroute et relié directement au métro et au terminus des autobus liant Montréal à la Rive-Sud.

Soyons un peu modestes: une dizaine d'édifices de Toronto sont plus hauts que le 1000 De La Gauchetière.

39

L'édifice le plus long

Dans les grandes villes, il arrive que des édifices se succèdent sur de bonnes distances sans discontinuité. En fait, ce sont pour la plupart des édifices autonomes, mais jointifs. Il en existe un, en pleine forêt, dont les dimensions sont plus importantes que tous les autres. Sa longueur dépasse un kilomètre, un record! C'est *Le Mur* de Fermont.

LE MUR DE FERMONT
Un édifice paravent

Tout édifice possède des murs. Celui dont il est question ici est un mur en soi. C'est en effet le surnom sous lequel il est connu, surnom qui exprime sa longueur, mais aussi la fonction que ses concepteurs ont voulu lui donner. Il faut savoir que la ville de Fermont est située plus au nord qu'Eastmain sur la baie James, dans les montagnes du Bouclier canadien, et qu'elle est soumise à un climat nordique rigoureux. La température moyenne enregistrée en janvier y est de −23 °C et le minimum enregistré a été de −49,5 °C, comparativement à −12,4 °C et −33,5 °C à Montréal.

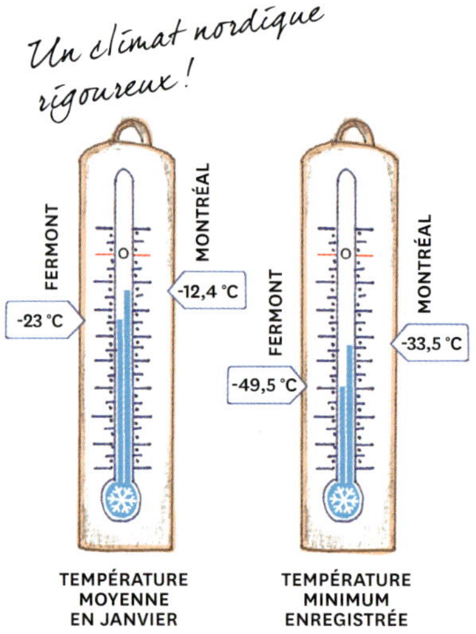

Quand on a voulu développer la ville qui devait compter plus de 2000 habitants à proximité des gisements ferrifères du Labrador central, il a été décidé de construire un édifice qui ferait office d'écran en forme de boomerang afin qu'il protège les habitations des vents du nord et du nord-est. La ville est donc composée de deux parties: quelque 700 maisons et un édifice, le Mur, qui s'étend sur plus d'un kilomètre et s'élève à une trentaine de mètres. Le Mur contient l'essentiel des services (école, centre de santé, pharmacie, épicerie, boutiques, bureaux, piscine) de même qu'un peu plus de 400 logements. Les locataires du Mur peuvent donc, l'hiver venu, vivre une bonne partie de la saison sans mettre le nez dehors (ce qui n'est pas conseillé, soit dit en passant).

Le Mur de Fermont constitue une expérience innovatrice intéressante, qui a cependant connu des problèmes en matière de climatisation (efficacité de l'isolation) et de sécurité (protection contre le vandalisme). Aussi, certains services ont dû être abandonnés : un restaurant, le centre de curling, quelques commerces. Mais, au total, on considère ce projet comme une réussite de l'architecture québécoise.

Notons que le projet de Fermont s'était inspiré d'une construction analogue réalisée à Svappavaara, une ville minière de Suède, de dimensions plus modestes et qui a été partiellement abandonnée et démolie. Par ailleurs, Fermont a servi de modèle à une autre expérience du même ordre en Russie après la visite d'une délégation d'ingénieurs russes venus visiter Fermont.

Source d'inspiration pour Fermont, le mur de bâtiments paravents à Svappavaara, en 1966, de l'architecte Ralph Erskine. Les bâtiments ont été abandonnés depuis la fermeture de la mine en 1983.

40

L'édifice arborant le plus de personnages

La façade de l'hôtel du Parlement, à Québec, est décorée d'un grand nombre de statues de personnages qui ont fait l'histoire du pays. C'est assurément l'édifice le plus riche du Québec à cet égard.

L'HÔTEL DU PARLEMENT
Une façade historiée

On ne peut imaginer une ville, et même un village, sans que soit rappelée quelque part la mémoire des personnes qui en ont marqué l'existence. Ce peut être par un simple nom de rue ou d'édifice, mais c'est souvent par des monuments ou des statues de personnages qui méritent de ne pas sombrer dans l'oubli.

L'histoire d'un pays s'écrit en bonne partie dans l'édifice qui abrite l'assemblée des décideurs, car c'est là, en démocratie du moins, que les représentants du peuple prennent les décisions qui orientent la vie de la nation. Les parlements sont donc intimement liés à l'histoire et il est juste et naturel d'y trouver les figures de ceux qui ont joué un rôle important dans la naissance et l'évolution du pays.

C'est justement ce qu'a décidé de faire Eugène-Étienne Taché, celui à qui ont été confiés les plans de l'hôtel du Parlement en 1877. Il a prévu que la façade de cet édifice, de style Second Empire, contiendrait une série de niches dans lesquelles seraient placées les statues de quelques personnages clés de l'histoire du Québec. Ceux-ci y ont progressivement pris place et aujourd'hui, 22 statues représentant autant de figures historiques font de la façade de l'hôtel du Parlement une leçon d'histoire en bronze. Elles matérialisent la devise du Québec, *Je me souviens*, que l'on doit à Eugène-Étienne Taché et qui surmonte la porte principale.

Eugène-Étienne Taché (1836-1912). Fils d'Étienne-Paschal Taché, un père de la Confédération. Il est à l'origine de la devise *Je me souviens*. Architecte à qui on doit la signature d'un patrimoine bâti significatif de Québec dont l'hôtel du Parlement (1877-1886) et le Manège militaire de Québec (1884-1887).

De part et d'autre de la tour centrale, deux couples d'allégories suggèrent les domaines où les personnages ont œuvré: à gauche, la poésie et l'histoire, à droite, la religion et la patrie. Il est intéressant de noter que la gradation en nombre des personnages représentés concorde avec la séquence historique, à partir de deux fondateurs, de quatre explorateurs, puis de quatre militaires et de six politiques jusqu'à six religieux.

La Ville de Québec qui, depuis une vingtaine d'années, décore ses murs de fresques thématiques en trompe-l'œil a aussi honoré une série de personnages historiques sur un mur autrefois aveugle du quartier Petit Champlain. Ratissant plus large que la façade du Parlement, la fresque évoque, de Jacques Cartier jusqu'à aujourd'hui, la poésie et la musique (Félix Leclerc), l'histoire (François-Xavier Garneau) et l'économie coopérative (Alphonse Desjardins). Un détail astucieux: la fresque représente aussi une vitrine de librairie où figurent des dizaines d'auteurs québécois.

Les armoiries du Québec et la devise «Je me souviens» surmontent l'entrée d'honneur de l'hôtel du Parlement (couleurs en moins).

La façade historiée de l'hôtel du Parlement

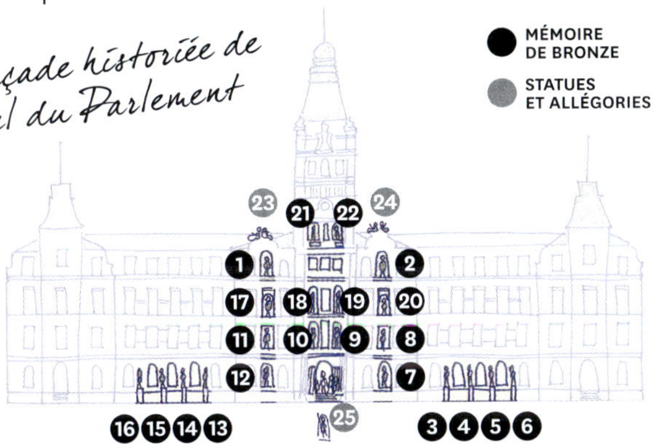

Fondateurs

1. CHAMPLAIN
2. MAISONNEUVE

Explorateurs

3. D'IBERVILLE
4. LA VÉRENDRYE
5. MARQUETTE
6. JOLLIET

Militaires

7. SALABERRY
8. LÉVIS
9. MONTCALM
10. WOLFE

Politiques

11. FRONTENAC
12. ELGIN
13. TALON
14. BOUCHER
15. DORCHESTER
16. BALDWIN

Religieux

17. MONSEIGNEUR DE LAVAL
18. BRÉBEUF
19. VIEL
20. OLIER
21. MARIE DE L'INCARNATION
22. MARGUERITE BOURGEOYS

Allégories

23. LA POÉSIE ET L'HISTOIRE
24. LA RELIGION ET LA PATRIE

Statues

25. LA HALTE DANS LA FORÊT LE PÊCHEUR À LA NIGOG

Située aux abords de l'hôtel du Parlement, le long du boulevard René-Lévesque Est, la promenade des Premiers-Ministres rend hommage aux premiers ministres qui ont gouverné le Québec depuis 1867.

Le monument en hommage aux femmes en politique est installé le long de la façade sud de l'édifice de l'hôtel du Parlement, sur la Grande Allée à Québec. Réalisé par l'artiste Jules Lasalle, il représente quatre pionnières qui ont milité pour le droit de vote et d'éligibilité des femmes ainsi que la première femme élue au Parlement du Québec.

41

La plus grande église

L'histoire de l'Oratoire Saint-Joseph est à l'image de celui qui en est à l'origine. Après des débuts fort modestes, l'un et l'autre ont atteint une notoriété qui dépasse nos frontières : la chapelle fondée par le frère André en 1904 a donné naissance à la plus grande église, non seulement du Québec, mais du Canada entier.

L'ORATOIRE SAINT-JOSEPH

Le temple du frère André

L'érection de l'Oratoire est le résultat du culte qu'Alfred Bessette, mieux connu sous son nom de religion, frère André, vouait à Joseph le charpentier, père de Jésus-Christ. Alors qu'il était concierge au Collège Notre-Dame, il donnait des conseils aux malades et les incitait à la prière. Il s'est ainsi fait une réputation qui a pris progressivement de l'ampleur.

C'est lui qui a conçu le projet de faire bâtir un oratoire pour accueillir les fidèles qui voyaient en lui un saint homme et même un guérisseur. La générosité de ses ouailles a permis rapidement la construction d'un lieu de prières. Un premier oratoire est inauguré dès 1904. Comme la notoriété du lieu et de son animateur grandit, on décide de construire une église plus grande ; elle est bénie et inaugurée en 1917. Ses dimensions sont alors déjà imposantes : elle peut contenir un millier de personnes dans sa crypte.

Le portier de Dieu est devenu saint André de Montréal le jour de sa canonisation, le 17 octobre 2010.

Le frère André, 1912.

Le frère André devant la petite chapelle d'origine, 1921.

Quant à la basilique, l'essentiel de sa construction dura de 1924 à 1955, mais il n'a pas été donné au frère André de voir l'aboutissement de son œuvre : il est mort, à l'âge de 91 ans, trente ans avant que la décoration intérieure de l'Oratoire ne soit terminée. Aussi, il n'aura jamais su que son modeste oratoire est finalement devenu la troisième plus vaste église chrétienne au monde, après Saint-Pierre-de-Rome qui a elle-même été dépassée par la basilique Notre-Dame-de-la-Paix que le président ivoirien mégalomane Houphouët-Borgny a fait construire à Yamoussoukro sur le modèle de Saint-Pierre. Le dôme de l'Oratoire Saint-Joseph, d'une hauteur de près de 100 mètres, est visible de loin, la croix qui le surmonte étant le point le plus élevé de Montréal.

le diamètre intérieur du dôme de Saint-Pierre est de 41,47 m ; celui de Saint-Joseph est de 39 m.

L'Oratoire Saint-Joseph est en quelque sorte le chef de file du Regroupement des sanctuaires nationaux créé en 2009 ; il comprend aussi les sanctuaires Notre-Dame-du-Cap et Notre-Dame-de-Beaupré, la basilique Notre-Dame de Québec et l'ermitage Saint-Antoine de Lac-Bouchette.

L'Oratoire Saint-Joseph est en fait un complexe religieux qui comprend de nombreux éléments : un oratoire devenu aujourd'hui la chapelle du frère André, de nombreux *ex-voto* témoins de guérisons obtenues par des prières, la Basilique et son dôme, un carillon de 56 cloches, un orgue de 5800 tuyaux, le tombeau et le cœur du frère André, deux chemins de croix dont l'un extérieur qui regroupe 42 personnages dans les jardins. Il est un haut lieu du culte reconnu comme site historique national du Canada depuis 2004.

Le frère André en musique : en 1971, le parolier André Fontaine a composé *La chanson du frère André*.

42

La plus grande église en bois

En 1870, une paroisse est créée à La Vernière, sur l'île du Cap-aux-Meules, aux îles de la Madeleine. L'évêque de Charlottetown, de qui relevait l'archipel depuis 1729, décida d'y construire une église. Dans sa première version, elle fut achevée en 1881. À la suite de restaurations et d'aménagements successifs, elle devint la plus grande église en bois des îles de la Madeleine, et même de tout le Québec.

L'ÉGLISE DE SAINT-PIERRE-DE-LA VERNIÈRE

Un don de la mer

Liée à une série d'incidents tragiques, l'histoire de la construction de cette église n'est pas banale. Peu après qu'elle fut décidée, un navire chargé de bois de construction s'échoua sur la dune du Nord. Le bois délesté du navire se retrouva sur la grève et les Madelinots s'en servirent, mais l'essentiel de la cargaison fut chargé sur un voilier, l'*Aberdeen*, qui lui aussi fit naufrage et perdit sa charge de bois de construction que la mer, de nouveau, ramena sur la grève de la dune du Nord. On décida alors d'utiliser le bois recueilli pour construire l'église de La Vernière.

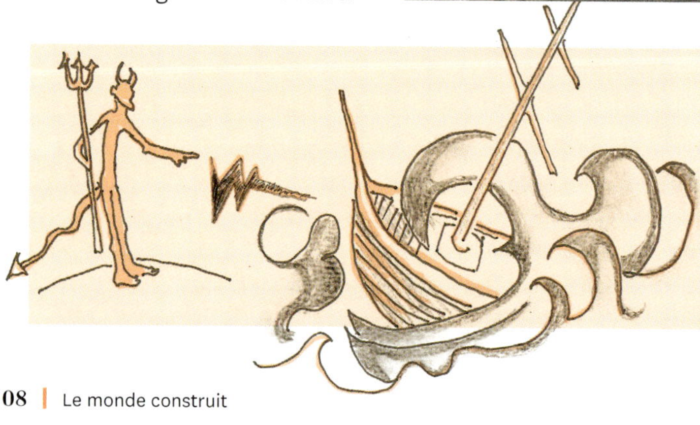

Entouré de légendes, de naufrages, d'incendie, de foudre, d'écroulement et d'une guerre à finir avec le diable, ce lieu du culte catholique saura intriguer tout passionné d'histoire.

Alors que la charpente prenait forme, une troisième tempête s'abattit sur les îles et l'édifice s'affaissa. Dès lors, on s'interrogea sur l'origine de ces malheurs à répétition et on découvrit que le capitaine victime de la première tempête avait proféré assez de blasphèmes pour attirer la colère divine. On jugea donc que le bois, pour pouvoir honorablement servir à l'édification d'une église, devait être purifié, puis béni, exorcisé pourrait-on dire. Voilà qui fut fait. Le diable et le bon Dieu se partagent dès lors l'honneur d'avoir contribué à doter les Îles de la Madeleine d'un monument d'une grande beauté, surnommé à juste titre la *cathédrale* des îles.

L'église est implantée sur un vaste terrain dégagé (ce qui séduit la foudre fureteuse!) et domine le paysage. Sentinelle des eaux, elle surplombe le golfe du Saint-Laurent.

Le cimetière vaut également une visite! Des portraits des défunts et des symboles de leurs métiers ornent les monuments funéraires.

L'église de La Vernière ne doit pas sa renommée au seul fait qu'elle est la plus grande église en bois du Québec et la deuxième plus grande en Amérique du Nord (la plus grande étant celle de Saint Mary's située à Pointe-de-l'Église en Nouvelle-Écosse). L'originalité de son plan et de son ornementation lui a valu d'être reconnue comme un immeuble patrimonial en 1992.

Les éléments néogothiques de sa structure et de sa décoration, notamment son maître-autel, sculpté avec grand raffinement, les galeries latérales et le jubé sont remarquables. Il importe que l'église, plus d'une fois frappée par la foudre, soit adéquatement protégée contre les catastrophes naturelles qui ont détruit plus d'un édifice dans son voisinage: le vieux presbytère, les écuries qui servaient d'abri aux chevaux des paroissiens, l'Académie Saint-Pierre et la salle paroissiale.

Vue d'angle de l'arrière – façade latérale droite en direction du chœur.

43

La plus grosse cloche

Au cœur du Vieux-Montréal se déploie la place d'Armes, où le Monument à Maisonneuve, un des fondateurs de la ville, fait face à la basilique Notre-Dame qui abrite le gros bourdon, surnommé *Jean-Baptiste*, la plus grosse cloche du Québec.

LE GROS BOURDON DE LA CATHÉDRALE DE MONTRÉAL

Surnommé Jean-Baptiste

La multiplicité des monuments religieux a contribué à faire de Montréal *la ville aux cent clochers*, où, aux dires de Mark Twain, «il est impossible de lancer une roche sans briser un vitrail d'église». Elles étaient déjà nombreuses en 1829, lorsque les Sulpiciens ont fait construire la cathédrale Notre-Dame qui devint alors la plus grande église catholique sur le continent nord-américain. Elle fut munie, un peu plus tard, de deux tours de plus de 60 mètres de hauteur.

Celle de l'est est surnommée *La Tempérance*. Celle de l'ouest, *La Persévérance*, abrite le gros bourdon depuis 1848. Cette cloche a été fondue à Londres par la Whitechapel Bell Foundry. Elle est accompagnée d'un carillon de dix cloches. C'est le 23 juin de cette année-là que *Jean-Baptiste* sonna l'Angélus pour la première fois, en annonçant en même temps la fête nationale. Il résonne encore aux grandes occasions.

les Jean-Baptiste gravés dans notre mémoire collective... à ne pas confondre !

Batisse, la mascotte du régiment.

La cloche *Jean-Baptiste.*

Saint Jean Baptiste, Montréal, 1867.

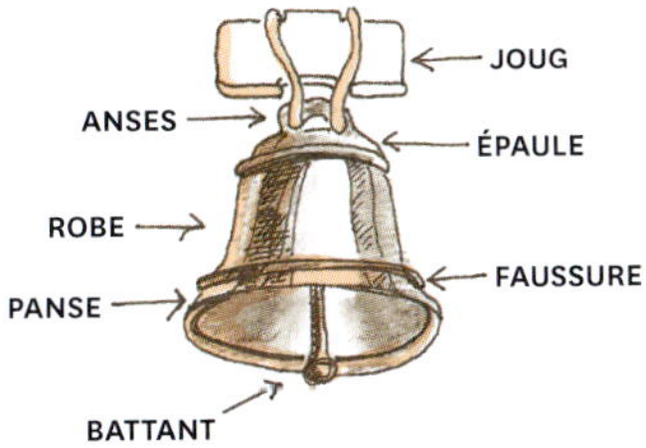

Le poids du gros bourdon est de 11 684 kilogrammes, une masse importante qui, à l'origine, exigeait la force d'une douzaine d'hommes pour le faire sonner. De nos jours, il fonctionne à l'électricité. Antérieur au Big Ben du palais de Westminster, il a été reconnu durant quelques années comme la plus grosse cloche du monde occidental, la majorité des gros bourdons se trouvant alors en Asie.

Aujourd'hui, *Jean-Baptiste* figure à la 74e place dans la liste des gros bourdons du monde dressée par l'association belge Tchorski, qui se consacre à l'inventaire et à l'étude du patrimoine industriel. Y figure aussi, à la 60e place, le Big Ben qui, soit dit en passant, est à peine 15 % plus lourd que notre gros bourdon.

Toutes ces cloches sont largement dépassées quant à leur poids par le *Tsar Kolokol*, «tsar des bourdons», déposé sur la place des églises du Kremlin. Il n'a jamais sonné, une partie s'en étant détachée alors qu'on en terminait la fonte. Il fait vingt fois le poids de *Jean-Baptiste* et deux fois celui des trois plus grandes cloches de Chine qui le suivent immédiatement.

Le Tsar Kolokol (Царь–колокол), fondue en 1735 par 200 hommes, pèse 201 924 kg et fait 6,24 m de hauteur et 6,60 m de diamètre.

44

La maison la plus étroite

Quand on pense aux records, dans quelque domaine que ce soit, on recherche en général le plus grand, le plus long, le plus rapide. Nous avons, dans ce livre, suivi cette tendance toute naturelle. Mais il faut aussi s'intéresser à ce qui est petit. À cet égard, au 6, rue Donnacona, à Québec, vous trouverez la maison la plus étroite du Québec, sur l'une de ses plus petites rues.

LE 6, RUE DONNACONA
Small is beautiful

Heureusement pour ses occupants, la maison se fait plus large à l'arrière !

6, rue Donnacona, devant la place des Tourangelles, en référence à l'origine de Marie de l'Incarnation, originaire de la ville française de Tours.

En 1973, l'économiste britannique Ernst Friedrich Schumacher publiait *Small Is Beautiful: A Study Of Economics As If People Mattered*, un recueil d'essais sur l'actualité et les perspectives économiques du monde actuel, insistant sur l'importance de l'échelle humaine des choses. L'ouvrage a fait le tour du monde. Depuis, on a mille fois utilisé son titre pour justifier l'intérêt porté à ce qui a des dimensions modestes. La maison du 6, rue Donnacona mérite donc qu'on s'y intéresse au même titre que l'édifice le plus haut (le 1000, de la Gauchetière à Montréal) ou le plus long (le Mur de Fermont).

Parmi les quelques édifices qui composent le complexe immobilier des sœurs Ursulines dans le site patrimonial du Vieux-Québec, une maison attire l'attention par l'étroitesse de sa devanture. Il faut en effet préciser que seule sa façade est étroite, puisque ce bâtiment occupe toute la largeur d'un terrain en trapèze qui s'élargit vers l'arrière. Vue de la rue, la maison en pierre de taille offre une façade de 3,5 mètres, d'où son titre de la «maison la plus étroite de l'Amérique du Nord», ce qui n'est pas le cas en réalité.

L'ensemble patrimonial des Ursulines de Québec et la commémoration de leur œuvre comprend notamment le 6, rue Donnacona, les monuments aux communautés religieuses enseignantes et à Marie de l'Incarnation, le monastère, le Musée des Ursulines, l'école, les jardins, l'œuvre en art public *Au jardin je me suis promenée; à l'ombre d'un frêne, j'ai songé*, représentant le *Frêne* des Ursulines (sous lequel Marie de l'Incarnation enseignait aux jeunes).

À Varsovie, en Pologne…

L'architecte polonais Jacub Szczesny a construit, pour l'écrivain israélite Etgar Keret, la maison la plus étroite du monde (1,22 mètre de largeur) comprenant une chambre, un salon, une cuisine et une salle d'eau. En l'enserrant symboliquement entre un édifice militaire et un ancien immeuble juif, il a voulu faire le pont entre l'Holocauste et l'avenir du pays.

Il existe à Toronto une maison dans le Regent Park dont la largeur est de 2,4 mètres. Il ne s'agit toutefois pas d'un record mondial. Paris (39, rue du Château d'eau), Amsterdam (7, rue Singel) et Varsovie (au coin des rues Chlodna et Zelazna) se le disputent avec des édifices dont la largeur varie de 1,10 mètre à 1,50 mètre.

La petite maison de la rue Donnacona a été construite en 1847 sur les plans de l'architecte Michel Patry, inspirés de la tradition française. Elle a alternativement servi de résidence et de bureau professionnel. Le notaire Edward Cannon y recevait ses clients dans les années 1860; le contremaître de la communauté des Ursulines de même qu'un vétérinaire et un agent d'assurance y ont aussi tenu feu et lieu. La propriété, devant laquelle s'élève un monument qui évoque l'œuvre des communautés religieuses enseignantes, demeure la propriété des sœurs Ursulines.

45

La plus importante centrale hydroélectrique

L'ensemble du complexe hydroélectrique La Grande, qui regroupe 11 centrales, produit un total de 17418 mégawatts (MW). La plus importante centrale de ce réseau, La Grande-2, qui a pris plus tard le nom de son promoteur Robert Bourassa, représente à elle seule une puissance de plus de 5600 MW. Elle est la plus importante des centrales hydroélectriques québécoises.

LE COMPLEXE LA GRANDE

Le cœur énergétique du Québec

Le projet de la Baie-James est né des besoins pressants du Québec en matière d'énergie et des hésitations à opter pour la solution nucléaire. En 1971, le premier ministre Robert Bourassa annonce «le projet du siècle» et crée la Société de développement de la Baie-James, et peu après, la Société d'énergie de la Baie James qui deviendra, quelques années plus tard, une filiale à 100% d'Hydro-Québec. Sa mission était de créer un réseau de centrales hydroélectriques dans le bassin de la Grande Rivière.

Barrage, réservoir (à l'arrière-plan) et évacuateur de crues souvent appelé l'escalier de géant (à gauche), de l'aménagement Robert-Bourassa dont la centrale est souterraine.

Réservoir Robert-Bourassa.

Le projet de la Baie-James comprenait l'étude de trois secteurs d'aménagements potentiels: Grande-Baleine, La Grande, NBR (Nottaway, Broadback, Rupert). Finalement, seul le complexe La Grande a été réalisé. Cet aménagement a nécessité le détournement de rivières et la construction de réservoirs qui ont profondément modifié la cartographie du territoire.

Centrales du complexe La Grande

LA GRANDE-1	1436 MW
ROBERT-BOURASSA	5616 MW
LA GRANDE-2-A	2106 MW
LA GRANDE-3	2417 MW
LA GRANDE-4	2779 MW
LAFORGE-1	878 MW
LAFORGE-2	319 MW
BRISAY	469 MW

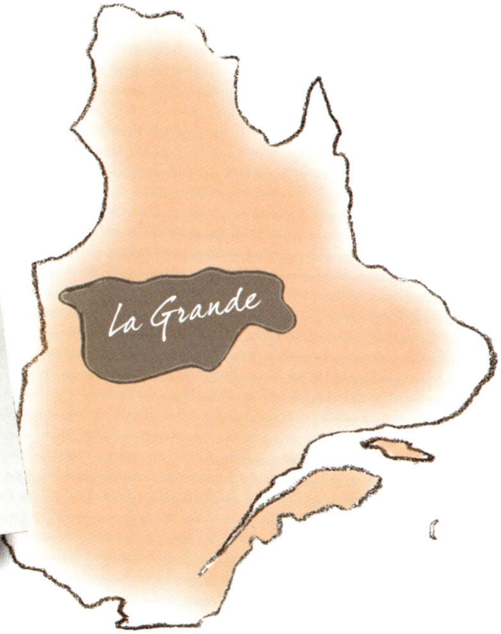

L'élément principal de cet aménagement est la centrale Robert-Bourassa. Ses 16 groupes turbine-alternateur installés dans une salle souterraine, la plus vaste au monde, sont activés par un débit de 4300 mètres cubes/seconde, bénéficiant d'une chute de quelque 140 mètres. L'ajout de la centrale voisine, La Grande-2-A, dont les six groupes produisent 2100 MW additionnels, fait que ce duo représente plus de 20 % de toute la puissance hydraulique installée d'Hydro-Québec, soit 7700 MW. En matière de production annuelle, la centrale arrive en 6e place dans le monde (35,2 térawatts/heure par an).

Au total, le complexe La Grande cumule les superlatifs. Alimenté par les bassins (et parties de bassins) des rivières La Grande, Caniapiscau, Grande rivière de la Baleine, Eastmain et Rupert, il s'abreuve à un bassin versant de plus de 200 000 km². Le réservoir de tête du réseau est celui de Caniapiscau, la plus grande étendue d'eau douce du Québec.

L'impact de ces aménagements sur l'environnement et les droits traditionnels des Cris a entraîné des jugements de cours et des négociations qui ont finalement abouti à une entente formulée dans la *Convention de la Baie-James et du Nord québécois* signée en 1975 par les gouvernements du Canada et du Québec, Hydro-Québec, la Société d'énergie de la Baie James (SDBJ) ainsi que les Cris de la Baie-James, représentés par le Grand Conseil des Cris du Québec, et les Inuits du Québec représentés par la Northern Quebec Inuit Association.

Rappelons que le Québec est un champion de l'énergie propre : avec la Norvège, c'est l'État dont la proportion de l'énergie provenant de l'hydroélectricité est la plus élevée dans le monde : environ 95 %.

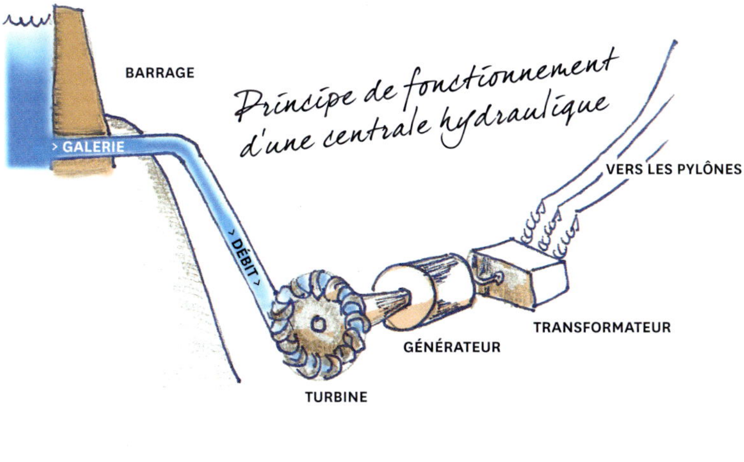

46

La plus importante aluminerie

Bien que la concurrence soit de plus en plus forte dans ce secteur, surtout sur le plan international, l'industrie de l'aluminium demeure importante au Québec où l'aluminerie Alouette, située près de Sept-Îles, est aujourd'hui la plus importante.

L'ALUMINERIE ALOUETTE
Moteur économique de la Côte-Nord

En 2007, le groupe Rio Tinto, numéro un mondial de l'aluminium, se porte acquéreur de l'entreprise canadienne Alcan. Dès lors, le consortium Rio Tinto Alcan compte plus de 13000 employés au Canada. Plusieurs de ses alumineries sont situées au Québec: à Alma, à Arvida, à Bécancour, à Laterrière, à Grande-Baie, à Shawinigan, de même qu'à Sept-Îles où se trouve la plus importante aciérie du Québec et même des Amériques. C'est là qu'a été inaugurée l'Aluminerie Alouette en 1992, une entreprise indépendante dont l'actionnaire principal non majoritaire est Rio Tinto Alcan, ce géant qui possède près de 400 établissements industriels dans le monde.

Aluminerie Alouette.

Le Québec compte 9 alumineries!

Usine d'Alma.

Saviez-vous que la ville industrielle d'Arvida a été créée spécifiquement pour y loger les ouvriers et cadres de la compagnie Alcoa (devenue Alcan puis Rio Tinto Alcan), qui y a installé en 1925 ce qui était à l'époque (et durant plusieurs années) la plus grande usine de production d'aluminium du monde? Surnommée pendant longtemps la Capitale mondiale de l'aluminium, son nom tient des initiales du président de la compagnie Alcoa : Arthur Vining Davis. Arvida est devenue un modèle parmi les villes de compagnies planifiées du xxe siècle et son usine est classée immeuble patrimonial du Québec.

Arvida en 1928.

Pour sa part, Alouette produit quelque 600000 tonnes d'aluminium de première fusion dans ses 600 cuves d'électrolyse, méthode qui a fait la réputation d'Alcan. Le millier d'employés d'Alouette, qui est le plus important employeur de Sept-Îles, a fortement contribué à la reprise économique de la ville, notamment en réduisant de façon considérable le taux de chômage de la région.

Production mondiale d'aluminium primaire

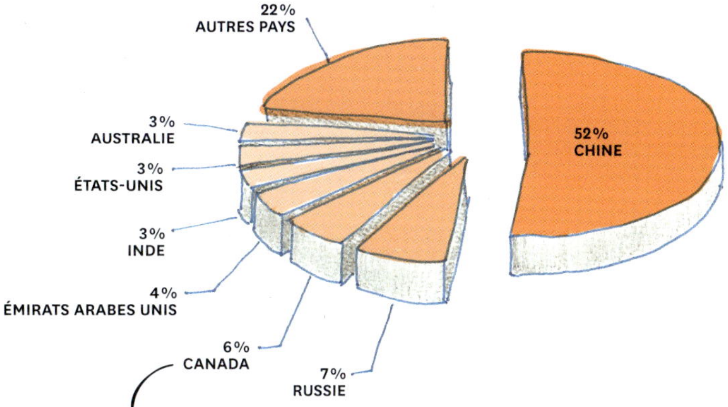

Le Québec compte pour 90 % de la production d'aluminium primaire du Canada.

- Métal malléable
- Couleur argent
- Résistant à l'oxydation
- Faible densité
- Usage : produits industriels et industrie chimique
- Principal minerai pour sa production : la bauxite

Il convient de rappeler que l'aluminium, le métal le plus abondant dans l'écorce terrestre, a des qualités multiples : trois fois plus léger que l'acier, l'aluminium est utilisé dans des alliages qui lui assurent une résistance mécanique élevée. De plus, totalement imperméable, il se protège naturellement de la corrosion. Ajoutons qu'en fin de vie utile, ce métal est recyclable à 100 %.

Il n'est donc pas étonnant que l'aluminium ait acquis depuis quelques décennies une place importante dans l'économie grâce à ses nombreuses utilisations dans l'industrie, mais aussi à divers usages domestiques. En plus de produits usinés, comme des câbles, des pièces moulées, des poutrelles et d'autres éléments de charpente, l'aluminium est largement utilisé dans la fabrication de divers types d'emballage pour des produits alimentaires, cosmétiques et médicaux de même que dans la confection de différents objets de mobilier et de décoration intérieure.

L'aluminium constitue la matière de base de quelque 1500 entreprises au Québec, employant non moins de 30000 personnes. C'est dire l'importance de ce métal dans l'économie québécoise.

La passerelle de Saguenay entièrement faite d'aluminium.

47

Le plus haut phare

Du haut de ses 34 mètres, ce qui en fait le phare le plus haut du Canada, et par le fait même du Québec, le phare de Cap-des-Rosiers, installé au sommet d'une falaise d'une quinzaine de mètres, projette sa lumière à 10 kilomètres le jour et jusqu'à 40 kilomètres la nuit.

LE PHARE DE CAP-DES-ROSIERS

L'une des sentinelles du Saint-Laurent

Parmi la quarantaine de phares qui bordent le Saint-Laurent, le phare de Cap-des-Rosiers occupe un site stratégique au bout de la péninsule gaspésienne, là où l'estuaire devient golfe.

En 1847, le *Carricks*, l'un des nombreux navires qui amenaient au Canada des Irlandais fuyant la famine qui sévissait dans leur pays, fit naufrage non loin du cap; 83 personnes y périrent. On décida, quelques années plus tard, d'y ériger un phare fait de pierres et de briques recouvertes de stuc. Il contient un escalier en vis qui gravit 9 étages et comporte 122 marches. À l'origine, le gardien devait l'escalader souvent afin d'alimenter la lampe qui fonctionnait à l'huile de baleine ou de marsouin. Cette lampe a ensuite été remplacée par une lampe au pétrole blanc, puis, en 1950, par une alimentation électrique. Le système a été automatisé en 1981.

Le phare de Cap-des-Rosiers fait partie de la dizaine de sentinelles du Saint-Laurent que l'on peut visiter. Désigné *lieu historique national* en 1973, le phare offre aux visiteurs une démonstration captivante des détails de la construction et du fonctionnement des phares. En 1994, la tour du phare a été classée *édifice fédéral du patrimoine*.

Le signal codé que lance le phare toutes les vingt secondes, quinze secondes de lumière et cinq d'obscurité, rappelle aux voyageurs de la mer le rôle essentiel que joue le réseau des phares du Saint-Laurent. Le tribut déjà très important qu'ont imposé en naufrages les difficiles conditions de navigation sur le fleuve aurait été encore plus lourd sans ces indispensables *sentinelles* partiellement relayées aujourd'hui par des technologies nouvelles.

Aux fins de comparaison, mentionnons que le phare de Pointe-au-Père, de conception tout à fait différente, mesure 28 mètres de haut. À une tout autre échelle, on prétend que le phare d'Alexandrie, en Égypte, qui a servi de tour de guet depuis le IIIe siècle avant notre ère jusqu'au XIVe siècle, avait 135 mètres de hauteur! Pas étonnant qu'on lui ait attribué le surnom de *Septième merveille du monde*.

Phares accessibles avec activités (Bas-Saint-Laurent et Gaspésie).

Pour réaliser à quel point un gardien de phare est un précieux témoin de la vie du Saint-Laurent, il faut lire « Un pied d'ancre : journal de Placide Vigneau », publié à Sillery en 1969.

48

Le plus important ouvrage militaire

L'Europe regorge de villes entourées de murailles. L'Amérique du Nord n'en possède que deux: Campeche, au Mexique, et Québec. Les fortifications de la Vieille Capitale constituent le plus important ouvrage militaire du Québec, mais aussi du Canada.

LES FORTIFICATIONS DE QUÉBEC
À la Vauban

Les fortifications de Québec ont été progressivement construites au gré des situations politico-militaires et des craintes qu'elles suscitaient chez ceux qui avaient pour mission de défendre la ville. Dès 1690, le comte Frontenac a réagi à la tentative d'invasion de la part des forces britanniques dirigées par William Phips en construisant un système de défense qui prit d'abord la forme d'une palissade temporaire, renforcée trois ans plus tard. À cette occasion, Frontenac a menacé l'émissaire Phips de répondre «par la bouche de ses canons».

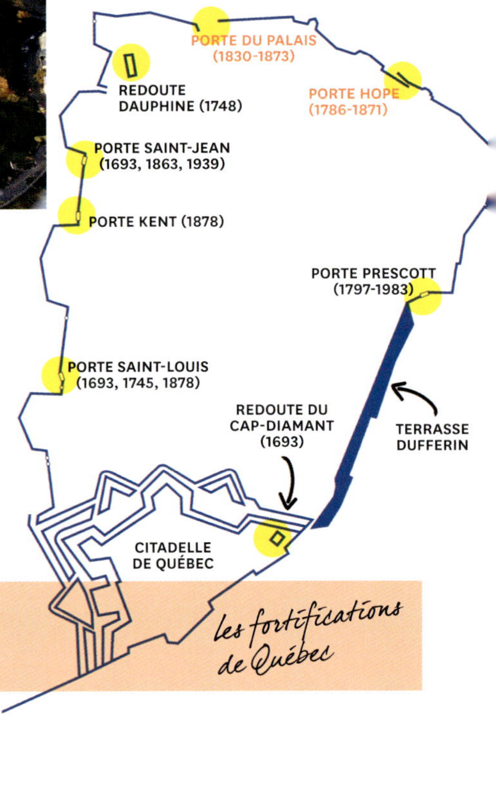

Des six portes intégrées aux murs et construites entre 1690 et 1983, deux ont été détruites. Celle de Prescott, démolie en 1871, a cédé sa place à une passerelle piétonnière construite en 1983.

« Je nay point de Reponse a faire a vostre general que par la bouche de mes cannons et a coups de fuzil. »

Frontenac, recevant l'envoyé de Sir William Phips, qui demande à Québec de rendre les armes.

Charles William Jefferys, 1869-1951.

La menace d'un retour des forces britanniques amena l'ingénieur français Jacques Levasseur à concevoir un système de fortifications qui, de 1700 à 1720, prit la forme de diverses interventions plus ou moins bien agencées. La faiblesse de ce plan, lors de la capitulation de Louisbourg, en 1745, attisa de nouveau la crainte d'une invasion britannique. Le gouverneur Beauharnois décida alors de construire une muraille en maçonnerie dont les plans furent établis par l'ingénieur du roi, Chaussegros de Léry.

Une fois que la crainte des Français de voir la Nouvelle-France devenir une colonie anglaise se fut révélée fondée, les Britanniques craignirent à leur tour une invasion de la part des États-Unis qui avaient réalisé leur indépendance de la Couronne anglaise et qui espéraient rallier les Canadiens à leur cause. Cette menace fut à l'origine de diverses autres interventions pour renforcer le système défensif de la ville, en commençant par la construction, de 1808 à 1812, de quatre tours Martello, dont trois existent encore. Quant à la citadelle proprement dite, dont le plan fut largement inspiré des ouvrages du célèbre architecte militaire Vauban, la construction en fut achevée en 1831.

Saviez-vous...

Que les murs de la ville sont authentiques? Qu'à l'époque où ils défendaient vraiment la ville, la largeur de l'ouvrage dépassait les 75 mètres?

Sébastien Le Prestre de Vauban (1633-1707), commissaire général des fortifications du royaume, perfectionna le système défensif des villes et diriga de nombreux sièges.

La disparition des menaces extérieures n'entraîna heureusement pas la destruction des murailles que certains préconisaient. En fait, c'est grâce à l'intervention du gouverneur général du Canada, Lord Dufferin, si l'ensemble des fortifications de Québec fut préservé et restauré.

Aujourd'hui, la citadelle et les murs de Québec constituent un élément majeur de son patrimoine architectural et lui ont valu d'être sur la liste du patrimoine mondial de l'UNESCO. Le complexe comprend aussi la résidence du gouverneur général du Canada, une redoute et le Musée du Royal 22e régiment qui y a son quartier général et qui a donc accueilli *Batisse*, la mascotte du régiment.

Système défensif des fortifications de Vauban.

49

Le plus long tunnel

Pour être exact, on devrait dire que le plus long tunnel du Québec est la ligne 2 (orange) du métro de Montréal, longue de 30 kilomètres, sur les 66 tunnels que compte l'ensemble du réseau. Par contre, si on se réfère à un tunnel creusé dans un élément du relief, le plus long tunnel ferroviaire est celui qui passe sous le mont Royal.

LE TUNNEL SOUS LE MONT ROYAL
Un métro avant l'heure

Ce tunnel est en quelque sorte né de la concurrence entre compagnies ferroviaires. En 1912, le Grand Tronc et le Canadien Pacifique avaient chacun leur gare à Montréal : le premier, la gare Bonaventure, le second, les gares Windsor et Viger. Une troisième compagnie, la Canadian Northern Railway, qui voulait elle aussi avoir accès au centre-ville pour ses lignes venant du nord, a dû se résoudre à passer sous le mont Royal plutôt que de le contourner, ce qui aurait été trop compliqué et onéreux.

Travaux d'excavation du tunnel du mont Royal qui ont eu lieu entre juin 1912 et février 1916.

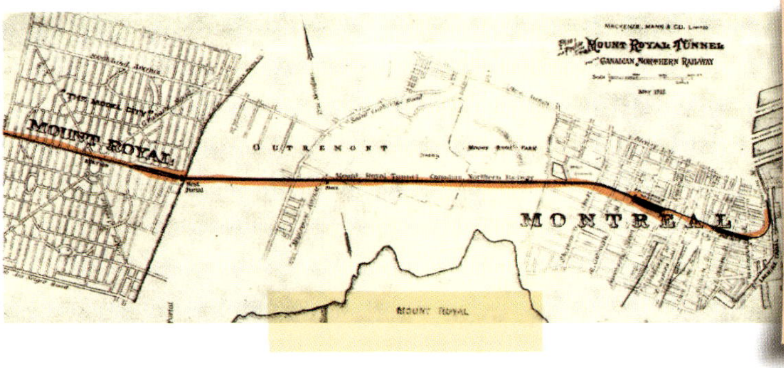

Projet de « cité-modèle de Mont-Royal » montrant le plan proposé des rues et du tunnel passant sous Outremont et le mont Royal pour aboutir au centre-ville de Montréal.

Billet de train de 1re classe pour enfant de la compagnie Grand Tronc du Canada (*Grand Trunk Railway Company of Canada*).

La compagnie a acquis de vastes terrains pour y installer ses voies ferrées, mais aussi pour créer une nouvelle banlieue résidentielle. Ce projet s'est réalisé plus tard sans que la Northern Railway puisse en tirer le profit escompté, de sorte qu'elle a fait faillite dès que la construction du tunnel a été terminée, en 1918. Le Canadien National en a hérité et l'a utilisé pour ses lignes reliant Montréal à Ottawa et Toronto à Québec. Pour cette dernière liaison, Via Rail a cessé d'emprunter le tunnel en 1990. Aujourd'hui, il ne sert que pour les trains de banlieue vers Deux-Montagnes et Mascouche à partir de la Gare centrale de Montréal. Ces lignes sont gérées par l'Agence métropolitaine de transport (AMT).

La construction du tunnel a été vue comme une grande réussite technique du fait que les deux équipes qui avaient entrepris le creusage à partir des deux extrémités se sont rencontrées au centre avec un décalage de quelques centimètres seulement. Cela dit, le tunnel, long de cinq kilomètres, est muni d'un système d'aération insuffisant pour évacuer la fumée de locomotives à vapeur de telle sorte que, dès le début, on a dû faire construire des locomotives électriques adaptées au système électrifié du tunnel, remplacées depuis 1995 par des automotrices fonctionnant au diésel. Des projets sont actuellement à l'étude concernant l'éventuelle diversification de l'usage du tunnel.

Mentionnons que la ville de Québec possède aussi son tunnel ferroviaire. Passant sous les plaines d'Abraham dans la Haute-Ville, il permet de rejoindre les bords du Saint-Laurent à partir du quartier Saint-Malo dans la Basse-Ville du côté nord. Construit en 1930, il a été régulièrement utilisé jusqu'au milieu des années 1960. Il est aujourd'hui la propriété de la compagnie Chemins de fer Québec-Gatineau qui l'utilise de façon intermittente.

À Québec, un tunnel ferroviaire long de 1,6 kilomètre passe à une profondeur de 100 mètres sous la Haute-Ville et les plaines d'Abraham.

Ses extrémités sont au nord, près du boulevard Charest, et au sud, à l'Anse-au-Foulon.

Extrémité sud située à l'Anse-au-Foulon, sous le viaduc du boulevard Champlain.

50

La voie urbaine la plus longue

Il y a un grand écart entre la plus petite et la plus longue rue de Montréal: cette dernière s'étend sur 50 kilomètres, ce qui équivaut à 4000 fois la longueur de la plus courte, soit la rue Aumont. Il s'agit du boulevard Gouin, la plus longue voie urbaine du Québec (exception faite de la section urbaine de l'autoroute A-40).

LE BOULEVARD GOUIN
D'un bout à l'autre de l'île

Carte ancienne montrant le boulevard Gouin à Rivière-des-Prairies, 1834.

Boulevard Gouin, Sault-aux-Récollets, vers 1920.

Son histoire a la dimension de son emprise physique. Il y a plus de 300 ans en effet, les Sulpiciens construisaient un fort au Sault-au-Récollet pour protéger leur mission et leur ministère auprès des Indiens. C'est de part et d'autre du Fort Lorette que naquirent les premiers tronçons de route qui s'étirèrent le long de la rivière des Prairies. Ces bouts de chemin, dont certains n'étaient que des sentiers à l'origine, ne se rejoignaient pas à l'époque. Mais, dès le début du XVIIIe siècle, le grand voyer entreprit de les connecter et d'en faire le Chemin du Roy qui, avec les années, finit par constituer un grand ruban routier joignant les deux extrémités de l'île de Montréal. Aujourd'hui, le boulevard Gouin relie en continu l'arrondissement de Pierrefonds-Roxboro, au sud-ouest, et la pointe nord-est de l'île de Montréal, aux abords du pont Le Gardeur.

Le boulevard Gouin a longtemps traversé plusieurs villes et municipalités: Pierrefonds, Roxboro, Sainte-Geneviève, Ahuntsic, Cartierville (anciennement l'Abord-à-Plouffe), Rivière-des-Prairies, etc., jusqu'à ce que les fusions municipales effectuées en 2002 fassent en sorte qu'il se retrouve en totalité dans les limites de la ville de Montréal.

L'ancienneté de cette voie de communication explique qu'elle constitue un parcours patrimonial d'un grand intérêt. L'élément majeur qui s'y trouve est sans doute l'église de la Visitation de la Bienheureuse-Vierge-Marie, construite en 1749, ce qui en fait la plus ancienne et la seule église de style traditionnel québécois de Montréal. À peu près en même temps, un avant-poste de la garnison de Montréal était construit, appelé «le Petit Fort». Il s'agit d'une maison bien conservée qui rappelle le style des maisons du milieu du XVIIIe siècle. Il en est de même de la maison de ferme Ambroise-Cazal, de la coquette maison Laporte et de plusieurs autres.

Les grands axes routiers est-ouest de l'île de Montréal

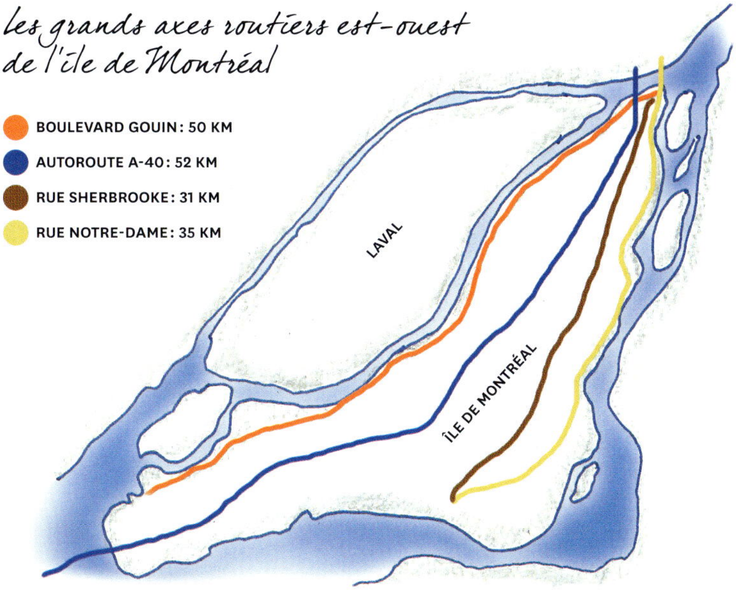

L'église de la Visitation de la Bienheureuse-Vierge-Marie

Il était donc indiqué qu'une artère aussi importante porte le nom d'un personnage qui a marqué l'histoire. Sir Lomer Gouin, avocat, homme d'affaires et politicien, a été successivement député libéral sur la scène provinciale de 1897 à 1920, période pendant laquelle il fut ministre des Travaux publics et de la Colonisation, premier ministre du Québec de 1905 à 1920, puis député fédéral de 1921 à 1924. En janvier 1929, il était nommé lieutenant-gouverneur du Québec, mais décéda deux mois plus tard.

Sir Lomer Gouin lors de son assermentation. Il a été honoré plus de 60 fois dans la toponymie québécoise.

Sir Lomer Gouin n'aurait pas eu l'idée de nommer son fils *Marin* (...)! Mais un dénommé Rioux qui travaillait comme marin pour Paul Gouin, un propriétaire de goélettes, a été surnommé *Marin-à-Gouin*; il a donné son nom à un lac situé dans le Bas-Saint-Laurent.

51

La plus petite rue de Montréal

Le 16 janvier 1967, le règlement 3400 de la Ville de Montréal donnait la permission d'élargir une section de la rue Hervé à 12 mètres. Cette mesure n'a rien d'extraordinaire en soi, car de nombreuses rues et avenues de la ville sont encore plus larges. Ce qui est intéressant, c'est que la largeur de cette rue correspond exactement à la longueur de la rue la plus courte de Montréal, soit la rue Aumont.

LA RUE AUMONT
Longue comme la largeur d'un boulevard

La rue Aumont, située entre les rues McDonald et Dufferin dans le secteur Côte-des-Neiges–Notre-Dame-de-Grâce, est en réalité ce qu'il reste d'une voie jadis plus longue. Lors du réaménagement de la rue McDonald et du parc Aumont, on l'a réduite à ce qu'elle est maintenant, c'est-à-dire un bout de rue de 12 mètres de long. Son nom, attribué en 1911 et officialisé en 1990, rappelle celui du docteur J.-W. Aumont, un citoyen en vue de l'ancienne localité appelée «village Turcot».

La rue Chagouamigon, l'une des rares rues portant un nom d'origine amérindienne à Montréal, est à peine plus longue en mètres que la rue Aumont, mais son histoire est beaucoup plus longue. Dès 1683, on a donné à une rue alors située près de la foire des fourrures de Montréal le nom d'un poste de traite que les coureurs des bois Radisson et Des Groseilliers avaient installé au sud du lac Supérieur, près de la ville actuelle de Montréal dans l'État du Wisconsin. L'importance de ces personnages se reflète dans la toponymie québécoise: le nom Des Groseilliers et celui de Radisson s'y retrouvent à 26 et 65 occasions, respectivement. Aujourd'hui, la rue Chagouamigon relie les rues Saint-Paul Ouest et de la Capitale, sans qu'on y trouve les boutiques et les cabarets qui jadis l'animaient.

Voyez l'œuvre des Sœurs grises et l'esprit du lieu émerger de la pénombre et des murs de pierre de la ruelle Chagouamigon qui reprend vie sous les projections et propose un retour au 18e siècle.

«Le quai des enfants trouvés», *Cité mémoire*, une création de Michel Lemieux et Victor Pilon en collaboration avec Michel Marc Bouchard. Inspirée de l'histoire de Montréal, *Cité Mémoire* convie le citoyen à la rencontre de personnages marquants. Plus de vingt tableaux se déploient en images, en paroles et en musique dans les rues du Vieux-Montréal.

Ni l'une ni l'autre de ces rues n'a de chance de figurer dans le livre des records Guinness. Celui-ci a en effet homologué la Place Ebenezer, située à Wick en Écosse, comme étant la rue la plus courte du monde : elle mesure exactement 2,06 mètres ; elle est plus courte que l'homme le plus grand du monde, mais est assez longue cependant pour qu'on y trouve une porte, une seule, qui ouvre sur le bistro d'un hôtel faisant coin. Quant au record de la rue la plus étroite, il semble que ce soit une rue de Reutlingen, une ville du Land du Bade-Wurtemberg, la Spreuerhofstrasse qui, dans sa partie la plus étroite, fait 31 centimètres. Lutteurs sumos, s'abstenir !

52

La route la plus longue

La route 132, qui s'étire sur 1612 kilomètres depuis la frontière américaine au sud-ouest de Montréal jusqu'en Gaspésie, est la plus longue route du Québec. Elle relie l'extrême sud-ouest du Québec et tout le pourtour de la péninsule gaspésienne.

LA ROUTE 132
Le tour de la Gaspésie

Depuis Dundee, municipalité frontalière d'environ 400 habitants, la 132 traverse la plaine de Montréal, rejoint le Saint-Laurent près du lac Saint-Pierre, puis suit le fleuve et l'estuaire jusqu'à Percé. De là, elle revient vers l'ouest en longeant la baie des Chaleurs et la rivière Matapédia pour arriver à Sainte-Flavie, où elle se termine après avoir fait le même tour de la Gaspésie qu'effectuent les touristes.

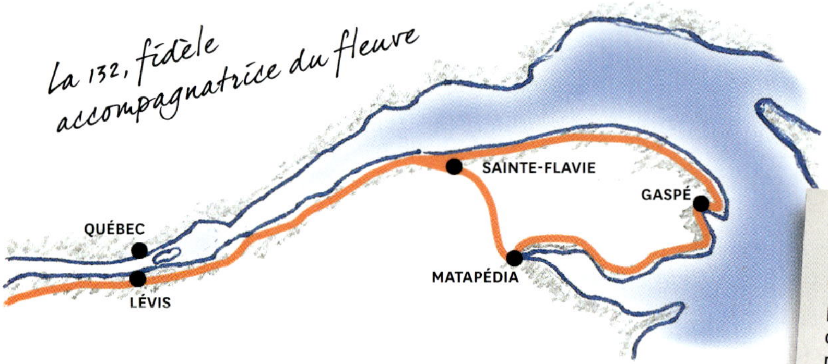

Sainte-Flavie est à la croisée du chemin : la seule route qui se rejoint elle-même !

Faites le *tour de la Gaspésie*, de Sainte-Flavie à Sainte-Flavie! En débutant soit par le nord, soit par le sud, parcourez une boucle de 885 km et découvrez 85 attraits et 150 activités. Des paysages de mer, de montagnes et de vallées, de baies et barachois, de côtes dentelées et escarpées, la Gaspésie s'offre généreusement avec toutes ses splendeurs naturelles, géographiques et historiques.

La route 132 constitue un circuit connu, comme la route des Navigateurs, depuis Longueuil jusqu'à L'Isle-Verte. Elle est doublée par l'Autoroute du Souvenir, entre la frontière ontarienne et Montréal, et, plus à l'est, par l'Autoroute Jean-Lesage. Entre Boucherville et Lévis, elle porte aussi le nom de Boulevard Marie-Victorin en l'honneur de Conrad Kirouac, frère des écoles chrétiennes, l'un des pères de la science botanique au Québec, surtout connu grâce à son œuvre magistrale, *Flore laurentienne*.

De quoi perdre le nord !

Sur son parcours, s'échelonnent plusieurs villes importantes : Longueuil, Sorel, Lévis, Montmagny, Rivière-du-Loup, Rimouski, Matane, Sainte-Anne-des-Monts, Gaspé, Percé, Bonaventure, Mont-Joli. La 132 traverse des paysages variés. Aux calmes campagnes de l'ouest succèdent des paysages fluviaux, puis maritimes de plus en plus sauvages vers l'est, pour laisser place ensuite à un décor plus doux le long de la baie des Chaleurs. Plusieurs sections de la route sont d'un grand pittoresque : architecture, paysages ruraux, nature parfois grandiose en font l'un des circuits majeurs pour apprécier la variété géographique du Québec.

Près de Marsoui, région de Haute-Gaspésie.

Une route rythmée de toponymes originaux

Trois-Pistoles, Les Méchins, Capucins, Cap-Chat, Ruisseau-à-Rebours, Anse-Pleureuse, Coin-du-Banc, Manche-d'Épée, Barachois, Cap-aux-Os...

L'axe principal des communications routières

La route 138, sœur jumelle de la 132, après avoir atteint Montréal à partir de la frontière étatsunienne, suit la rive nord du fleuve jusqu'à Kégaska, quelque 1400 kilomètres plus loin. Lorsqu'elle aura été complétée jusqu'à Blanc-Sablon (mais quand ?), elle deviendra la plus longue route du Québec : 1800 kilomètres. Ces deux routes soulignent l'axe principal des communications routières, ferroviaires et fluviales du Québec. Dans le langage courant, on dit « être à l'est », ce qui est en fait au nord-est, et « être à l'ouest », ce qui est en fait au sud-ouest, et ce, parce que cet axe est orienté du sud-ouest au nord-est. Le Québec est un pays incliné.

53

L'autoroute la plus longue

On définit le terme *autoroute* comme une «voie à accès limité, à circulation à haute vitesse et ne comportant pas, sauf exception, d'intersections à niveau». La plus longue voie de circulation qui répond à cette définition au Québec est l'autoroute A-20, officiellement nommée «autoroute Jean-Lesage», pour la plus grande partie de son parcours, et familièrement appelée «la Vingt».

L'AUTOROUTE A-20
Ou la «Vingt»

L'évolution du paysage et des infrastructures routières, de la «9» d'hier (1961) à la «20» d'aujourd'hui.

Les premiers éléments du réseau d'autoroutes du Québec ont été aménagés en 1959 avec l'autoroute des Laurentides (A-15) et, en 1960, avec le boulevard Métropolitain (un tronçon de la A-40). Ils inauguraient une décennie de grands travaux routiers dont l'une des réalisations fut de transformer en autoroute (A-20) l'ancienne route 9, construite dans les années 1940, comme une partie de la route transcanadienne. Cette autoroute a progressivement été prolongée, pour constituer aujourd'hui un lien continu entre la frontière ontarienne et Notre-Dame-des-Neiges près de Trois-Pistoles, sur une distance de 542 kilomètres. Elle reprend 55 kilomètres plus loin, évitant ainsi l'agglomération de Rimouski, et se prolonge sur une distance de 44 kilomètres. La longueur totale de l'autoroute 20 est donc de 586 kilomètres.

Informations

Longueur: 586 kilomètres
Direction: sud-ouest/nord-est
Mise en service: 1964
Ancêtres: Routes 2 et 9
Noms (selon section): autoroute Jean-Lesage, autoroute du Souvenir, autoroute René-Lévesque

L'ancêtre de la 20, originellement construite en 1940.

La 20 est la portion québécoise de la Transcanadienne.

En l'honneur du père de la Révolution tranquille et premier ministre du Québec (1960-1966).

Comme la majorité de la trentaine d'autoroutes du Québec, la 20 assure essentiellement la liaison entre Montréal et le reste de la province. De ce fait, elle s'intègre dans un réseau routier qui se calque sur deux données géographiques très nettes: l'occupation linéaire du territoire dans l'axe du Saint-Laurent, de même que la concentration de l'occupation du territoire et de ses aménagements dans le sud-ouest de l'espace québécois. La carte du réseau routier en fait foi éloquemment. Le fait que les deux principales autoroutes croisent respectivement quinze autres autoroutes, dans le cas de la A-20, et dix autres, dans le cas de la A-40 longue de 340 kilomètres, illustre bien que l'orientation sud-ouest/nord-est du Saint-Laurent a conditionné le réseau routier du Québec.

Saviez-vous que...

- Le Québec est la première province canadienne à se doter d'un ministère de la Voirie en 1914.
- En 1946, le Canada compte près de 40 000 km de routes; en 1995, presque un million de kilomètres.

Principales autoroutes (100 kilomètres et +)

N°	Longueur	Nom
10	143	Bonaventure, Cantons-de-l'Est
15	163	René-Lévesque, Descarie, des Laurentides
20	586	du Souvenir, René-Lévesque, Jean-Lesage
30	162	de l'Acier
40	347	Métropolitaine, Félix-Leclerc
50	159	de l'Outaouais
55	249	de l'Énergie, Joseph-Armand-Bombardier
73	102	Laurentienne, Henri IV, Robert Cliche

Les 5 routes les plus longues du monde

- La Transcanadienne (Canada, 8030 km)
- La Route transsibérienne (Russie, 11 000 km)
- La Highway 1 (Australie, 14 500 km)
- L'AH1 (Asie, 20 557 km), de Tokyo, au Japon, à Istanbul, en Turquie
- La Panaméricaine (Amériques, 48 000 km) Reconnue comme la plus longue route du monde par le *Livre Guinness des records*.

Au nom de l'efficacité ou du romantisme, on peut être favorable ou non à la multiplication des autoroutes, car, comme tout élément de progrès, elles comportent des inconvénients. Elles privent les voyageurs de la vue de ces agréables petits mondes que sont les villages, elles grugent de vastes espaces naturels ou en culture, elles scindent des propriétés, elles ne permettent pas un accès direct à une gamme de services offerts aux voyageurs, certains ajouteront qu'elles sont endormantes... Il faut cependant reconnaître qu'elles comportent des avantages qui pèsent plus lourd que leurs inconvénients: économie de temps, sécurité, désengorgement des routes secondaires; on pourrait ajouter la possibilité de voir une plus grande variété de paysages en une journée de voyage, un objectif bien de notre temps. C'est selon...

Petit jeu de terminologie des autoroutes dans le monde

Associez l'autoroute (et sa limite de vitesse) à son pays

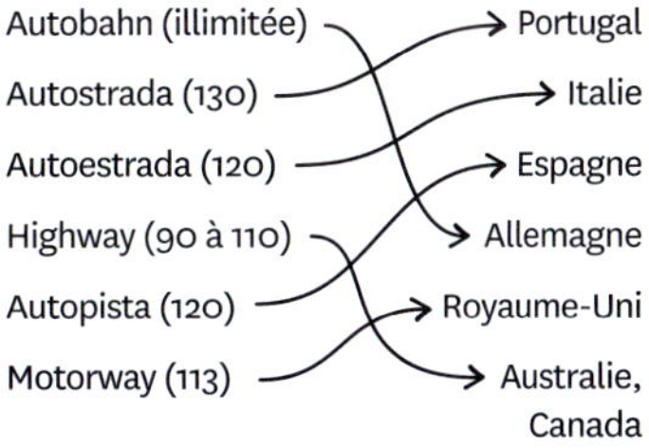

54

Le plus long pont routier

Il n'y a pas moins de 23 ponts qui relient l'île de Montréal aux territoires qui l'entourent: les deux rives du Saint-Laurent, le triangle de Vaudeuil-Soulanges et les îles du delta. Parmi eux, le pont Champlain, qui joint les villes de Montréal et de Brossard, peut être considéré comme le plus long pont routier du Québec.

LE PONT CHAMPLAIN
Bientôt remplacé

Vue vers le sud sur «les» ponts Champlain, l'actuel et celui en devenir.

Les ponts routiers et ferroviaires qui bordent l'île de Montréal enjambent les trois cours d'eau qui l'entourent: la rivière des Prairies (12 ponts), la rivière des Outaouais (4 ponts) et le Saint-Laurent (7 ponts). Au chapitre du trafic routier, le pont Champlain est sept fois plus fréquenté que le pont Victoria qui, pour sa part, est l'un des moins achalandés.

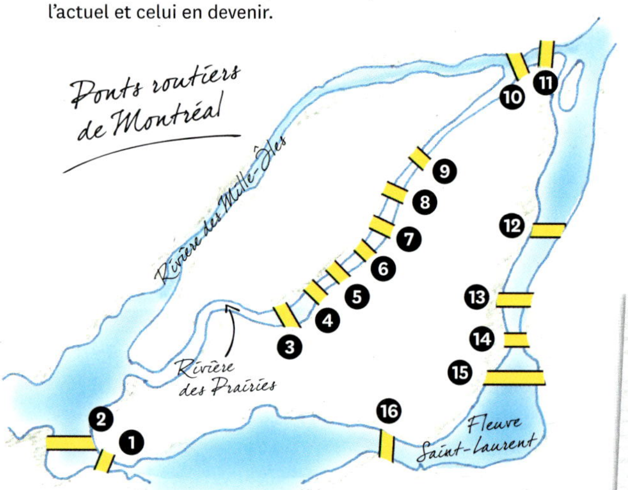

1. PONT GALIPEAULT
2. PONT DE L'ÎLE AUX TOURTES
3. PONT LOUIS-BISSON
4. PONT LACHAPELLE
5. PONT MÉDÉRIC-MARTIN
6. PONT VIAU
7. PONT PAPINEAU-LEBLANC
8. PONT PIE-IX
9. PONT DE L'AUTOROUTE 25
10. PONT CHARLES-DE GAULLE
11. PONT LE GARDEUR
12. PONT-TUNNEL LOUIS-HIPPOLYTE-LA FONTAINE
13. PONT JACQUES-CARTIER
14. PONT VICTORIA
15. PONT CHAMPLAIN
16. PONT HONORÉ-MERCIER

Ponts autour de l'île de Montréal

Enjambant	Routiers	Ferroviaires	Total
Rivière des Outaouais	2	2	4
Rivière des Prairies	9	3	12
Saint-Laurent	5	2	7
TOTAL	16	7	23

Le pont Champlain cumule les records. Outre sa longueur, 3440 mètres, et le poids de ses poutres, son achalandage constitue aussi l'un de ses superlatifs, non seulement au Québec, mais également au Canada avec 175000 traversées quotidiennes. Le pont Médéric-Martin, qui enjambe la rivière des Prairies entre Montréal et Laval, reçoit un trafic presque aussi important. Chaque jour, environ 30000 personnes traversent le pont Champlain en utilisant le transport en commun. Le total annuel des traversées de ce pont atteint 60 millions chaque année. Par contre, si l'on tient compte des approches à même les rives, c'est le pont de l'île d'Orléans qui peut être considéré comme le plus long pont du Québec.

Parmi les ponts les plus importants, le pont Champlain est, avec le pont-tunnel Hippolyte-La Fontaine (1967), le plus récemment construit. Mais il est aussi celui qui a le plus *subi des ans l'irréparable outrage*, comme dirait le grand Racine. Irréparable en effet, puisque sa structure s'est considérablement dégradée ces dernières années, au point où il a été décidé de le remplacer par un nouveau pont érigé juste à côté de l'actuel qui sera déconstruit et dont une partie des matériaux sera recyclée. Il a été décidé que le nouveau pont gardera le nom de *Champlain*, après que le projet de lui donner le nom de Maurice Richard a soulevé une vive controverse. Le respect de l'histoire l'a emporté.

L'architecture du nouveau pont Champlain sera d'un type différent : ce sera un pont suspendu et non cantilever, comme l'actuel. On sait que les ponts suspendus ont en général une portée beaucoup plus grande que les autres types de ponts. C'est ainsi que le pont Pierre-Laporte, à Québec, a une portée presque trois fois plus longue que celle du pont Champlain et qu'il dépasse de 20 % celle du pont de Québec, le plus long pont cantilever au monde. Le nouveau pont Champlain établira-t-il de nouveaux records?

55

Le plus long pont cantilever

Les réalisations humaines qui se disputent le titre de huitième merveille du monde sont nombreuses. On comprend que le pont de Québec peut mériter cet honneur, car il est le pont cantilever à plus grande portée (549 mètres), non seulement au Québec, mais dans le monde entier.

LE PONT DE QUÉBEC
Une huitième merveille du monde

Ce n'est pas la longueur du pont de Québec qui fait sa célébrité. À cet égard, des centaines de ponts le dépassent : une quarantaine de ponts ont plus de dix kilomètres de longueur et au moins 150 font plus de trois kilomètres. Le record est détenu par le pont Haiwan à Qingdao en Chine, qui fait 42 kilomètres.

LE PONT DE QUEBEC.

LE PLUS LONG CANTILEVER DU MONDE ENTIER EN COURS DE CONSTRUCTION SUR LE FLEUVE ST-LAURENT, PRÈS DE QUÉBEC, PAR LA COMPAGNIE DU PONT ET CHEMIN DE FER DE QUÉBEC, HON. S. N. PARENT, Président.

THE QUEBEC BRID

THE LARGEST CANTILEVER SPAN IN THE WORLD IN COURSE RIVER ST LAWRENCE, NEAR QUEBEC, BY THE QU RAILWAY CO, HON. S. N. PARENT, Presi

le premier grand projet.

La notoriété du pont de Québec tient à l'originalité de sa structure. Les ponts de type *cantilever*, ou *ponts à poutres en porte-à-faux*, ont une structure conçue à partir d'un jeu de forces complémentaires, comme l'illustre le croquis ci-contre. Un pont cantilever est composé de travées latérales en porte-à-faux supportant une travée centrale. Lors de la construction, celle-ci est mise en place une fois édifié le reste de la structure, ce qui permet l'économie des échafaudages.

Structure d'un pont cantilever

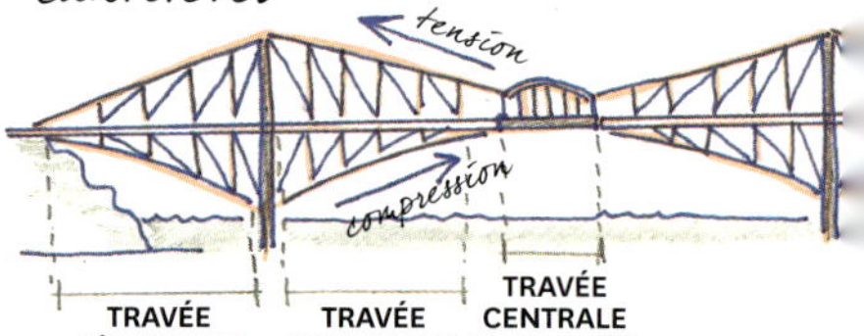

FIG. 5A. LIVING MODEL ILLUSTRATING PRINCIPLE OF THE FORTH BRIDGE.

Modèle humain d'un pont cantilever, de l'ingénieur britannique Benjamin Baker, créateur du pont du Forth, à Édimbourg. Photo prise entre 1882 et 1904.

Les ponts de ce type sont nombreux, mais seulement quatre dépassent les 500 mètres. Le second en importance est le pont qui enjambe le Firth of Forth, en Écosse: il comporte deux travées suspendues de 521 mètres chacune. Le pont Jacques-Cartier arrive 17e dans le classement.

La construction du pont de Québec a été ponctuée de drames. Le 29 août 1907, la travée sud du pont s'est effondrée et a entraîné dans la mort 76 ouvriers, dont près de la moitié étaient des Mohawks, considérés comme étant des *charpentiers funambules*. On a établi qu'une erreur de calcul des ingénieurs était responsable de la tragédie. Neuf ans plus tard, lors de l'installation de la travée centrale, celle-ci s'est effondrée et a fait de nouveau treize victimes. À Saint-Romuald, un monument construit avec les débris du pont est dédié aux victimes.

C'est finalement le 22 août 1919 que le pont a été inauguré par le prince de Galles. Conçu originellement comme un pont ferroviaire, il a été réaménagé pour le transport routier dix ans plus tard. Il est demeuré la seule liaison routière entre les deux rives à Québec jusqu'à la construction tout à côté, en 1970, du pont Pierre-Laporte, qui a la plus grande portée de tous les ponts suspendus canadiens.

Quelques instants avant l'effondrement de la travée centrale du Pont de Québec en 1916.

On le surnomme : le pont du Diable

Après deux tentatives tragiques, le pont avait été reconstruit et allait enfin être inauguré. C'est alors que le diable apparut et dit aux dignitaires: «Vous me donnez l'âme de la première personne qui traversera le pont, sinon le pont tombera.» Tous refusèrent. Au moment de couper le ruban, quelqu'un eut l'idée de lancer un chat sur le pont. Une fois rendu au centre, il devint un petit nuage qui s'envola aussitôt. Le pont ne tomba pas.

LE SOLEIL 33,300

UN DESASTRE AU PONT

LA TRAVEE CENTRALE EST TOMBEE AU FOND DE L'EAU

LE PONT, QUELQUES MINUTES AVANT L'ACCIDENT

L'ACCIDENT EST ARRIVE A ONZE HEURES MOINS DIX

LE PREMIER ESTIME DE LA COMPAGNIE PLACE A 25 LE NOMBRE DES MORTS

FORTE AVANCE

The Standard

GREAT QUEBEC BRIDGE SPAN PHOTOGRAPHED AT THRILLI

Le fond du fleuve

UN CIMETIÈRE!

10 mars 1908

Rapport sur la chute du pont de Québec

56

Le plus long pont couvert

Il est juste d'attribuer au pont Perrault la médaille d'or des ponts couverts du Québec pour ce qui est de sa longueur, même si le pont Félix-Gabriel-Marchand, dans la MRC de Pontiac, y a presque droit aussi.

LE PONT PERRAULT
Le bijou de Notre-Dame-des-Pins

Le pont Perrault à Notre-Dame-des-Pins, Beauce.

Le pont Perrault, qui enjambe majestueusement la rivière Chaudière à quelque cinq kilomètres au sud de Beauceville, a été construit en 1928, à une époque où la région Chaudière-Appalaches s'équipait de ponts couverts, comme l'avaient fait les Cantons-de-l'Est au siècle précédent et comme le fera plus tard l'Abitibi-Témiscamingue. Il est l'un des plus beaux des quelque 82 ponts couverts qui, au Québec, ont résisté à l'usure du temps sur les 1200, et même plus, que les Québécois ont construits.

Kapellbrücke, en allemand, signifie pont de la chapelle.

Il n'y a rien d'étonnant dans le fait que le Québec, pays de rivières et de forêts, se soit doté de ponts en bois. Mais pourquoi les avoir couverts? Non pas pour protéger les usagers, hommes et animaux, mais bien le bois qui, exposé à la pluie, au soleil, à la neige et au cycle gel-dégel, se dégrade rapidement. Sans protection, un pont de bois aurait une durée de vie utile de 20 ans au maximum. On a donc eu recours à une solution utilisée depuis longtemps en Europe: pensons au fameux Kapellbrücke de Lucerne, le plus long pont piétonnier couvert d'Europe (204 mètres) construit en l'an 1333.

Les techniques éprouvées aux États-Unis ont permis de mettre au point un modèle québécois, inspiré du modèle Town, dont la caractéristique principale est la ferme à treillis. Il n'est donc pas étonnant que ce soit dans les Cantons-de-l'Est que l'on trouve les plus anciens ponts couverts. Le pont Perrault, aujourd'hui classé monument historique, est de ce type. Long de 154,5 mètres, il est le plus long du Québec et le deuxième du Canada, le premier, le pont Heartland, étant situé au Nouveau-Brunswick; ses 391 mètres lui confèrent le titre du plus long pont couvert au monde.

Qui sait qu'à l'origine, le pont Victoria était un pont couvert, qu'on appelait alors le « pont tubulaire Victoria »?

Le pont Félix-Gabriel Marchand, surnommé le *Pont rouge de Fort-Coulonge*, est le plus ancien. Plus court que le pont Perrault de 3 à 5 mètres, il a été construit en 1898 dans la municipalité de Mansfield-et-Pontefract, dans le Pontiac. Il est le plus long pont couvert encore carrossable au Québec, bien qu'il soit actuellement fermé pour réparations.

Les deux ponts sont des immeubles patrimoniaux. Le parc de ponts couverts constitue un fleuron important du patrimoine bâti du Québec, fier de ses *ponts rouges*, car, pour les Québécois, *pont rouge* est synonyme de *pont couvert*.

57

Le plus long pont ferroviaire

Le 26 août 1860, le Prince de Galles est venu au Québec inaugurer, au nom de sa mère, la reine Victoria, un pont s'étirant sur près de trois kilomètres et reliant la ville de Montréal à la rive sud du Saint-Laurent. À l'époque, c'était le pont ferroviaire le plus long non seulement du Québec, mais aussi du monde entier.

LE PONT VICTORIA
Le désenclavement d'une ville

Le premier tramway du Montreal & Southern Counties arrive à Saint-Lambert via le pont Victoria, 1909.

1854-1859
Construction du pont tubulaire

1859
Ouverture à la circulation des trains

20 août 1860
Inauguration du « pont tubulaire Victoria »

1898
Transformation en pont en treillis en fer et ajout d'une 2e voie de chemin de fer et d'une ligne de tramway

16 octobre 1901
Inauguration du « Victoria Jubilee Bridge »

1927
Ajout d'une voie routière

1956
Remplacement de la voie de tramway par une deuxième voie routière

1958
Aménagement de la voie maritime du Saint-Laurent et ajout d'une voie de contournement à Saint-Lambert

Au milieu du XIXe siècle, la révolution industrielle avait gagné le Canada; les abords du canal de Lachine accueillaient l'une des plus grandes concentrations manufacturières de l'Amérique du Nord et Montréal devenait la métropole du Canada. Mais étant isolée sur une île, la ville ne pouvait communiquer avec l'extérieur qu'en utilisant des traversiers, tant pour la population que pour les marchandises. Elle avait donc besoin, pour bénéficier pleinement des marchés internationaux, d'être reliée au réseau de chemins de fer permettant un contact direct avec la mer.

C'est ainsi qu'on a décidé d'entreprendre la construction du premier pont sur le Saint-Laurent. Ayant à l'époque une forme tubulaire, il était composé de plaques de métal reposant sur 24 piliers de pierres recouverts de fer afin d'en protéger la maçonnerie des glaces transportées par un courant relativement fort l'hiver. Les dimensions et la conception du pont ont été jugées si impressionnantes qu'on l'a alors considéré comme la huitième merveille du monde. La construction, à laquelle ont participé près de 3000 personnes, a duré cinq ans.

Billet. Passage du premier train, pont Victoria, 17 décembre 1859.

Après avoir utilisé le bois durant dix ans, les locomotives ont ensuite fonctionné au charbon, avec les conséquences que l'on devine quant à l'accumulation de fumée à l'intérieur du tube, nocive autant pour les poutres d'acier que pour les passagers. Au tournant du siècle, on a remédié à cette situation en remplaçant les murs par un treillis de fer. On en a profité pour ajouter une deuxième voie de chemin de fer et une ligne de tramway qui a elle-même été finalement remplacée par une voie routière en 1956.

Selon les manières utilisées pour la calculer, la longueur du pont varie de 1800 à 2790 mètres, surtout si l'on tient compte des voies de contournement qui ont été ajoutées en 1958, pour le trafic tant routier que ferroviaire, afin de permettre le passage des navires dans la voie maritime du Saint-Laurent.

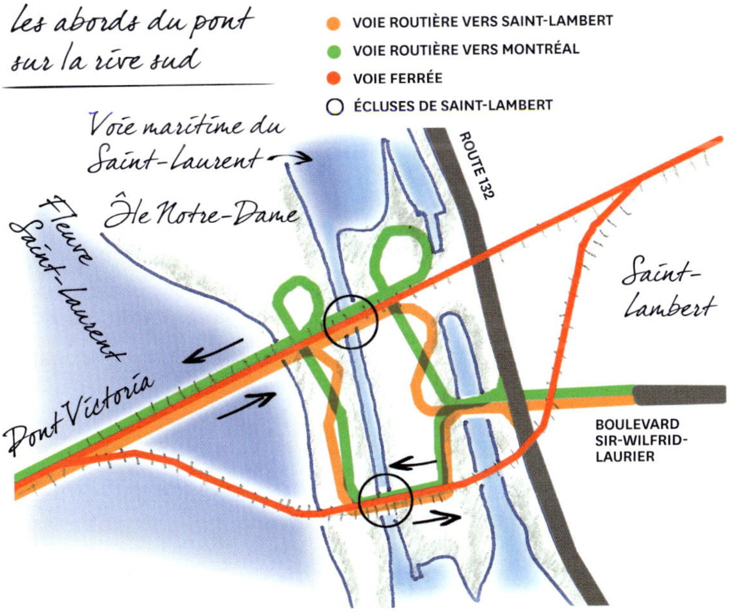

À Montréal, outre le pont Victoria, un seul autre pont ferroviaire enjambe le fleuve : le pont Saint-Laurent qui relie le quartier de LaSalle à Kahnawake. Avant sa construction en 1886, un autre pont a relié Longueuil à l'île de Montréal. Jugeant l'utilisation du pont Victoria trop coûteuse, la *Quebec, Montreal, Ottawa and Occidental Railway* a installé chaque hiver, de 1880 à 1883, des rails sur le fleuve gelé. Le voyage aller-retour coûtait 25 cents.

58

Le viaduc ferroviaire le plus long

Tout juste avant d'arriver au Saint-Laurent, la rivière du Cap Rouge passe sous le plus long viaduc ferroviaire du Québec qui impose sa structure impressionnante tant par sa longueur que par sa hauteur. Il s'agit du Tracel, inséparable du paysage de Cap-Rouge, village devenu banlieue de Québec.

LE TRACEL DE CAP-ROUGE
Un chef-d'œuvre d'ingénierie

Tracel : nom propre ou nom commun ? Adaptation en français du terme anglais trestle qui signifie chevalet. Tracel est en quelque sorte devenu un nom propre puisqu'il désigne spécifiquement le viaduc de Cap-Rouge, d'où sa majuscule.

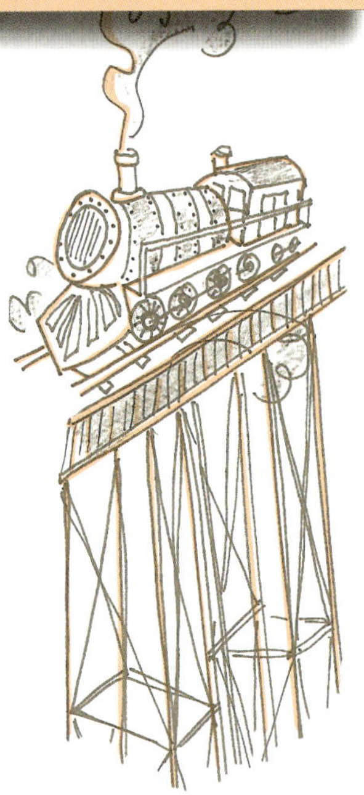

La topographie impose au rail des contraintes importantes du fait que les trains peuvent rarement gravir des pentes supérieures à 2 %. Pour franchir perpendiculairement une vallée, les chemins de fer doivent faire un long détour pour compenser progressivement la différence d'altitude, ou utiliser des viaducs pour passer directement d'un côté à l'autre de la dépression. À l'ouest de la ville de Québec, deux lignes ferroviaires illustrent ces deux solutions. Depuis la gare du Palais au centre-ville de Québec, le chemin de fer gravit lentement, sur une distance d'une douzaine de kilomètres, les quelque 50 mètres qui séparent, en altitude, la gare et le tablier du pont de Québec. De son côté, la ligne venant de Montréal par la rive nord traverse la profonde vallée de la rivière du Cap Rouge sur un haut viaduc, le Tracel.

Les viaducs ferroviaires sont rarement considérés comme des œuvres d'art d'un strict point de vue esthétique, mais ils peuvent, sur le plan de l'ingénierie, forcer l'admiration. Bien que sa présence à travers la paisible vallée de la rivière du Cap Rouge ait soulevé depuis sa construction une certaine controverse, le Tracel est assurément une grande réussite technique en même temps que, pour les habitants de Cap-Rouge, un monument identitaire. Plusieurs lui reconnaissent même une certaine élégance.

Le secteur de Cap-Rouge est situé à l'embouchure de la rivière Cap Rouge qui tire son nom du cap voisin fait de schistes rouges, alors que les schistes du cap Diamant sont noirs (mêlés à des grains de mica que Jacques Cartier a pris pour des diamants) !

La Commission de la Capitale nationale a travaillé à l'édification du mur mémoire Cartier-Roberval au pied de la falaise qui a vu naître la première colonie française d'Amérique.

Cette intervention artistique et commémorative fait écho aux paroles de Cartier et de Roberval, tout comme au riche passé du site, dont l'imposant Tracel qui la surplombe.

Tout près sont situés le chantier archéologique Cartier-Roberval et son site d'interprétation.

Construit de 1906 à 1908 pour permettre au chemin de fer de la rive nord, entre Montréal et Québec (Grand Tronc), de rejoindre la rive sud par le pont de Québec, le Tracel fait l'économie d'un long détour en enjambant la vallée de la rivière Cap Rouge à une altitude de près de 50 mètres, sur une longueur de plus d'un kilomètre. Il s'agit d'un pont à tréteaux (*trestle bridge*), c'est-à-dire composé d'un tablier reposant sur une série de chevalets en trapèze. Il n'est utilisé aujourd'hui que par les trains de marchandises.

Le Tracel de Cap-Rouge a quelque chose d'acrobatique ; le traverser, en train ou à pied, donne l'impression d'être suspendu dans le vide. Malheureusement, cette sensation a, à quelques reprises, encouragé des personnes suicidaires à passer à l'acte ; avant qu'on y installe un dispositif de sécurité, treize personnes y ont laissé leur vie.

59

La plus longue passerelle piétonnière

Un pont suspendu jeté au-dessus des gorges de la rivière Coaticook est présenté, par la publicité et même par le livre des records Guinness, comme étant la passerelle piétonnière la plus longue au monde. Contentons-nous de la considérer comme la plus longue au Québec.

LA PASSERELLE DE LA GORGE DE COATICOOK
Pour tester votre peur du vide

Coaticook, en langue abénaquise, signifie « rivière aux pins. »

C'est sans doute une fierté bien méritée qui a fait dire aux Coaticookois que leur passerelle constituait un record mondial. Il faut toutefois reconnaître que des ponts piétonniers beaucoup plus longs ont été construits, souvent avec des techniques bien élémentaires, dans plusieurs pays d'Asie, notamment dans le Parc national de Taman Negara en Malaisie et à Ghasa au Népal. En 2014, la Russie a inauguré à Sotchi un pont suspendu pour piétons qu'elle a déclaré être le plus long au monde : à 200 mètres au-dessus d'une profonde gorge, il permet aux adeptes du *bungee* de pratiquer leur sport dans un cadre spectaculaire. L'Autriche a récemment annoncé qu'un pont piétonnier menant au château d'Ehrenberg sera le plus long au monde. Il faut aussi dire que dans la ville de Souris, au Manitoba, le *Swinging Bridge* mesure 177 mètres, soit 8 de plus que la passerelle de Coaticook, et est, de ce fait, le plus long au Canada.

La passerelle suspendue de Ghasa au Népal.

Le Skybridge à Sotchi, en Russie. Il dispose également de la plus haute tyrolienne du monde avec une altitude de 700 m.

Une fois ces précisions apportées, il faut dire que la passerelle de la Gorge de Coaticook est une remarquable réalisation et qu'à juste titre, elle contribue depuis 1988 à la renommée de la *Perle des Cantons de l'Est*, surnom donné à la ville de Coaticook. D'autant plus que ce pont suspendu n'est qu'un élément d'un ensemble d'aménagements que comprend le Parc de la Gorge de Coaticook.

Pont de singe, de bambous ou de cordes suspendu au-dessus des remous du Mékong, d'une profonde crevasse glaciaire ou des torrents d'une rivière en crue… les traversées sont parfois des plus périlleuses !

La gorge elle-même, longue de quelque 750 mètres, est une curiosité géographique dont la passerelle permet d'évaluer la profondeur : 50 mètres. Cet important sillon taillé dans la roche des Appalaches est le résultat d'une érosion constante, avant comme après l'ère des glaciations, et qui continue son œuvre aujourd'hui. Le débit de la rivière a permis d'alimenter une centrale hydroélectrique fournissant l'énergie à une usine de rubanerie aujourd'hui disparue. Un parcours balisé de 3,5 kilomètres permet de reconnaître des éléments de l'ancien complexe industriel dont il reste quelques vestiges, par exemple une grotte qui, à l'origine, était un tunnel faisant partie de l'aménagement hydroélectrique.

Il faut ajouter que le Parc de la Gorge offre l'accès à une vingtaine de kilomètres de sentiers, à deux tours d'observation, à un pont couvert, de même qu'à un intéressant exemple de grange ronde, typique des Cantons de l'Est. De quoi apprécier la beauté des Appalaches tout en ayant l'occasion de tester sa résistance au vertige en empruntant la passerelle.

Axée sur la mise en lumière du Parc de la Gorge de Coaticook, de ses beautés et de ses mystères, *Foresta Lumina* est un parcours nocturne illuminé créé pour l'un des sentiers les plus parcourus au Québec et célèbre pour sa passerelle.

60

La plus haute passerelle piétonnière

Traverser une gorge profonde sur une passerelle suspendue, étroite et comme lancée dans le vide est un bon exercice pour vaincre le vertige tout en se rinçant l'œil. La passerelle du domaine du Canyon des Portes de l'Enfer, à Saint-Narcisse-de-Rimouski, la plus haute du Québec, est tout indiquée pour vivre cette expérience.

DOMAINE DES PORTES DE L'ENFER

Pour tester votre peur du vide, prise deux

Deux raisons motivent la construction de passerelles pour piétons. Certaines sont construites pour atteindre un point difficilement accessible autrement; c'est le rôle de la passerelle d'aluminium entre Chandler et Pabos. En général cependant, on les installe pour permettre aux visiteurs de bénéficier de vues spectaculaires sur des phénomènes géographiques impressionnants. C'est le cas de la passerelle de Coaticook et de celle du domaine du Canyon des Portes de l'Enfer.

Cette dernière est désignée par un nom qui ne surprend guère, car au Québec, le diable est très présent dans la toponymie, comme dans le folklore dont elle est le reflet. On retrouve le mot *diable* dans

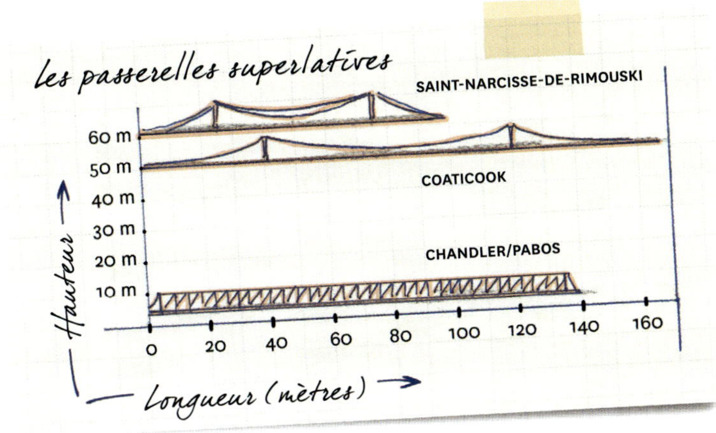

pas moins de 130 noms de lieux, alors que le bon Dieu n'a droit qu'à deux occurrences. En fait, les nombreuses portes donnant supposément accès à l'enfer – on en compte 27 au Québec – ne sont qu'une image inquiétante, annonçant soit des eaux dormantes, noires et lugubres, soit, ce qui est beaucoup plus fréquent, des eaux turbulentes dégageant un bruit d'enfer.

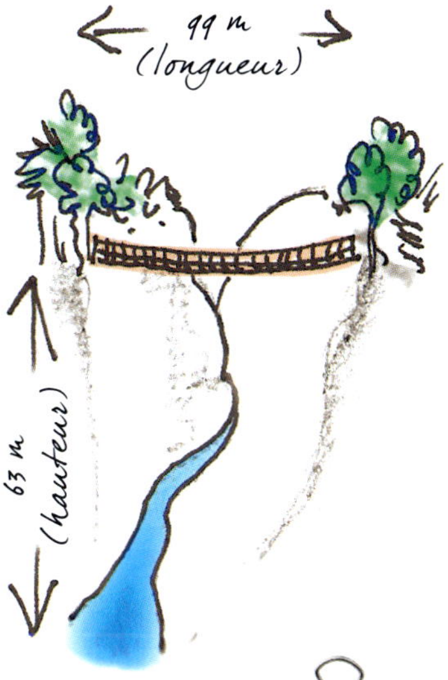

La rivière Rimouski, à quelque 35 kilomètres derrière la ville de Rimouski, s'engage dans un profond canyon, resserré entre des parois atteignant près de 100 mètres, et ce, sur une longueur de 5 kilomètres. Le domaine du Canyon des Portes de l'Enfer a réalisé, autour de ce site spectaculaire, divers aménagements qui permettent d'en évaluer la beauté. Constituant un réseau d'une quinzaine de kilomètres, des sentiers tracés dans une forêt touffue permettent d'observer l'habitat du castor et mènent à deux chutes d'une hauteur de 20 mètres de même qu'à une passerelle longue de 99 mètres permettant une vue à couper le souffle sur la rivière coulant 63 mètres plus bas. Quiconque veut voir la rivière de plus près peut emprunter des escaliers totalisant 300 marches; l'idée est bonne, ce qui nous rappelle que l'enfer est pavé de bonnes intentions.

Le nom *Portes de l'Enfer* évoque aussi l'extrême difficulté à pratiquer le flottage du bois dans ce secteur de la rivière, ce que le site illustre par des documents éloquents qui évoquent le courage des draveurs d'une époque révolue. Une bonne dose d'imaginaire s'est ajoutée à ces aménagements dans un *sentier enchanté*.

Pour voyageurs intrépides et avertis, des passerelles suspendues à des hauteurs vertigineuses!

DACHSTEIN SKYWALK, AUTRICHE
- au cœur des Alpes
- construction d'acier
- à 400 mètres au-dessus du vide

PONT DE SINGE DE GEIERLAY, ALLEMAGNE
- le plus long pont suspendu d'Allemagne
- traverse le Moselbach
- 300 mètres de long et 100 mètres de haut

TITLIS CLIFF WALK, SUISSE
- le pont suspendu le plus haut d'Europe
- large d'un mètre, au-dessus d'un gouffre de 500 mètres

61

La plus longue passerelle piétonnière en aluminium

Les passerelles piétonnières ont leurs superlatifs: la plus haute est située aux Portes de l'Enfer à Saint-Narcisse-de-Rimouski et la plus longue, au-dessus des gorges de Coaticook. Il existe, à cet égard, un autre superlatif plus précis: il s'agit de la plus longue passerelle en aluminium, celle du Circuit des bâtisseurs, qui se trouve entre Chandler et Pabos Mills.

LA PASSERELLE DU CIRCUIT DES BÂTISSEURS

Un record mondial

La passerelle de Chandler se distingue par ses dimensions, mais surtout par le fait qu'elle est en aluminium, ce qui représentait déjà une première de l'ingénierie québécoise lors de la construction du pont d'Arvida, également construit avec ce matériau. Ces réalisations témoignent du fait que le Québec a déjà été un chef de file dans la production de l'aluminium, même si de nouveaux concurrents sont récemment apparus, notamment en Chine et en Europe de l'Est.

La longueur totale de la passerelle de Chandler est de 142 mètres, mais c'est l'importance de la portée centrale, entre les deux piliers, qui lui vaut de constituer un record, non seulement au Québec, mais, dit-on, dans le monde entier pour un ouvrage en aluminium.

Vue sur la baie et la rivière du Grand Pabos.

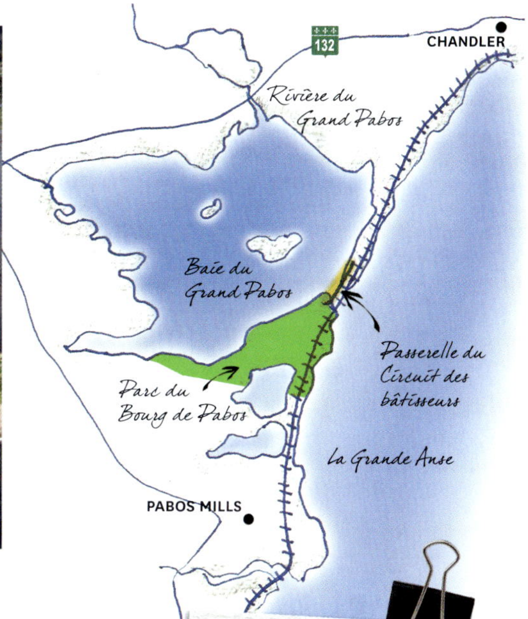

L'intérêt de cette passerelle est de permettre aux piétons et aux cyclistes de faire l'économie d'un détour de quelque 13 kilomètres que leur imposait jusque-là l'absence d'un pont à l'embouchure de la rivière Grand Pabos. Seul le chemin de fer bénéficiait d'un tel raccourci par un pont ferroviaire que longe d'ailleurs la passerelle sur la même emprise. Ce faisant, la passerelle assure la continuité entre le Circuit des bâtisseurs qui, sur une longueur de près de trois kilomètres, permet d'observer divers éléments révélateurs de l'histoire industrielle de Chandler, et le Parc du Bourg de Pabos. Celui-ci est un site historique et archéologique qui met en valeur l'histoire de la seigneurie de Pabos au temps de la Nouvelle-France de même que celle des pêcheurs du siècle dernier.

L'ensemble de cet itinéraire est un musée à ciel ouvert dans lequel se trouvent des panneaux d'interprétation, des belvédères, des sculptures, des vestiges mis à jour par les recherches archéologiques encore en cours, des reconstitutions de lieux et des aires d'exposition.

Le Circuit des bâtisseurs a valu à la Ville de Chandler de recevoir le Grand prix du tourisme gaspésien en 2014. Un musée à ciel ouvert et en pleine nature pour explorer 100 ans d'histoire de la région de Chandler : ce parcours historique relate la période du régime français du Bourg de Pabos jusqu'à la fermeture de l'usine, la Gaspésia.

Chandler : du nom du fondateur de la pulperie de l'endroit, en 1912.

Pabos : Origine incertaine, peut-être micmac, signifiant eaux calmes.

?

Saviez-vous que la matière de notre planète est composée de 92 éléments chimiques naturels, le plus abondant étant l'oxygène (47 % de la croûte terrestre), suivi du silicium (28 %), puis de l'aluminium (8,1 %), faisant de celui-ci le métal le plus abondant de l'écorce terrestre ?

62

Le plus long funiculaire

Dans la longue liste des réalisations du maire Jean Drapeau figure la tenue des Jeux olympiques de 1976 pour lesquels fut construit un stade. Ce stade a eu ses défenseurs et ses détracteurs, mais il constitue incontestablement un édifice phare de Montréal. Une de ses particularités est d'abriter le plus long funiculaire du Québec.

LE FUNICULAIRE DU STADE OLYMPIQUE

Comme dans une cabine de pilotage

Le concepteur du Stade olympique, l'architecte français Roger Taillibert, a imaginé une tour inclinée de 165 mètres de haut devant servir à tenir le toit rétractable du stade, un ouvrage dont la réalisation a rencontré une série de difficultés. Ce bâtiment a finalement été inauguré onze ans après la tenue des Jeux, gratifiant Montréal de la plus haute tour inclinée au monde, reconnue comme telle par le livre Guinness des records. En comparaison, la tour de Pise fait figure de minuscule édifice quasi vertical avec un angle d'inclinaison inférieur à 4°, alors que celui de la Tour de Montréal est de 45°.

TOUR DE PISE

ÂGE : 845 ANS
HAUTEUR : 55 M
INCLINAISON : 4°

TOUR DE MONTRÉAL

ÂGE : 31 ANS
HAUTEUR : 165 M
INCLINAISON : 45°

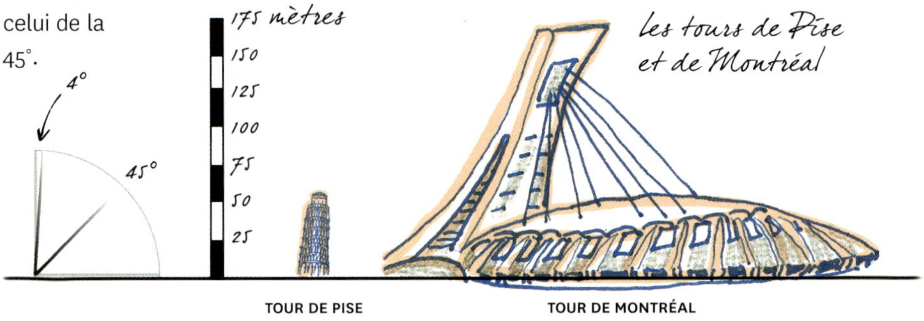

Le 30 décembre 2016, le funiculaire célébrait son millionième voyage. En presque 30 ans, il aura transporté plus de 11 millions de visiteurs!

Le funiculaire – qui franchit 2,8 m/sec (10 km/h) – fait environ 80 aller-retours chaque jour sur ses 266 mètres de rail. Chaque ascension dure moins de deux minutes.

La Tour de Montréal est membre de la Fédération des grandes tours du monde. Ce n'est pas par sa hauteur qu'elle peut rivaliser avec des tours gigantesques comme celles de Dubaï (828 m) ou de Shanghaï (632 m), mais par l'impressionnante originalité de sa conception.

Il s'agit d'une tour triangulaire dont l'un des côtés est une ligne courbe. Le long de cette dorsale, un funiculaire a été installé en 1986-1987, qui permet d'atteindre un observatoire panoramique aménagé au sommet. Évidemment, la cabine, grâce à un système hydraulique, demeure horizontale tout le long de son parcours.

Pour grimper les quelque 165 mètres qui séparent les deux extrémités de la tour, la cabine à deux niveaux, qui peut contenir 75 personnes, ce qui constitue un autre record, suit un trajet de 257 mètres en pente de 23° (42 %) à la base et de 62° (180 %) au sommet. Ce trajet se fait en un peu moins de deux minutes. Une centaine d'allers et retours sont réalisés chaque jour en transportant une moyenne de 500 personnes à l'heure.

Vue sur Montréal depuis la tour du Stade Olympique.

Au cours de l'ascension, on peut admirer, à travers les larges baies vitrées du funiculaire, tout comme à partir du belvédère, le vaste panorama de la ville et de la plaine du Saint-Laurent, une vue qui s'étend par temps clair jusqu'à 80 kilomètres. Un large tableau reproduisant le paysage urbain permet de repérer un grand nombre d'édifices de l'île de Montréal.

Des plans sont actuellement à l'étude pour une importante cure de rajeunissement de la tour et du funiculaire.

Bien avant la Tour de Montréal, en 1885, la *Mount Royal Park Incline Railway Co.* inaugurait son funiculaire qui permettait d'amener les Montréalais au sommet de la montagne du parc du mont Royal aménagé quelques années auparavant, soit le 24 mai 1876.

Photo du funiculaire du mont Royal en 1910.

63

L'escalier urbain le plus long

L'escalier du Cap-Blanc est le plus long de la trentaine d'escaliers qui relient les deux niveaux de la ville de Québec. Ses 398 marches s'échelonnent depuis la rue du Petit-Champlain face au fleuve jusqu'à la rue Ontario sur les plaines d'Abraham.

L'ESCALIER DU CAP-BLANC

Entre les deux niveaux de Québec

Accessible par la rue Champlain (secteur du Cap-Blanc) et l'avenue Ontario (parc des Champs-de-Bataille).

La dénomination de Cap-Blanc serait la traduction littérale d'un toponyme amérindien décrivant l'apparence primitive du cap au pied duquel l'église Notre-Dame-de-la-Garde sera érigée.

L'histoire de cet escalier est intimement liée à celle des deux quartiers qu'il relie. Au XIXe siècle, des chantiers navals s'installent en contrebas du cap Diamant. La mince bande de terre qui sépare le fleuve du cap est déjà occupée par quelques habitations et ne permet pas d'en construire d'autres. Les ouvriers des nouveaux chantiers sont obligés de se loger dans la Haute-Ville. En 1867, un premier escalier est donc construit pour faciliter leurs déplacements entre leur logis et leur lieu de travail.

À la fin du siècle, l'activité des chantiers périclite et l'escalier perd momentanément sa fonction. Mais, alors que de nouveaux résidants s'étaient installés dans le bas quartier du Cap-Blanc, une usine d'armements ouvre ses portes en 1902 sur les plaines d'Abraham, alors appelées *Cove Fields*. De nouveau, l'escalier du Cap-Blanc reprend sa fonction de passerelle entre résidence et lieu de travail, mais en sens inverse cette fois, les ouvriers de la Basse-Ville l'utilisant pour rejoindre la compagnie Ross Rifles où ils travaillent. À son tour, l'usine ferme ses portes à la fin de la guerre, en 1917.

Au pied de l'escalier, en 1958.

Au cours des ans, l'escalier a changé de nom : escalier de l'Anse des mères (du nom d'une anse dont on a changé le nom pour Bassin Brown!), escalier du grand Champlain, escalier du Cap-Blanc. Il a aussi changé de fonction : il est devenu aujourd'hui un défi pour les sportifs. Chaque année se tient le Défilé des escaliers de Québec, une épreuve qui comporte un circuit d'une quinzaine de kilomètres entrecoupé d'escaliers qui totalisent environ 3000 marches. Un défi de taille! Mais le record mondial du plus long escalier du monde se trouve ailleurs. Il s'agit de l'escalier qui longe le funiculaire menant au sommet du mont Niesen, en Suisse : 11 674 marches! Une course annuelle y est organisée.

Le Défilé des escaliers : environ 19 km, une trentaine d'escaliers et plus de 3000 marches!

La boucle au départ et à l'arrivée du Bois-de-Boulogne, passe à son extrémité nord-ouest par l'escalier Joffre, à l'est, celui du Musée de la civilisation, sans éviter celui du Cap-Blanc au retour du côté sud de la boucle.

Des interventions successives ont rendu l'escalier du Cap-Blanc plus sécuritaire et son escalade moins pénible par l'aménagement de paliers qui permettent aux grimpeurs de reprendre leur souffle. Bonne escalade!

Découvrez les nombreux escaliers publics de la Ville de Québec qui ont chacun leur histoire. Certains dans des coins plus intimes, d'autres grandioses.

Quelques escaliers à découvrir

- Badelard, escalier
- Cap-Blanc, escalier du
- Casse-Cou, escalier
- Chapelle, escalier de la
- Charles-Baillairgé, escalier
- Colbert, escalier
- Faubourg, escalier du
- Franciscains, escalier des
- Frontenac, escalier
- Glacis, escalier des
- Gouverneurs, promenade des
- Joffre, escalier
- Lavigueur, escalier
- Lépine, escalier
- Pente-Douce, escalier de la

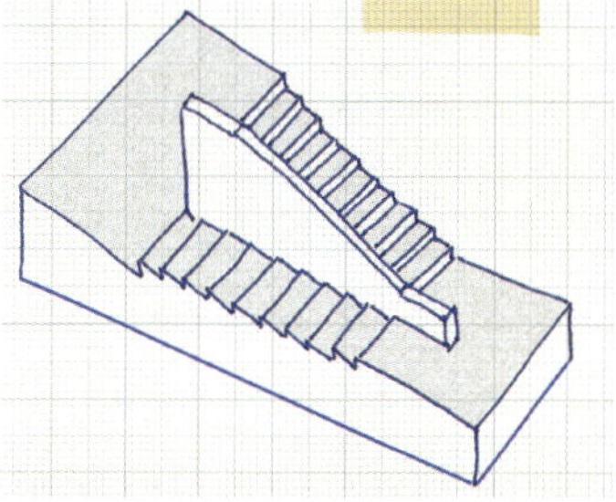

Pas aussi interminable que l'escalier d'Escher!

64

La plus importante station de ski

L'importance d'un centre de ski peut s'évaluer par le nombre de ses pistes, le nombre de ses remontées ou sa dénivellation. Aucune station de ski n'est première au Québec selon ces trois critères, mais seule celle de Tremblant figure chaque fois dans les trois premières. On peut donc en conclure que Tremblant est la plus importante station de ski du Québec.

TREMBLANT
À l'inverse de Sisyphe

Prononcer le nom *Mont-Tremblant*, c'est automatiquement évoquer le ski, ainsi que les joies et les aménagements qui lui sont associés. Pourtant, cette montagne était déjà importante dans l'imaginaire québécois bien avant qu'on y aménage des boulevards de neige pour les skieurs. À l'arrivée des Européens, les Autochtones savaient depuis longtemps que résidaient là des Esprits, qui parfois se manifestaient par des grondements qui ont donné son nom à la *Montagne tremblante*. Ils ne savaient toutefois pas les raisons de leur mécontentement. Et les explications de se multiplier.

«Depuis le noble et vaste flanc de cette montagne, enfoui sous des pins millénaires jamais touchés, et drapé par le brouillard et les nuages, le Manitou-Ewitchi domine la vie primitive. Il demeure constamment aux aguets, et si de mauvais esprits enfreignent les lois sacrées de la nature, il fera trembler toute l'énorme chaîne de montagnes.»

– W. D. Lighthall, extrait de *Old Measures*, d'après une tradition orale indienne transmise par l'Algonquin Michel Sheship.

Pour les Algonquins, la montagne du redoutable Manitou est la Manitou Ewitchi Saga, ou encore Manitonga Soutana, la montagne des esprits ou du diable.

Plusieurs éléments du contexte géographique ont constitué des facteurs favorables à l'établissement d'une station de ski : une montagne haute de près de 900 mètres (l'une des plus hautes des Laurentides) aux pentes moyennement abruptes, mais régulières, offrant un dénivelé de 650 mètres (le deuxième plus important du Québec) et soumis à des précipitations neigeuses abondantes (moyenne de plus de quatre mètres). Autre facteur favorable : situé presque à mi-chemin entre les agglomérations de Montréal et d'Ottawa, le mont Tremblant est accessible par la route en moins de deux heures.

Divers aménagements contribuent au caractère superlatif de la station : 95 pistes (dont la moitié pour les experts ; la plus longue fait 6 kilomètres), 13 remontées pouvant transporter plus de 25 000 skieurs à l'heure, un millier de canons à neige, de nombreux restaurants, ressources hôtelières, magasins et ateliers de réparation. À la station de ski se joint une large gamme d'activités ludiques pour en faire un complexe quatre-saisons : plusieurs terrains de golf, un circuit de course automobile, un casino, un réseau important de sentiers dans le parc du Mont-Tremblant. Ce dernier, le plus ancien et le deuxième plus vaste parc du Québec (après celui de Kuururjuaq), géré par la SÉPAQ, constitue un attrait majeur avec ses quelque 400 lacs et fait de la région la plus grande concentration d'activités de plein air du Québec.

Et Sisyphe ?

La mythologie grecque nous enseigne que Sisyphe, après avoir défié les dieux, dut rouler une grosse pierre jusqu'au sommet d'une montagne d'où elle déboulait chaque fois. Et il recommençait.

Les skieurs font l'inverse : ils descendant du haut de la montage, se font remonter et recommencent.

Dans le premier cas, c'était une punition. Dans le second, une récompense qu'on s'accorde.

Le P'tit train du Nord et le Mont-Tremblant Lodge

L'isolement des nouveaux habitants de la région colonisée au début du XIXe siècle est brisé grâce à l'arrivée du P'tit train du Nord, en 1892. Grâce à cette ligne de chemin de fer et aux investissements du riche Américain Bondurant Ryan, la région connaît un boom touristique en 1938. Celui-ci inaugure le Mont Tremblant Lodge, devenu un village alpin de classe internationale dont l'architecture est inspirée du Vieux-Québec.

L'emprise du P'tit train du Nord est devenue aujourd'hui le plus long parc linéaire au Canada et un segment cyclable de la Route verte n° 2.

65

La plus grande piscine publique

La plus grande piscine publique du Québec se trouve dans le parc Jean-Drapeau et elle y est en bonne compagnie; en effet, elle fait partie d'un complexe aquatique qui offre un large éventail d'activités pour une clientèle de sportifs de tous âges.

LE COMPLEXE AQUATIQUE DU PARC JEAN-DRAPEAU

Jeux d'eau

Démonstrations de plongeons à l'occasion de l'inauguration.

Vue sur le complexe en 1965.

Trois maires de Montréal ont particulièrement contribué à la création et au développement de cet ensemble d'aménagements destinés aux sports aquatiques. Après une première tentative avortée d'offrir une plage en bordure de l'île Sainte-Hélène en 1939, le maire Camillien Houde a inauguré en 1953 un premier ensemble de piscines extérieures.

Autour de 1990, le maire Jean Doré reprend l'idée d'une plage, cette fois au bord d'un lac aménagé sur l'île Notre-Dame. Vingt-cinq ans plus tard, cette plage de quelque 600 mètres de long est officiellement nommée *plage Jean-Doré*. Le bassin réservé à la baignade est alimenté par l'eau du Saint-Laurent qui y arrive après avoir été filtrée par des plantes aquatiques faisant de l'endroit un petit jardin botanique qui attire même les canards. Divers aménagements sont destinés aux jeux de plage.

À quelques pas du complexe aquatique : une plage !

Lac de l'Île Notre-Dame :

- Superficie de 122 000 m²
- Zone de baignade de 15 000 m²

Plage :

- De 600 mètres de long sur 25 mètres de large
- Près de 30 000 tonnes de sable
- Plus de 500 arbres et 2500 arbustes

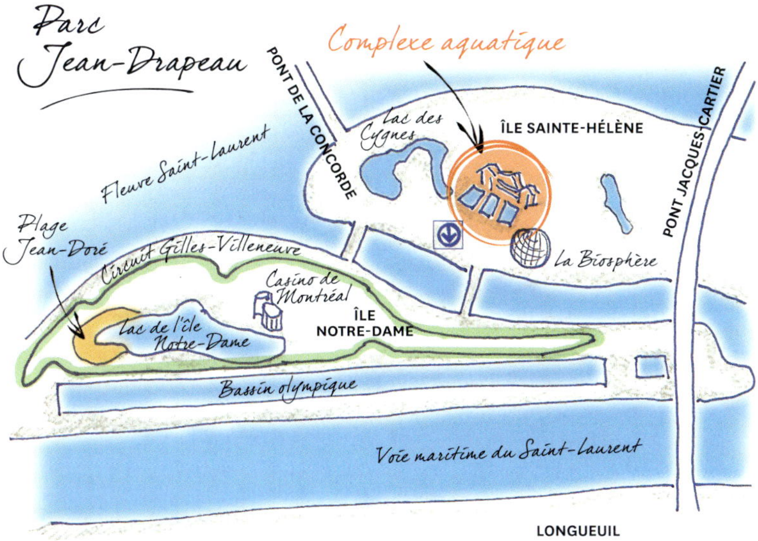

On doit au maire Jean Drapeau d'avoir doté Montréal, à l'occasion de l'Exposition universelle de 1967, de nombreux aménagements liés aux sports, notamment aux sports aquatiques. Il a muni l'île Notre-Dame d'un bassin qui répond aux normes relatives aux compétitions olympiques, en prévision des Jeux de 1976 dont Montréal fut l'hôte. Ce bassin de plus de deux kilomètres de longueur accueille les amateurs comme les professionnels de même que des compétitions d'aviron, de canoë-kayak et de bateau-dragon, mais aussi de natation en eau libre.

1. Pavillon des Baigneurs
2. Piscine à pente progressive
3. Piscine de plongeon
4. Piscine de compétition

« N'essayez pas de noyer vos chagrins, ils savent nager. »
– Albert Willemetz

En préparation des 11es Championnats de la Fédération internationale de natation tenus en 2005, on a aménagé sur l'île Sainte-Hélène de nouvelles piscines et des constructions pour les desservir, dont le Pavillon des Baigneurs. Le complexe compte aujourd'hui trois piscines extérieures, chacune ayant sa vocation spécifique : une piscine récréative à pente progressive et à fond coussiné pour la clientèle enfantine, une piscine de plongeon et une piscine de compétition.

Montréal, hôtesse des Championnats du Monde FINA

2005 : Les 11es Championnats du Monde FINA se tiennent au Pavillon des Baigneurs qui sera alors renommé Complexe aquatique. Huit records du monde en natation sont battus.

2014 : Les 15es Championnats du Monde FINA des maîtres en nage en eau libre, nage synchronisée, natation, plongeon et water-polo ont eu lieu au parc Jean-Drapeau. Y ont participé près de 10 000 athlètes de 60 pays.

Accessible par auto, métro et navette fluviale, le Complexe aquatique a le rare avantage de se trouver à moins de dix minutes du centre-ville. Il s'agit assurément d'un des aménagements aquatiques les plus réussis du Canada.

66

La plus grande marina

Depuis la fin du XIXe siècle, la navigation de plaisance s'est développée de plus en plus largement et rapidement. Le Québec n'a pas échappé à cette mode et des marinas s'y sont installées un peu partout. La plupart des villes qui ont accès à des plans d'eau, rivières ou fleuve, ont leur marina. La plus grande du Québec est située à Lachine.

LA MARINA DE LACHINE

Une flottille pacifique

L'évolution des aménagements, de c. 1900 à aujourd'hui.

Ancien canal Lachine.
Reproduction d'Edgar Gariépy [19-].

À son extrémité ouest, le canal de Lachine débouche sur le lac Saint-Louis en longeant trois langues de terre, longues et étroites. Sur l'une d'elles se greffe une série de pontons ; à chacun s'amarrent quelques embarcations, de deux à douze selon leurs dimensions. Au total, plus de 500 voitures d'eau y ont leur port d'attache et peuvent s'y reposer avant de lever l'ancre pour sillonner le grand fleuve ou les Grands Lacs. Une cinquantaine de bateaux visiteurs peuvent aussi y faire escale.

Le **code international des signaux flottants** maritimes est un système commun à toutes les marines du monde permettant de converser, peu importe l'origine des bâtiments et la langue des interlocuteurs. Des « flottants » (pavillons, flammes ou triangles) représentent des lettres, des chiffres et des messages codés.

Québec pour la lettre « Q » en alphabet maritime international porte aussi le message : « Mon navire est indemne, je demande la libre-pratique. »

« Le bateau, c'est la liberté, pas seulement le moyen d'atteindre un but. »

– Bernard Moitessier, navigateur et écrivain français

« Le pessimiste se plaint du vent, l'optimiste espère qu'il va changer, le réaliste ajuste ses voiles. »

– A. Ward

Dès le XVIIe siècle, la construction d'un canal dans la vallée de la rivière Saint-Pierre est planifiée pour contourner le « sault d'eau » du fleuve Saint-Laurent qui avait déjà empêché Jacques-Cartier de naviguer plus loin sur le fleuve.

Année d'ouverture : 1825
Fermeture : 1970
Remise en service : 2002
Début : Vieux-Port de Montréal
Fin : Lac Saint-Louis, Lachine
Longueur : 14 km
Dénivelé : 14 m
Mouillage : 2 m
Hauteur libre : 2,44 m
Écluses : 5
Lieu historique national (1929)

Entrée du canal de Lachine, Montréal. Œuvre de John Hugh Ross, 1826.

La marina offre aux plaisanciers une large gamme de services : boutiques d'équipements et d'accessoires nautiques, magasin d'alimentation, restaurant, piscine, atelier de réparation, etc. Les visiteurs peuvent aussi trouver à proximité divers aménagements relatant l'histoire du canal de Lachine qui s'est vu reconnaître le statut de *Lieu historique national*. Dans un vieil entrepôt de pierre, l'épopée du commerce de la fourrure a fait l'objet d'une présentation de la vie des *Voyageurs*. Non loin, on trouve le Centre d'interprétation du Moulin Fleming où une animation théâtrale est présentée de même que le Musée de Lachine qui comprend la maison Le Ber-Le Moyne, construite en 1671, et un jardin de sculptures.

La marina et ses environs

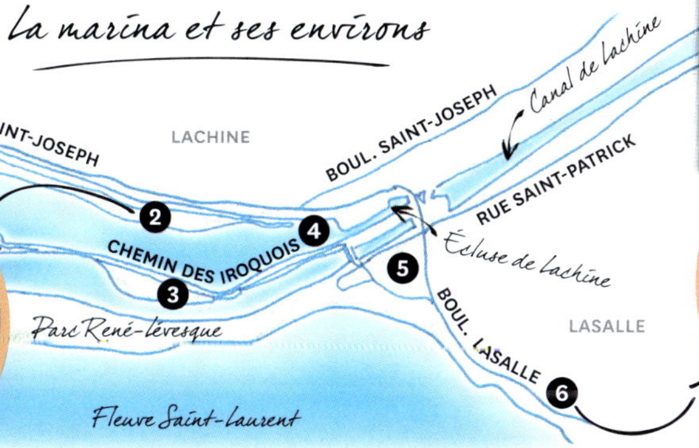

Poste de traite, lieu historique national du Commerce-de-la-Fourrure-à-Lachine.

1 ÉCOLE DE VOILE
2 LIEU HISTORIQUE NATIONAL DU COMMERCE-DE-LA-FOURRURE-À-LACHINE
3 PORT DE PLAISANCE DE LACHINE
4 LIEU HISTORIQUE NATIONAL DU CANAL-DE-LACHINE
5 MUSÉE DE LACHINE
6 MOULIN FLEMING

Le moulin Fleming est l'un des 18 derniers moulins à vent du Québec. Cinq étages, 13 m de hauteur. Classé monument historique.

À la belle saison, des concerts en plein air sont offerts à la marina d'escale. Pour ceux qui ne sont pas encore familiarisés avec la navigation, une école de voile donne des cours aux jeunes qui pourront pratiquer leur sport sur dériveur, planche à voile ou autres équipements flottants. Enfin, c'est de la marina de Lachine qu'une navette fluviale permet de rejoindre l'île Saint-Bernard où subsistent un moulin et divers autres édifices patrimoniaux, de même qu'un refuge faunique protégé à perpétuité.

Finalement, la marina de Lachine est beaucoup plus qu'un stationnement de bateaux.

67

Le plus grand parc éolien

Parmi les dix provinces canadiennes, le Québec est le deuxième producteur d'énergie éolienne au Canada, après l'Ontario. Il génère 1716 mégawatts, alors que l'Ontario en produit 2043 (chiffres de 2014). À ce jour, le plus grand parc éolien du Québec est *Le Jardin d'Éole*.

LE JARDIN D'ÉOLE
Une forêt énergétique

Situé dans les municipalités de Saint-Léandre et de Saint-Ulric, à une dizaine de kilomètres derrière Matane, ce parc, installé par la Northland Power sur un territoire de quelque 20000 hectares de terres privées, comprend 85 tours de 80 mètres de hauteur qui atteignent 120 mètres si on ajoute la longueur des pales, soit la hauteur d'un édifice de quarante étages. La puissance de cet ensemble est de 125 mégawatts.

Est-ce que l'ingénieux Hidalgo Don Quichotte de la Manche aurait osé affronter ces moulins du XXIe siècle?

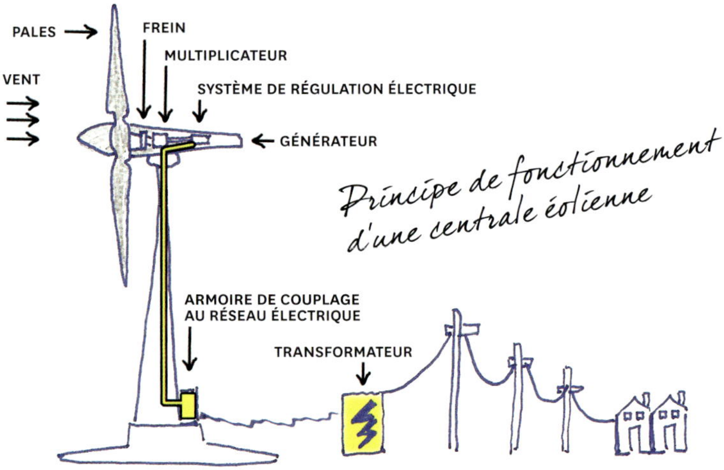

La mise sur pied d'une production d'énergie éolienne est relativement jeune au Québec. Il est probable que le plus grand parc éolien actuel, le Jardin d'Éole, sera bientôt dépassé par des projets plus importants. Ceux-ci sont nombreux, le potentiel éolien du Québec étant l'un des plus élevés au monde. En théorie du moins, car il faut tenir compte de deux facteurs essentiels: la proximité des lieux d'utilisation de l'énergie produite et les possibilités d'intégration de celle-ci dans le réseau de distribution de l'électricité. Compte tenu de ces facteurs, la Gaspésie, le Bas-Saint-Laurent et la Côte-Nord offrent un potentiel réel important.

En matière de puissance éolienne installée, le Canada arrive en 7ᵉ place, derrière la Chine, les États-Unis, l'Allemagne, l'Inde, l'Espagne et le Royaume-Uni.

La région de Charlevoix est également dans la mire pour un parc éolien de premier ordre qui comprendrait 175 éoliennes s'étendant en partie dans la MRC du Fjord-du-Saguenay. Il pourrait produire jusqu'à 350 mégawatts. On dit que le Parc éolien Rivière-du-Moulin serait un jour le plus important du Canada.

Le réseau éolien a cependant des opposants. On invoque souvent la pollution sonore en alléguant que les éoliennes dérangent la quiétude des habitants vivant ou travaillant à proximité, de même que la faune terrestre ou ailée. Le contrôle de la circulation aérienne est également touché. Tout projet de parc éolien est donc soumis à des évaluations quant à la nature et à l'importance de ces impacts. La Commission québécoise sur les enjeux économiques a, pour sa part, évoqué la surproduction d'énergie électrique au Québec.

Quoi qu'il en soit de la réalisation des projets qui sont sur la table, le Québec demeurera un champion des énergies propres.

Le paysage et l'éolien

«Il est certes souhaitable, pour un développement durable de nos territoires, de miser sur la production d'énergie verte. Cependant, les multiples composantes de nos territoires imposent un développement sensible de cette filière énergétique. La dimension collective des paysages de nos régions de même que la présence de l'industrie touristique militent pour la formation de nouveaux paysages éoliens respectueux des valeurs de la société québécoise.»

Guide d'intégration des éoliennes au territoire: Vers de nouveaux paysages, MAMR, Québec, 2007, p. 34.

La promenade Samuel-de-Champlain, à Québec, comprend un parc d'art contemporain, situé à la station des Quais. On peut y admirer le prototype de «Éolienne V» qui représente une flèche-girouette pivotante sur une base métallique. Au grand plaisir des promeneurs, cette œuvre est prêtée à la Commission par le Musée national des beaux-arts du Québec pour une durée de 10 ans.

«Je vais vers les choses transparentes, presque immatérielles, qui bougent au vent. J'aime penser qu'il y a du vent, de la pluie, de l'eau pour faire marcher les choses.»
– Charles Daudelin

68

La plus grande municipalité

Il existe, dans la moitié nord de la péninsule du Québec-Labrador, un espace vaste comme un pays et géré par une institution de type municipal, Eeyou Istchee Baie-James, dont le territoire a une superficie de plus de 330 000 kilomètres carrés.

EEYOU ISTCHEE BAIE-JAMES
Un territoire cri

Eeyou Istchee signifie la Terre du peuple.

Territoire du Gouvernement régional d'Eeyou Istchee Baie-James

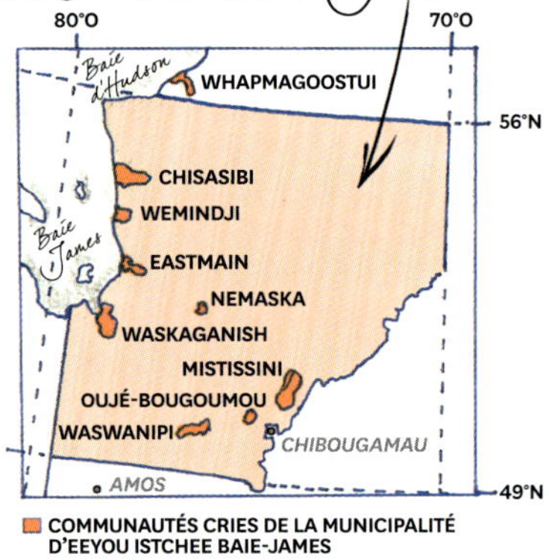

L'immensité de ce territoire en fait la municipalité la plus grande du monde; elle est plus vaste que les deux tiers des pays de la planète. En Europe, seulement quatre pays sont plus étendus qu'elle. La petitesse de la population, concentrée dans quelques villages exclus de la municipalité, fait que celle-ci a une densité quasiment nulle. Elle constitue cependant une réserve faunique importante, essentielle à la société crie, sur laquelle des droits exclusifs de chasse lui ont été reconnus par la Convention de la Baie-James et du Nord québécois, un traité moderne unique au pays.

0,01 hab./km² !

Division territoriale du Québec

La région administrative du Nord-du-Québec possède:

- 14 villages nordiques;
- 9 villages cris;
- 5 municipalités.

Le Nord-du-Québec se divise en trois parties:

1. Jamésie;
2. Eeyou Istchee Baie-James;
3. Kativik (Kuujjuaq).

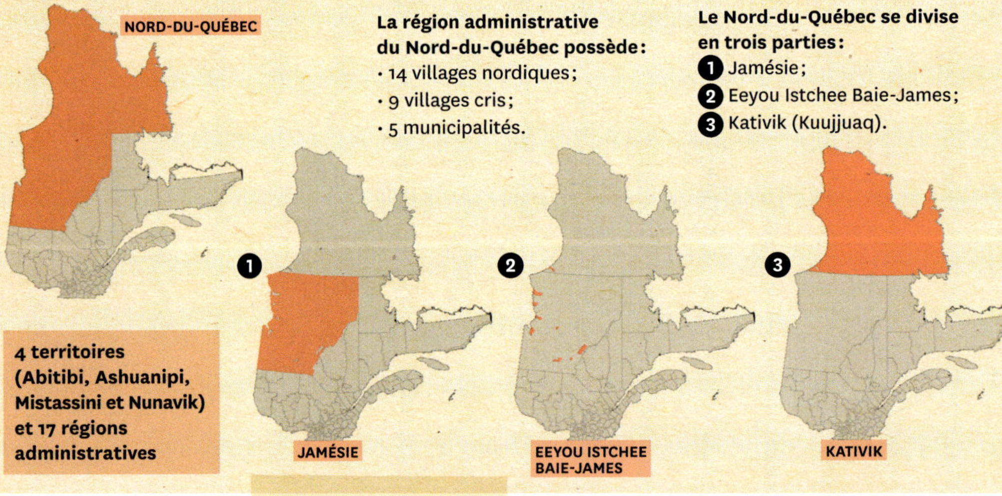

L'organisation de l'administration territoriale de la région de la Baie-James a nécessairement dû tenir compte du contexte très particulier dans lequel elle devait se réaliser. La situation marginale du territoire, la très faible densité de population, les revendications territoriales et administratives de la nation crie, et la problématique de la conciliation des impacts environnementaux des grands aménagements hydroélectriques avec les intérêts de la population autochtone ont constitué un défi de taille. Cette situation a amené le gouvernement du Québec, en accord avec les représentants de la nation crie, à concevoir une organisation municipale originale adaptée à ces conditions.

ᐄᔨᔫ ᐊᔅᒌ
EEYOU ISTCHEE
BAIE-JAMES
DÉCROCHEZ COMME JAMAIS

Oujé-Bougoumou, établissements cris d'Eeyou Istchee.

L'Institut culturel cri Aanischaaukamikw à Oujé-Bougoumou, communauté lauréate d'un prix des Nations Unies, est le fruit de la collaboration des neuf communautés d'Eeyou Istchee, et point culminant de la quête des Cris de la Baie-James pour exercer le plein contrôle sur tous les aspects de leur vie, de leurs communautés et de leur destinée culturelle.

Lors de la création de la Société de développement de la Baie-James en 1971, une première municipalité a été créée. Quelques années plus tard, à la signature de la Convention de la Baie-James et du Nord québécois, huit villages ont été reconnus pour constituer les terres de catégorie I selon les termes de la Convention, terres à l'usage et au bénéfice exclusifs des Cris. Ces villages sont exclus du territoire de la municipalité tout en y étant enclavés.

Depuis la signature d'une entente entre le gouvernement du Québec et le Grand Conseil des Cris, en 2012, le territoire de la municipalité est géré par le Grand Conseil, conjointement avec les habitants des villes et des localités de la Jamésie. Ce territoire est en fait une superstructure régionale administrée par le gouvernement régional *d'Eeyou Istchee Baie-James*. Notons que la communauté crie est représentée auprès du gouvernement du Québec par une *Ambassade* qui a pignon sur rue dans la capitale québécoise.

Appelant d'oies en mélèze. La fabrication d'appelants avec des brindilles est une vieille tradition chez les Eeyouch.

Se désignant comme un peuple nomade de chasseurs – Ndooheenou –, les Cris se déplaçaient en suivant le cours des saisons et les migrations animales. Le «Goose Break» est l'une des importantes activités ancestrales conservées par les Cris.

69

La plus petite municipalité

Les extrêmes se combinaient pour former la plus petite municipalité du Québec, Notre-Dame-des-Anges, qui était en même temps la plus densément peuplée. Les quelque 400 personnes qui l'ont déjà habitée se concentraient sur un territoire d'à peine quatre hectares, ce qui représentait plus de 7000 habitants au kilomètre carré, une densité jamais atteinte par aucune autre municipalité.

NOTRE-DAME-DES-ANGES

Une miniature

de 0,06 km !

Dès les débuts, ce minuscule territoire a eu une vocation religieuse. Ce fut d'abord le site d'un couvent des Récollets pour ensuite devenir, en 1626, une seigneurie des Jésuites qui la rendirent aux Récollets un demi-siècle plus tard. À la fin de XVIIe siècle, l'évêque de Québec, Monseigneur de Saint-Vallier, acheta le territoire et demanda aux Augustines de l'Hôtel-Dieu de s'occuper du nouvel Hôpital général pour en faire quelques années plus tard deux communautés distinctes. Le territoire fut incorporé en paroisse en 1721, puis en municipalité de paroisse en 1855.

Sa première mairesse,
Sr Marie-Anne Sirois
dit Duplessis

Gravure représentant les jardins du monastère de l'Hôpital général de Québec. Lithographie produite d'après un daguerréotype de L. A. Lemire, vers 1855.

Contrairement aux autres évêques de Québec, tous enterrés dans la crypte de l'archevêché, Monseigneur de Saint-Vallier est enterré dans l'ancien cimetière de l'hôpital. Au lendemain de sa mort, alors que l'on devait venir chercher le corps, les Augustines, qui vouaient un culte particulier à leur protecteur, se dépêchèrent de l'enterrer sur place, ce qui leur valut le courroux de l'évêque et une excommunication générale, fait rarissime dans l'histoire du Québec.

Jean-Baptiste de La Croix de Chevrières de Saint-Vallier… «qui avait un œil à Paris et l'autre à Versaille». (1653, Grenoble, France – 1727, Québec)

Ordonné prêtre en 1681 et sacré évêque en 1688, il succède à Mgr François de Laval dans le diocèse de Québec. Il fait construire un évêché (1688), fonde l'Hôpital général de Québec (1692) et installe les Jésuites et les Récollets à Montréal (1692). Le zèle et l'austérité lui sont reconnus.

Traversée sans retour, Pascale Archambault. Calcaire et bronze, 2001. Monument commémoratif des victimes de la guerre de Sept Ans installé au cimetière de l'Hôpital général.

L'Hôtel-Dieu et les Augustines

Le 1er août 1639, trois jeunes religieuses de l'ordre des Augustines débarquent à Québec et établissent le premier hôpital au nord du Mexique, l'Hôtel-Dieu de Québec. Fondatrices de 12 monastères-hôpitaux, les Augustines ont jeté les bases du système de santé actuel au Québec. Propriétaires et gestionnaires d'hôpitaux, infirmières et pharmaciennes, elles ont largement participé à l'essor économique des régions.

Aujourd'hui, le site patrimonial du Monastère des Augustines de Québec est complètement restauré et réaménagé, et propose aux visiteurs une expérience unique en santé globale ainsi qu'un contact vivant avec le patrimoine de ces pionnières en santé. Un concept unique!

Dans un espace aussi exigu, la densité historique et monumentale de ce haut lieu de mémoire est très forte. L'ensemble historique de l'Hôpital général de Québec comprend un monastère, un cimetière, un mausolée, un mémorial, une œuvre sculpturale commémorant la guerre de Sept Ans et, tout près, la tour d'un ancien moulin à vent. Pour ajouter à la reconnaissance de la valeur patrimoniale de cet ensemble, le cimetière a été classé patrimoine immobilier par le ministère de la Culture et des Communications du Québec et lieu historique national du Canada par le gouvernement canadien. Les restes du général de Montcalm y ont été déposés en 2001.

Le monastère est devenu l'infirmerie générale pour les Augustines et il est de plus en plus vidé de ses occupantes. Son musée a été fermé. Mais on veut toujours rester fidèle à l'esprit du fondateur qui a été d'aider les pauvres, et c'est toujours dans cet esprit que l'on essaie aujourd'hui de trouver une vocation à cet ensemble exceptionnel qui, fait rare à Québec, n'a jamais été la proie des flammes.

En réalité, le Québec ne possède pas le record de la plus petite municipalité au monde. La France possède une commune encore plus petite : Castelmoron-d'Albret, où une cinquantaine d'habitants vivent sur un territoire de 3,54 hectares.

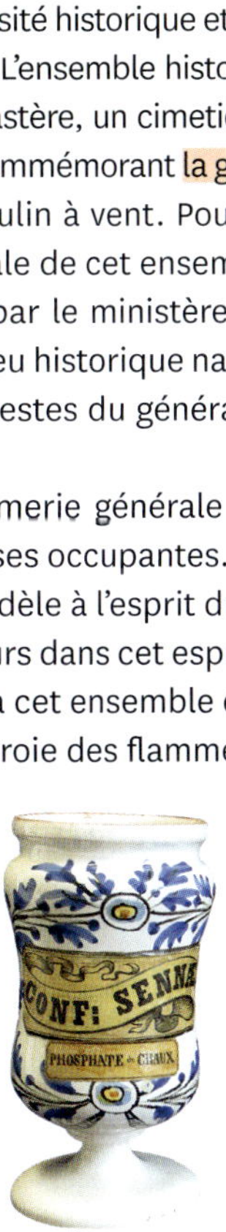

Pot de pharmacie, 18e siècle.

Pot d'apothicaire en céramique du Vieux Rouen.

70

La municipalité la plus à l'est du Québec

Quel est le lieu le plus à l'est du Québec? Est-ce l'extrémité de la Gaspésie? Non. Alors, ce sont les îles de la Madeleine? Pas du tout! La Côte-Nord s'étire encore beaucoup plus loin vers l'océan Atlantique sans toutefois l'atteindre. C'est dans cette région que se situe le dernier village du Québec: Blanc-Sablon.

BLANC-SABLON
L'Extrême-Orient du Québec

C'est en 1825 que la frontière entre le Canada et Terre-Neuve a été établie sur quelques dizaines de kilomètres à partir de l'est de la baie de Blanc-Sablon (appelée «Ance Sablon» à l'époque), faisant de Blanc-Sablon le village le plus oriental du Québec. En fait, Blanc-Sablon est une municipalité qui regroupe aujourd'hui trois villages: Brador, Lourdes-de-Blanc-Sablon et Blanc-Sablon, ce dernier étant effectivement le plus rapproché de la frontière. Il est aussi le dernier d'une série de villages nord-côtiers qui ne sont pas reliés au réseau routier du Québec: Kegaska, La Romaine, Harrington Harbour, Tête-à-la-Baleine, La Tabatière et Saint-Augustin. Ceux-ci constituent un chapelet d'isolats.

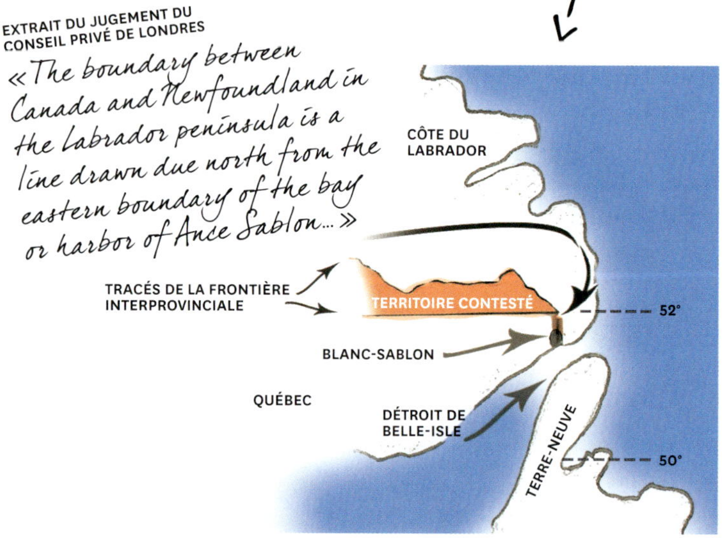

Ce n'est qu'au début du XIXe siècle que des pêcheurs québécois et acadiens se sont installés à Blanc-Sablon pour y fonder un village permanent. Pourtant, dès le XVIe siècle, des pêcheurs basques fréquentaient la région pour y chasser, entre autres, la baleine. La toponymie de la Basse-Côte-Nord rappelle cette activité par les nombreux noms de lieux faisant référence à ce mammifère marin.

Pour se rendre à Blanc-Sablon à partir de Québec ou de Montréal, il y a bien le bateau et l'avion. Chacun de ces moyens de transport a cependant son inconvénient : l'avion coûte cher, le bateau demande d'avoir beaucoup de temps. Il faut dire que le *Bella-Desgagné*, le nouveau joyau de la Basse-Côte-Nord, permet, grâce à ses nombreuses escales, de visiter les communautés de la région et de prendre la mesure de leur isolement. Mais si, pour atteindre Blanc-Sablon, on tient à faire le voyage par voie terrestre, on peut maintenant profiter de la voirie terre-neuvienne qui permet d'y arriver en faisant un long détour par la route Translabradorienne qui passe par Baie-Comeau, Fermont, Churchill Falls, Goose Bay, Red Bay et enfin, immédiatement après être revenu au Québec, Blanc-Sablon. Cela représente un détour de 1750 kilomètres. Ce cadeau du gouvernement de Terre-Neuve n'empêche pas les gens de la région de se sentir abandonnés par Québec et même, pour certains, de préconiser un rattachement à Terre-Neuve.

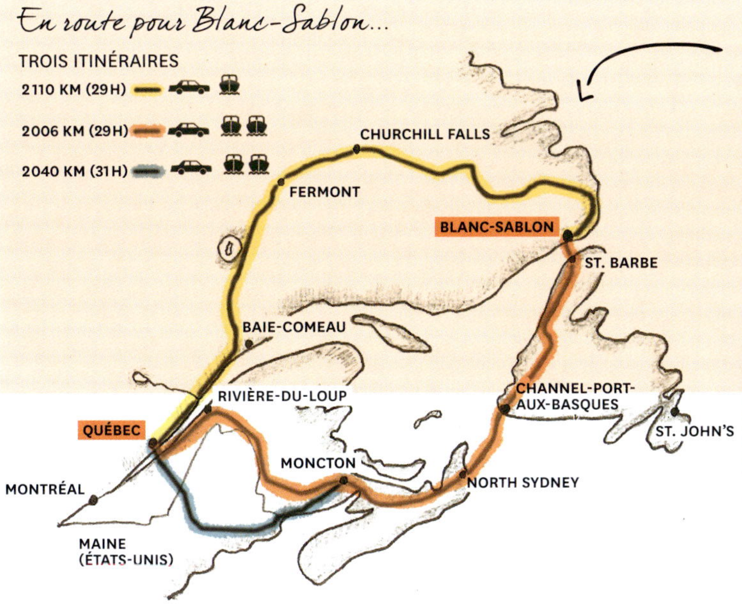

1er itinéraire : traverse le Québec et le Labrador terre-neuvien, comprend un trajet en traversier ;
2e : traverse le Québec, le Nouveau-Brunswick, la Nouvelle-Écosse et Terre-Neuve, comprend deux trajets en traversier ;
3e : traverse le Québec, le Maine (États-Unis), le Nouveau-Brunswick, la Nouvelle-Écosse et Terre-Neuve, comprend deux trajets en traversier.

Le *Bella-Desgagné*.

71

Le village le plus élevé

Plusieurs villages ont revendiqué le titre du *village le plus haut du Québec*. Vérification faite, en se basant sur la hauteur de l'église de chacun d'eux, la palme revient à Saint-Zénon, l'un des beaux villages de la Matawanie, ce pays d'en-haut de la région de Lanaudière, situé à une altitude d'un peu plus de 700 mètres.

SAINT-ZÉNON
Un village des hauteurs

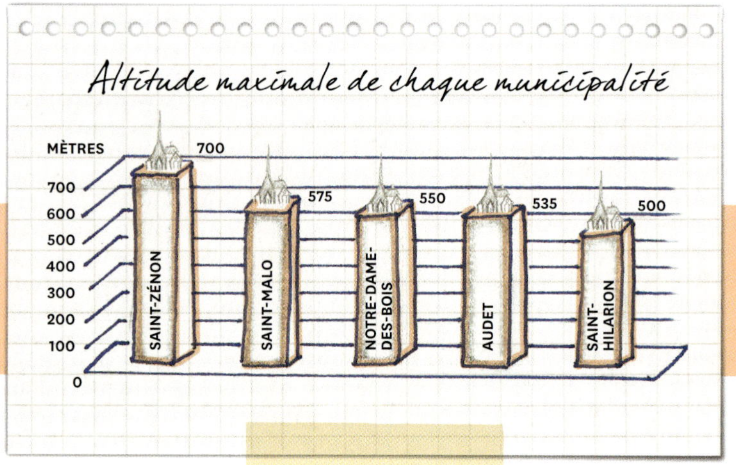

La région ayant la plus haute altitude du Québec se trouve dans le parc de la Gaspésie, où plusieurs sommets s'élèvent jusqu'à 1200 mètres. Mais aucun village n'a cette hauteur. Les villages de haute altitude, au Québec, bénéficient de celle des plateaux environnants. C'est ainsi que Saint-Malo, Saint-Julien, Saint-Hilarion, Audet, Notre-Dame-des-Bois pourraient aussi bien que Saint-Zénon prétendre au titre de *plus haut village du Québec*, tous ces villages étant situés à plus de 500 mètres d'altitude, ce qui n'est pas rien. En réalité, ce titre est aussi difficile à justifier qu'à établir. Parle-t-on du centre du village, par exemple de la hauteur de l'église, ou du point le plus élevé du territoire de la municipalité, de son centre géographique? La différence entre ces points peut être fort importante.

À Saint-Zénon, on n'a pas vraiment conscience de l'altitude du village, perdu qu'il est au milieu d'une mer de montagnes plutôt modestes. On est loin des villages en nids d'aigle du Népal, de la Kabylie ou surtout du Daghestan, où les toits plats des maisons servent de terrasses pour les maisons du dessus et forment ainsi des villages d'un seul bloc perchés au bord de profonds précipices.

Encore plus haut !

Gorak Shep (Népal)	*Quelques cabines et abris hébergeant les trekkeurs prêts à gravir l'Everest* **5180 m**
La Rinconada (Pérou)	*Ville minière cernée par les glaciers des Andes* **5100 m**
Wenzhuan (Chine)	*Les wagons du train le plus haut du monde qui se rend à cette ville fondée en 1955 sont équipés de bonbonnes d'oxygène pour les voyageurs pris de malaise.* **5099 m**
Colquechaca (Bolivie)	*Autre ville minière des Andes, non loin de Potosi* **4692 m**
Komic (Inde)	*Petit village de la vallée de Spiti, au cœur des montagnes de l'Himalaya* **4587 m**

L'altitude n'est donc pas un gage de vertige, comme c'est le cas des régions où de hautes montagnes sont découpées par des gouffres profonds. Saint-Zénon est le village le plus élevé d'un Québec d'altitude modeste. Tout est donc relatif.

Latitude et altitude aidant, Saint-Zénon revendique les surnoms de *Vraie porte du Nord* et de *La Mecque de la motoneige*. Un fait de la petite histoire: le chanteur Francis Cabrel a contribué à jumeler Astaffort, une commune du sud-ouest de la France, dont il est originaire, et Saint-Zénon, où il a eu le plaisir de séjourner.

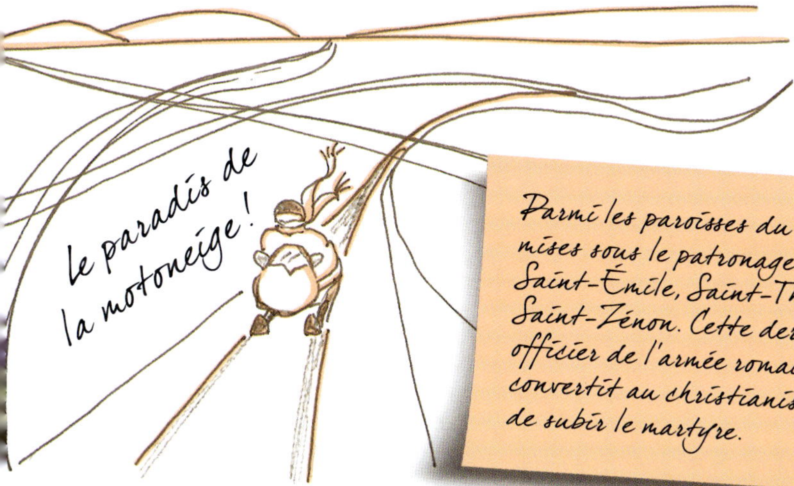

Parmi les paroisses du nord du diocèse de Montréal mises sous le patronage de saints romains, on trouve Saint-Émile, Saint-Théodore, Saint-Donat et Saint-Zénon. Cette dernière honore la mémoire d'un officier de l'armée romaine d'Afrique du Nord qui se convertit au christianisme avec ses camarades avant de subir le martyre.

72

Le plus grand cimetière

Accroché au flanc du mont Royal s'étend le cimetière Notre-Dame-des-Neiges, le plus grand des quelque 2500 cimetières du Québec et de la centaine de cimetières de Montréal. C'est aussi le plus grand de tout le Canada.

LE CIMETIÈRE NOTRE-DAME-DES-NEIGES

Notre Père-Lachaise

En 1854, alors que le cimetière Saint-Antoine inauguré en 1799 est devenu trop étroit, il s'avère impérieux de fonder à Montréal un nouveau cimetière catholique et francophone. Dès l'année suivante, la fabrique de la paroisse Notre-Dame-des-Neiges inaugure le nouveau cimetière. Il s'étend aujourd'hui sur 343 acres, soit sur plus d'un kilomètre carré (1,39 km^2). Il est peuplé de près d'un million de défunts auxquels sont dédiés environ 65000 monuments, répartis sur un terrain de relief varié, sillonné de 55 kilomètres de chemins. Avec ses quelque 10000 arbres et ses pelouses, il s'agit d'un véritable parc, formé d'allées rectilignes et de chemins sinueux selon la topographie. On reconnaît un aménagement classique français caractérisé par la symétrie des alignements et la monumentalité de certaines constructions. Des vues impressionnantes se dégagent vers la ville, notamment sur l'Oratoire Saint-Joseph.

Devant un cimetière si bien aménagé, on ne peut oublier que certains autres sont à l'abandon. On pense alors aux mots de Marie de France: « Un mort qu'on abandonne est mort deux fois. »

Monument aux Patriotes, œuvre d'Alfred Laliberté.

La richesse du cimetière Notre-Dame-des-Neiges tient, entre autres, à la variété de ses monuments, un total de 200 000 éléments: croix, stèles, monuments sculptés par des artistes réputés, caveaux familiaux, mausolées (huit, dont le mausolée Jean-Paul II et celui de la Pietà contenant la reproduction de l'œuvre de Michel-Ange), serres, crématorium, chapelles, autels, obélisques et divers autres édifices.

« Chacun porte au fond de lui comme un petit cimetière de ceux qu'il a aimés. »

– Romain Rolland

La principale richesse du cimetière réside cependant dans la présence de nombreux personnages qui ont marqué l'histoire du Québec. Le monde politique est généreusement représenté par des monuments à la mémoire de Lomer Gouin, d'Henri Bourassa, de Camillien Houde, de Jean Drapeau, de Thérèse Casgrain et de tant d'autres. Quant aux Patriotes de la Rébellion de 1837 1838, ils ont eu droit à un obélisque, érigé plusieurs années plus tard, car les autorités religieuses, qui avaient appuyé le pouvoir britannique lors du soulèvement, s'étaient opposées à ce qu'ils soient admis au cimetière. D'autres composantes de la société y sont également dûment représentées avec, entre autres, les monuments de Jean-Paul Riopelle, de Denise Pelletier, d'Alfred Laliberté, d'André Mathieu pour les arts, de Philippe-Aubert de Gaspé, d'Émile Nelligan, de Louis Fréchette et de Gratien Gélinas pour les lettres, et de Maurice Richard et de René Lecavalier pour les sports.

Reconnaissant la valeur historique, sociale, architecturale et artistique du précieux patrimoine que représentent les cimetières, un Écomusée de l'au-delà a été créé en 1991. Il s'intéresse aux rituels funéraires et organise des visites guidées à Notre-Dame-des-Neiges. Parallèlement, l'Institut du patrimoine funéraire du Québec a aussi été créé pour s'occuper de la sauvegarde et de la conservation des cimetières. Ces initiatives visent l'adoption d'une Charte internationale du patrimoine funéraire.

73

La plus haute croix

La croix qui surmonte le mont Royal et veille, comme celle érigée par Maisonneuve en 1643, sur la ville en contrebas, est aujourd'hui celle dont les dimensions sont les plus grandes au Québec, sans cependant être la plus haut perchée.

31 m de hauteur et 9 m d'envergure

LA CROIX DU MONT ROYAL
Qui veille sur Montréal

Depuis qu'en 1534 Jacques Cartier a planté sa croix sur le sol, à Gaspé, dont il venait de prendre possession au nom du roi de France, le Québec s'est couvert de croix. Les quelque 3000 croix qui ornent ses paysages se trouvent à des altitudes bien différentes. Certaines ont presque les pieds dans l'eau du Saint-Laurent, comme celles de la plaine de Kamouraska, d'autres ont la tête dans les nuages, installées sur les plus hautes éminences du Bouclier canadien ou des Appalaches.

D'abord, une croix ex-voto!

Alors que Ville-Marie était menacée d'être inondée par la crue du Saint-Laurent, le sieur de Maisonneuve a demandé la grâce de Dieu en échange de quoi il irait planter une croix sur le mont Royal pour remercier la Providence. Chose due, chose faite, la ville épargnée des inondations, Maisonneuve et les habitants ont porté et élevé une croix de bois sur la montagne.

Bien différentes en effet sont les croix de chemin et les croix sommitales. Autant les premières, généralement en bois, sont souvent modestes et relèvent davantage de l'artisanat que de l'ingénierie, autant les secondes, le plus souvent en métal, s'imposent fièrement du haut de leur piédestal naturel. Sous cet angle, la plus haute croix du Québec serait, sauf erreur, celle qui coiffe le mont Saint-Joseph, qui culmine à 1065 mètres, à peine 40 mètres plus bas que son voisin, le mont Mégantic.

La croix du mont Royal, photographiée par Edgar Gariépy en 1943.

Saviez-vous qu'avant que la croix s'illumine et se colore, depuis le début des années 90, grâce à un système de fibres optiques et à des projecteurs, c'était à l'aide de 240 ampoules qu'elle brillait? Il va sans dire qu'il fallait une patience « vertigineuse » au technicien qui assurait le changement régulier de chaque ampoule du haut d'une longue échelle…

Petit vocabulaire des croix

Axe: Point de rencontre de la hampe et de la traverse.
Calvaire: Croix ornée d'une représentation de Jésus-Christ.
Croix simple: Croix composée seulement d'une hampe et d'une traverse.
Édicule: Abri protégeant une croix ou un calvaire.
Hampe: Partie verticale de la croix.
Instruments de la passion: Objets symboliques attachés à une croix: lances, clous, couronne d'épines, échelle…
Socle: Base sur laquelle repose la croix.
Traverse: Partie horizontale de la croix.

Parmi la cinquantaine de croix sommitales du Québec, celle du mont Royal domine le paysage québécois depuis 1924, un demi-siècle après que la Société Saint-Jean-Baptiste de Montréal en a eu l'idée pour souligner le 40e anniversaire de sa fondation. Il faut dire que ses 31 mètres de hauteur ne dépassent que d'à peine un mètre une croix qui avait été érigée sur le Pain de sucre du mont Saint-Hilaire en 1841. Le vent a eu raison de celle-ci qui n'a vécu que cinq ans. La croix du mont Royal n'a donc pas eu de concurrentes; elle en exhibe sa fierté en s'illuminant selon des couleurs changeantes adaptées aux occasions.

«L'important, c'est de ne pas être petit dans sa tête.»

— Gérard Holtz

HISTOIRE ET SOCIÉTÉ

Pont de glace de l’île Verte

Camp de pêche innu sur la rivière Natashquan

Pêche blanche sur le Richelieu

Lachine et sa marina

74

La ville de plus de 10 000 habitants la plus francophone

En Amérique du Nord, les francophones, noyés dans une mer anglophone, représentent à peine 2% de la population (19,5% au Canada). Ils se concentrent majoritairement au Québec, mais, mise à part la capitale, c'est dans les petites villes et en milieu rural que se concentre le pourcentage le plus élevé de francophones dans la province. La ville qui remporte la palme est Rivière-du-Loup, composée à 98,6% de francophones.

RIVIÈRE-DU-LOUP
Capitale de l'homogénéité

Rivière-du-Loup, un nom, trois hypothèses: la bande indienne des Loups, la présence de loups marins, la venue du bateau le Loup.

Sculpture évoquant l'origine du nom de Rivière-du-Loup.

Le Québec est très inégalement peuplé. Plus de la moitié de sa population se trouve dans la région métropolitaine de Montréal, dont la population est la plus diversifiée. C'est là que le pourcentage de francophones est le plus faible et celui des allophones le plus élevé. Dans les plus grandes villes, le pourcentage de francophones est inversement proportionnel à l'importance numérique de leur population par rapport au reste du Québec. Ainsi, parmi les cinq villes les plus peuplées de la province (Montréal, Québec, Laval, Gatineau et Longueuil), quatre sont en même temps celles qui ont le plus faible pourcentage de francophones.

Quelques villes québécoises à forte concentration francophone

Rivière-du-Loup	98,6 %
Saguenay	97,8 %
Rimouski	97,7 %
Trois-Rivières	96,8 %
Drummondville	95,4 %
Ville de Québec	94,5 %
Sherbrooke	89,9 %
Montréal-Est	87,4 %
Longueuil	80,2 %
Gatineau	79,8 %
Laval	66,4 %
Montréal	52,4 %

Par ailleurs, c'est la municipalité de Windsor qui bat le record si l'on considère les municipalités de moins de 10 000 habitants : ses 5 200 habitants, sont francophones à 99 % !

Alors que la ville de Québec fait exception (94 % de francophones), les deux villes qui ont le plus fort pourcentage de francophones, Rivière-du-Loup et Rimouski, font aussi partie de la cohorte des petites villes. Cela dit, la plupart des villes moyennes comptent un pourcentage de francophones qui dépasse 90 %. Les tendances démographiques des dernières décennies semblent indiquer que cette situation se confirmera et même s'amplifiera. En effet, il appert que les six principales régions métropolitaines du Québec ont vu le pourcentage de leur population de langue maternelle française diminuer, comme d'ailleurs celui de la population de langue maternelle anglaise, alors que le pourcentage des allophones y a augmenté dans une mesure plus importante.

Le phénomène est particulièrement clair pour la région de Montréal, où la proportion de francophones dans la ville diminue constamment pour être maintenant inférieure à 50 %. Dans l'ensemble du Québec, la population francophone avait atteint un sommet en 1986, soit 82,9 % ; depuis, à chaque recensement, ce pourcentage a diminué, surtout lors des deux derniers.

Les lois sur la langue

Loi 101
A été créée par le gouvernement de René Lévesque. Elle visait à doter le Québec d'une Charte de la langue française.

Loi 178
Adoptée par le gouvernement de Robert Bourassa. Elle donnait prédominance à la langue française dans l'affichage à l'intérieur des commerces.

Pour avoir une idée juste de la situation de la langue française au Québec, il faut aussi considérer le pourcentage de personnes bilingues. Ainsi, si 68 % de la population de Montréal a le français comme langue maternelle, le nombre de personnes bilingues (français-anglais) est le double du nombre de celles parlant exclusivement français (58 % et 28 %). Selon la règle, ce sont les minorités qui contribuent le plus au bilinguisme. À cet égard, le Québec est la province canadienne la plus bilingue (40 %). Ainsi, les francophones du Québec sont bilingues dans une proportion trois fois plus importante que les anglophones bilingues de l'Ontario.

La population québécoise est destinée à être de plus en plus bilingue, mais le multilinguisme n'est pas pour demain, car l'apprentissage d'une troisième langue n'y est nulle part obligatoire. Dommage !

« Sa majesté la langue française », char allégorique du défilé de la Saint-Jean le 24 juin 1957 à Montréal.

75

La langue la plus parlée outre le français et l'anglais

En comparant différentes données statistiques, on peut considérer que la langue arabe est aujourd'hui la langue étrangère la plus parlée au Québec.

LA LANGUE ARABE
De plus en plus parlée

كيبيك **QUÉBEC**
كندا **CANADA**

L'arabe s'écrit et se lit de droite à gauche (sinistroverse).

En se basant sur la langue maternelle, la langue seconde ou la langue parlée à la maison, par exemple, on peut déterminer que l'arabe est la langue étrangère la plus parlée dans le monde. Au Québec, il faut aussi tenir compte du fait que plus de 80 % des allochtones se concentrent dans la région de Montréal, où chaque communauté bénéficie d'un nombre suffisant de locuteurs pour encourager l'usage de leur langue.

On a pris l'habitude de considérer que les Italiens constituent la minorité ethnique la plus importante du Québec et que, en conséquence, l'italien y est la langue la plus parlée hormis le français et l'anglais. Si cela a déjà été vrai, l'immigration des dernières décennies a changé la donne.

Œuvre de Lassaâd Métoui, tirée du livre co-écrit avec Malek Chebel *Les cent noms de l'Amour*, un livre où on découvre que les Arabes disposent de 99 noms pour nommer Allah, et qu'ils en ont 100 pour parler de l'amour. La calligraphie représente l'expression « Houbb ilâhi » : Amour Divin, amour fondé sur la réciprocité entre le créateur et sa créature.

Plusieurs indices permettent d'établir que l'arabe, selon les statistiques de 2014, est aujourd'hui la langue étrangère la plus parlée au Québec. Les arabophones représentent 5,1 % de la population montréalaise, ce qui les place devant les italophones (4,7 %) et les hispanophones (4,4 %). Pour l'ensemble du Québec, parmi la population dont la langue maternelle n'est ni le français ni l'anglais, 15 % parlent arabe, 13,4 % l'espagnol et 11,6 % l'italien.

Principaux pays de naissance des immigrants au Québec (2011-2015)

Rang	Pays de naissance	Immigrants	
	2011-2015	nbre	%
1	Chine	22648	8,8
2	France	20918	8,1
3	Haïti	18443	7,1
4	Algérie	18021	7
5	Maroc	15018	5,8
6	Iran	14300	5,5
7	Colombie	8986	3,5
8	Cameroun	8705	3,4
9	Égypte	6584	2,6
10	Tunisie	6553	2,5
11	Liban	5613	2,2
12	Côte d'Ivoire	5570	2,2
13	Mexique	5430	2,1
14	Philippines	5236	2
15	Syrie	4461	1,7
	Autres pays	91571	35,5
	TOTAL	258057	100

Note: Les totaux ne sont pas les mêmes que ceux de Statistique Canada.

Source: Ministère de l'Immigration, de la Diversité et de l'Inclusion, 28 septembre 2016.

Immigrants admis au Québec, selon la langue maternelle (2010-2014)

Langue maternelle	2010	2014	2010-2014	
	nbre	nbre	nbre	%
Français	8314	8328	44727	17
Anglais	1339	1578	9372	3,6
Arabe	14035	8605	53206	20,2
Espagnol	5756	5345	27592	10,5
Langues créoles	4491	2766	21194	8,1
Mandarin	2966	787	13511	5,1
Berbère	1507	1540	7644	2,9
Autres	15575	21326	85769	24,5
TOTAL	53982	50275	263015	100

Note: Données préliminaires pour 2014.

Source: Ministère de l'Immigration, de la Diversité et de l'Inclusion, Direction de la recherche et de l'analyse prospective.

À découvrir!

La calligraphie est un art éminemment pratiqué dans la culture arabe. Découvrez les œuvres des artistes Hassan Massoudy (origine irakienne) et Lassaâd Metoui (origine tunisienne).

Dans les livres: *Le Voyage des mots: de l'Orient arabe et persan vers la langue française*, par Alain Rey avec les calligraphies de Lassaâd Metoui, éditions Guy Trédaniel.

Incontournable à Montréal: le Festival du monde arabe qui se tient chaque année depuis 2000. Un événement thématique destiné à la rencontre et au dialogue des cultures arabe et occidentale exprimée par l'art sous toutes ses formes!

L'immigration est évidemment un facteur essentiel pour expliquer ces chiffres. De 2010 à 2014, 20% des immigrants étaient de langue maternelle arabe, soit 3% de plus que les immigrants de langue maternelle française et deux fois plus que ceux de langue maternelle espagnole.

L'arabe est la langue officielle de 26 pays dont la population totalise 430 millions d'habitants. Aussi, si on regarde les contingents des dix pays ayant fourni, de 2010 à 2014, le plus grand nombre d'immigrants au Québec, on constate que quatre de ces pays sont de langue arabe: par ordre décroissant, l'Algérie, le Maroc, l'Égypte et la Tunisie. À eux quatre, ils représentent 20% de l'immigration totale.

L'arabe, comme plusieurs des langues étrangères parlées au Québec, est bien implanté grâce au programme des langues d'origine (le PELO), lancé en 1978. En vertu de ce programme, 23 langues sont enseignées dans les écoles publiques francophones et anglophones.

Le phénomène de la concentration des groupes ethniques varie beaucoup d'une communauté à l'autre. Aucune autre que la communauté italienne n'a une concentration aussi forte: elle représente plus du quart de la population de Saint-Léonard. Quant à elle, la communauté arabophone constitue quand même plus de 10% de la population de trois secteurs de la ville de Montréal: Saint-Laurent, Saint-Léonard et Ahuntsic-Cartierville.

76

La nation autochtone la plus nombreuse

Parmi les 11 nations autochtones qui habitent le Québec, les Innus sont les plus nombreux: selon les statistiques de 2015, ils étaient 19995, suivis de près par les Mohawks (19026) et les Cris (18535).

LES INNUS
Jadis appelés les Montagnais

Pakuashipi, aux abords de la rivière Saint-Augustin.

Groupe d'Innus tout près de l'église de Mingan.

La population autochtone du Québec comprend trois familles ethnolinguistiques: les Inuits, qui se distinguent à divers égards des deux autres familles amérindiennes, les Iroquoiens (Mohawks et Hurons-Wendat) et les Algonquins répartis en huit nations. Par ordre d'importance numérique, on trouve: les Innus, les Mohawks, les Cris, les Inuits, les Algonquins, les Attikameks, les Micmacs, les Hurons-Wendat, les Abénaquis, les Naskapis et les Malécites.

Le Québec est la province canadienne qui, à part l'Île-du-Prince-Édouard, comprend le plus faible pourcentage d'Autochtones (moins de 2%) sur son territoire. Au total, on en dénombre un peu plus de 100000, dont environ 12000 Inuits. Quant aux Amérindiens, la population des réserves varie considérablement: de moins de 100 (Wôlinak) à près de 8000 (Kahnawake). Il faut dire que, pour certaines nations, la majorité de la communauté vit hors réserve : c'est par exemple le cas de Mashteuiatsh (Pointe-Bleue) et d'Essipit (Les Escoumins), pour plus des deux tiers de leur population.

La langue innue, l'innu-aimun, fait partie de la famille linguistique algonquine dont les langues et les dialectes sont relativement voisins et partiellement intercompréhensibles. En 2011, l'Enquête nationale auprès des ménages révèle que l'innu-aimun est encore parlé par plus de 11000 locuteurs, donc par près des deux tiers de la population innue. Il importe de dire que le Québec est la province canadienne où l'enseignement des langues autochtones en milieu scolaire est le plus répandu.

Petit exercice de mémoire :
en innu, « Université de Québec » se dit
Katshishkotomatsheutshuap Wepistukuyat.

Marie *Mali*
Village *utenaw* > *Maliotenam (= village de Marie)*

Pierre *asini* > *Mistassini (= grande pierre)*
Grand *mista*
Rivière *sibi* > *Mistassibi (= grande rivière)*

Long *kino*
Lac *gami* > *Kénogami (= lac long)*

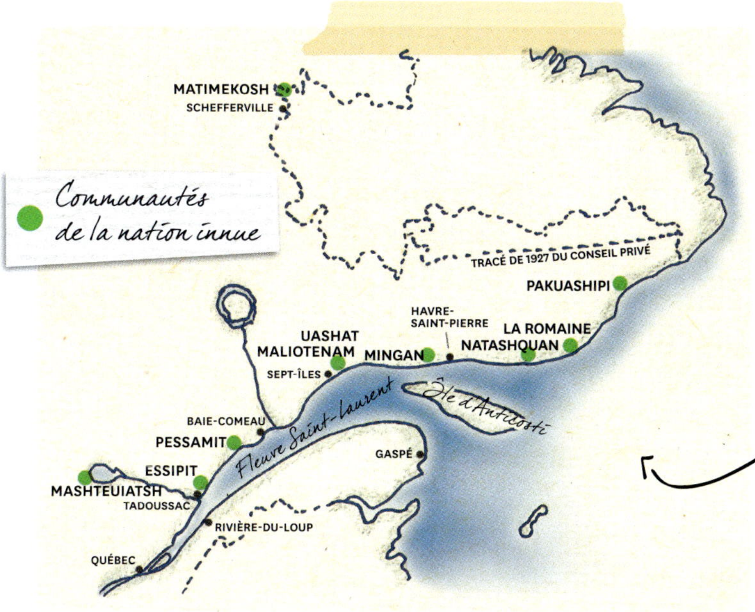

Dans les dernières décennies, le respect de la culture autochtone s'est manifesté par l'usage, dans leurs langues, des noms désignant les communautés amérindiennes et inuites de même que de leur toponymie, ce qu'illustre le tableau ci-dessous :

Noms amérindiens des réserves innues :
Bersimis ou Betsiamites : Pessamit
La Romaine : Unamen Shipi
Les Escoumins : Essipit
Mingan : Ekuantshit
Natashquan : Nutaskhuan
Pointe-Bleue : Mashteuiatsh
Saint-Augustin : Pakuashipi
Schefferville : Matimekosh
Sept-Îles : Uashat mak Mani-Utenam

77

Les régions dont l'accroissement de la population est le plus rapide

Les Laurentides et Lanaudière, de 1985 à 2014, ont vu leur population augmenter respectivement de 80 et de 73 %, soit 3 à 4 fois plus que la population de l'ensemble du Québec (22 %), alors que la population de Montréal n'augmentait, durant la même période, que de 9 %.

LES LAURENTIDES ET LANAUDIÈRE
L'appel du Nord

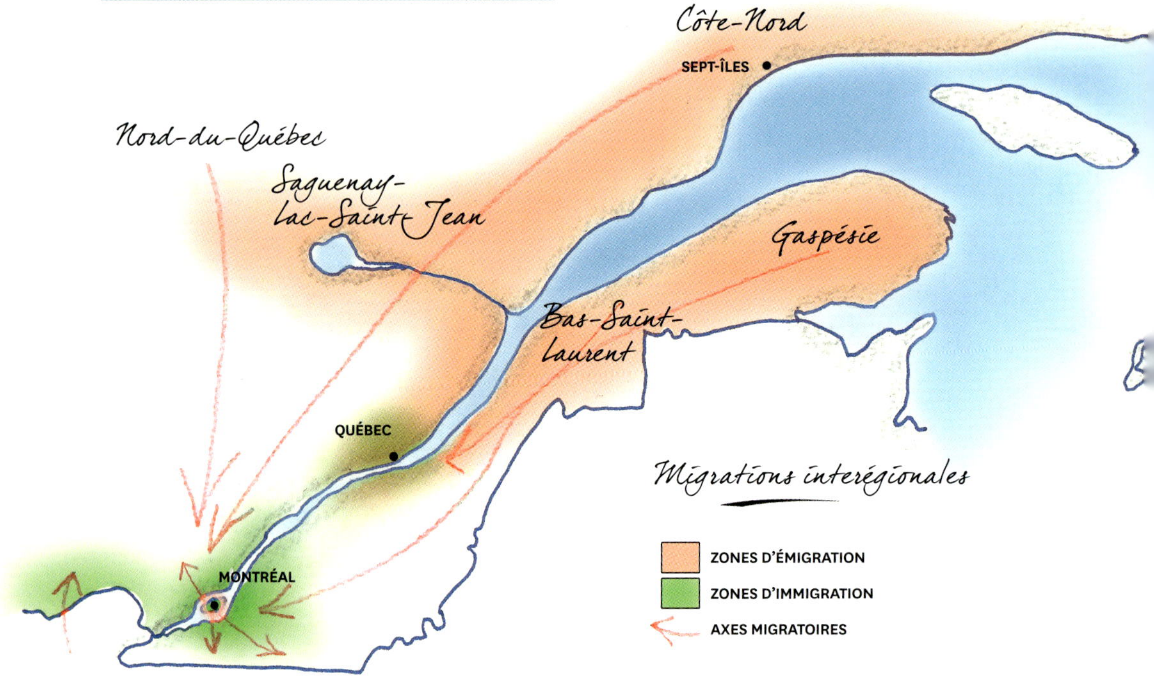

Quand on sait que Montréal est de loin la plus importante région d'accueil de l'immigration internationale et reçoit plus de 60 % des arrivants au Québec, les chiffres mentionnés plus haut peuvent paraître surprenants. Ils s'expliquent par le fait que Montréal a, au chapitre des migrations interrégionales, un bilan négatif, tout comme les régions périphériques (Gaspésie, Bas-Saint-Laurent, Côte-Nord, Abitibi-Témiscamingue, Nord-du-Québec). Or, ce sont naturellement les régions voisines de l'île de Montréal qui profitent de cette migration interne, les Laurentides, Lanaudière et, dans une mesure un peu moindre, Laval (45 %) et la Montérégie (35 %), cette dernière ayant déjà profité des surplus de population de Montréal avant la période concernée.

Avec une augmentation de 46 %, le double du taux d'augmentation pour l'ensemble du Québec, l'Outaouais constitue un cas particulier qui bénéficie de la proximité de la capitale canadienne, tout à côté.

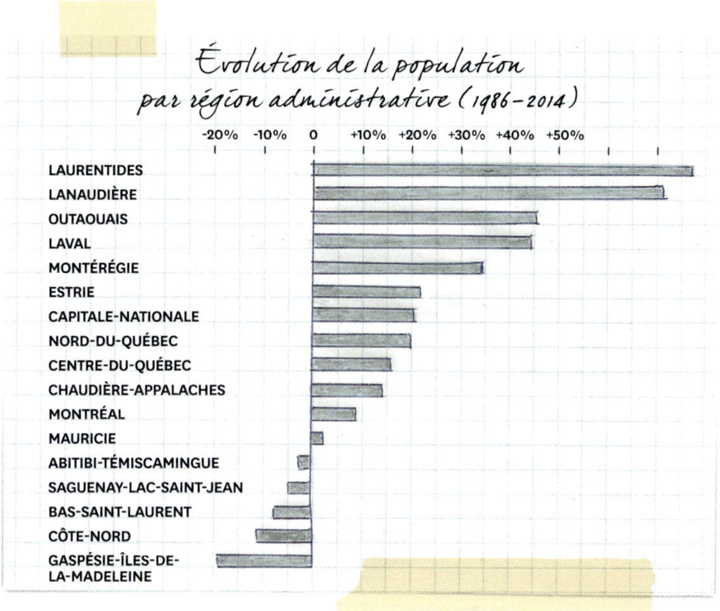

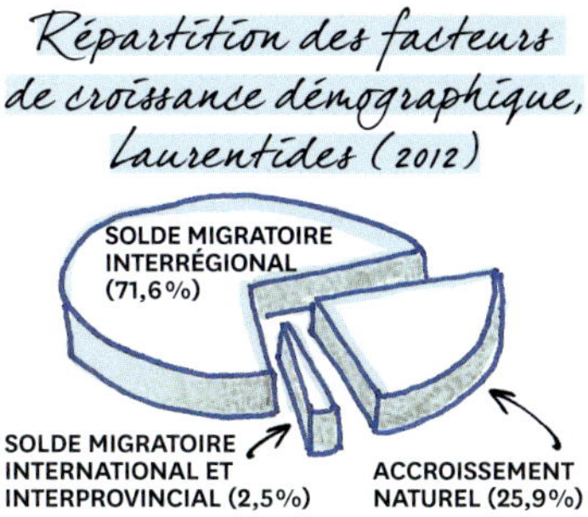

La couronne périurbaine de Montréal s'est densifiée d'abord sur la rive sud – Longueuil, Saint-Lambert, Brossard (bas) –, puis de plus en plus vers le nord – Laval (haut).

Plusieurs autres facteurs expliquent l'évolution démographique très différente d'une région à l'autre, comme la pyramide des âges et l'indice de fécondité. On sait, par exemple, que celui-ci est en général plus faible dans les grandes villes. Dans les régions de la Côte-Nord et d'Abitibi-Témiscamingue, par contre, il est environ 30 % plus élevé qu'à Montréal et qu'à Québec.

Ces chiffres illustrent une tendance lourde et à certains égards préoccupante : on constate depuis quelques décennies que le poids démographique du Québec se concentre de plus en plus dans le sud-ouest du territoire, au détriment des régions de l'Est qui se vident progressivement et inexorablement. Devrons-nous nous inspirer du titre que le géographe Jean-François Gravier avait donné à son ouvrage dénonçant la « macrocéphalie parisienne », *Paris et le désert français* ? On pourrait le craindre quand on voit les projections de l'Institut de la statistique du Québec qui prévoit, pour les vingt années à venir, une croissance de 20 à 30 % pour les régions du Sud-Ouest et une décroissance nette pour les quatre régions de l'Est. Devant ce constat, on est en droit de se demander quelles mesures les gouvernements auront l'imagination et le courage de prendre pour éviter une telle situation.

78

La plus grande université

Selon les données des ministères de l'Éducation et de l'Enseignement supérieur, si l'on en juge par le nombre d'étudiants inscrits et si l'on considère que chaque constituante du réseau de l'Université du Québec est une université à part entière, l'université la plus importante du Québec serait l'Université de Montréal.

L'UNIVERSITÉ DE MONTRÉAL
La plus grande, mais…

- 1re université généraliste en importance dans la francophonie (2e Université de Genève, 3e Université catholique de Louvain)
- **66 097** étudiants (en 2014)
- 39 pavillons sur le campus de la montagne (Montréal)
- **2** écoles affiliées (École polytechnique de Montréal, École des hautes études commerciales de Montréal – HEC)
- **29** autres pavillons répartis sur 5 campus à l'extérieur de Montréal
- **3** satellites (mont Mégantic, Laurentides, l'Institut de recherche en biologie végétale)

Il faut cependant noter que les critères pour juger de la dimension et de l'importance d'une université sont nombreux, et il est difficile de juger lequel est le plus significatif. Le nombre total d'étudiants inscrits, leur répartition selon les cycles, le nombre et le niveau des cours offerts, le nombre de facultés, de départements et de centres de recherche, la valeur des subventions obtenues, le nombre des diplômes décernés selon les niveaux, le rayonnement international…

Si l'on compare les quatre universités de l'île de Montréal selon le nombre d'étudiants, les écarts ne sont pas grands, chacun affichant autour de 40 000 inscriptions. L'Université de Sherbrooke a un nombre d'étudiants similaire, l'Université Laval, légèrement plus. Cependant, si on ajoute ceux des HEC et de l'École polytechnique, l'UdeM accueille plus de 65 000 étudiants. L'Université Bishop, située à Lennoxville, est plus modeste. Pour les fins de cette comparaison, les constituantes de l'Université du Québec sont considérées comme des universités à part entière.

Des différences importantes apparaissent quant à la composition de ces effectifs. Alors que McGill ressort nettement au chapitre des études supérieures (première de toutes les universités pour le nombre d'étudiants inscrits au doctorat et au postdoctorat), Concordia affiche une forte concentration d'étudiants inscrits au premier cycle. Un fait révélateur de l'importance de McGill: sur les dix scientifiques ayant étudié ou enseigné dans une université québécoise et obtenu un prix Nobel, huit provenaient de McGill.

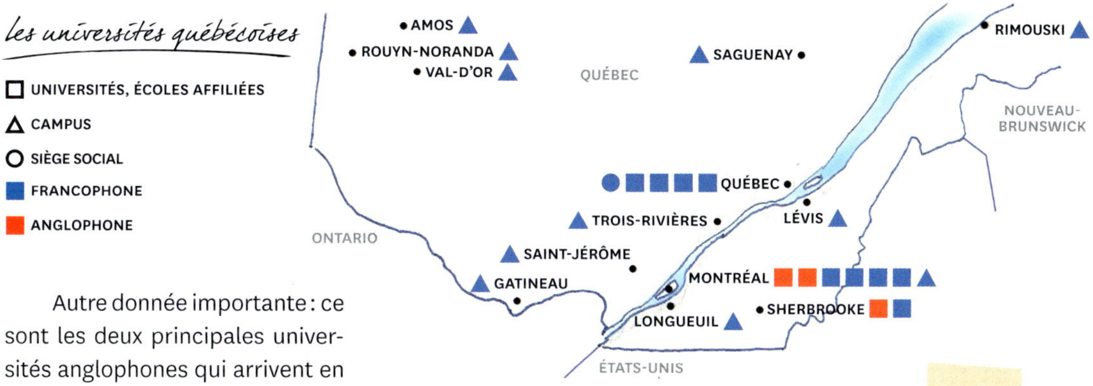

Autre donnée importante: ce sont les deux principales universités anglophones qui arrivent en tête pour le nombre d'étudiants internationaux. McGill a accueilli près de 8000 étudiants étrangers à l'automne 2013, soit davantage que les effectifs correspondants des universités Laval et de Montréal réunis. Au total, les universités anglophones accueillent 27% des étudiants, mais 41% des étudiants étrangers. On note aussi que l'ensemble des universités de Montréal reçoit 45% de l'effectif étudiant total, ce qui est proche de la concentration générale de la population.

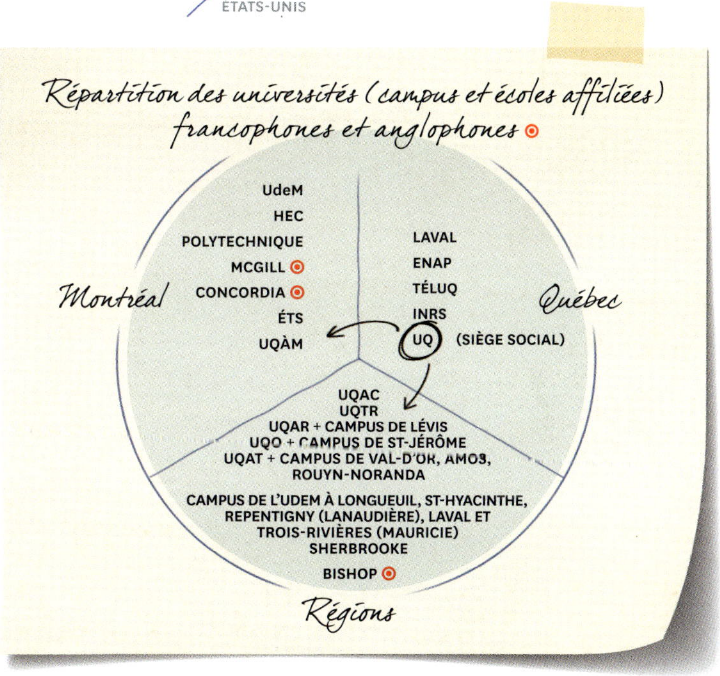

La rentrée des classes en 1937, sur le site de la rue Saint-Denis, premier établissement de l'UdeM.

Il reste que la contribution des universités à la société se manifeste de différentes façons. Mentionnons à titre d'exemple que l'Université Laval héberge plus de cent chaires de recherche, que l'Université de Montréal compte plus de 70 départements et que l'Université de Sherbrooke a été reconnue par le *Globe and Mail* comme étant l'université francophone la mieux cotée au Canada.

Toutes les universités sont importantes et indispensables.

79

L'auteur dramatique le plus traduit

Michel Tremblay est l'un des auteurs les plus prolifiques du Québec. Aucun autre que lui n'a écrit une trentaine de pièces de théâtre, autant de romans et d'adaptations traduites, en plus de cinq scénarios de films et de deux comédies musicales. Il est l'auteur dramatique le plus traduit: plus de 25 traductions.

MICHEL TREMBLAY
Peintre de la société québécoise

Dans *le Train*, vous rencontrez une amie. Entre le *Bonjour, là, bonjour* du début et *Le paradis à la fin de vos jours* de la fin de votre conversation, vous parlez avec elle de vos *Belles-sœurs*, de *Carmen*, d'*Albertine*, mais aussi de *Marcel*, de *Nelligan*, des *Héros de votre enfance*, bref, du *Vrai monde*. Dans une seule conversation, vous aurez déjà évoqué une dizaine de pièces de théâtre parmi la trentaine qu'a écrites Michel Tremblay, qui fait parler *le vrai monde*.

Michel Tremblay, au Salon du livre de Paris, le 19 octobre 2002.

Avant que le Plateau-Mont-Royal devienne un quartier branché, une population ouvrière s'y entassait et composait la plus forte densité de l'île. C'est dans ce monde modeste que Michel Tremblay est né, a grandi et a puisé son inspiration pour décrire la petite vie de ce milieu. Ce faisant, il brisait les contraintes religieuses et sociales plus ou moins imposées qui géraient non seulement le comportement des citoyens, mais aussi les écrits qui s'y rapportaient. En peignant le caractère de ces gens, sans ménagement ni exagération, il amenait la société québécoise à se regarder telle qu'elle était, au-delà des tabous socioreligieux, mais aussi linguistiques. Pour la première fois, il donnait droit de cité au «parler québécois», sans pour autant faire du joual un outil de provocation.

Par devoir de mémoire, tel un patrimoine vivant, Michel Tremblay a fait l'objet d'une exposition réalisée par le Musée de la civilisation à Québec en 2012 : *L'Univers de Michel Tremblay*. L'exposition porte un regard juste et passionnant sur cinquante ans de carrière et de création en proposant un parcours à travers différents espaces et mises en scène : extraits de textes, lieux significatifs de son œuvre, documents d'archives, témoignages de personnages marquants.

À 23 ans, il écrivait *Les Belles-sœurs*, une des pièces les plus importantes de son œuvre. Quinze personnages y vivent et y décrivent de diverses façons leur *maudite vie plate*. L'humour grinçant et réaliste avec lequel Tremblay décrit le passe-temps de ces femmes, qui consiste à collectionner et à coller des timbres *Gold Star* pour éventuellement gagner quelque cadeau sans intérêt, sert bien le propos. Le spectateur ne peut rester indifférent au triste vide dans lequel baigne ce petit groupe de femmes ; en lisant entre les lignes, on comprend que celui-ci partage quelque peu la frustration que traduisent les revendications d'une partie de la société québécoise.

La perspective générale de l'œuvre de Michel Tremblay dépasse donc largement le petit monde qu'elle décrit. Il n'est pas étonnant que le public international s'y soit intéressé.

8 avril 2008. Teatro Español, Madrid, Espagne. *Las cuñadas (Les Belles-sœurs)*, pièce de théâtre de Michel Tremblay, mise en scène de Natalia Menendez.

« Parlez-moé-z'en pas ! C'est pu vivable, chez nous ! Depuis qu'y'a commencé son cours classique, là, mon p'tit Raymond, y'a changé c'est ben effrayant ! On le r'connaît pus ! Y lève quasiment le nez sur nous autres ! V'la rendu qu'y nous parle latin à table ! »
(*Les Belles-sœurs*)

80

Le plus grand succès du théâtre québécois

Pour qui écoute attentivement les propos de quelques compères partageant le plaisir de déguster des bières et observe attentivement leurs gestes, voilà matière à inspirer une pièce de théâtre qui fait recette. C'est le cas de *Broue*, jouée jusqu'ici plus de 3000 fois. Un record.

BROUE Prendre un verre de bière mon minou…

Cette pièce invite le spectateur à une taverne dont l'atmosphère est exprimée dans un langage populaire fidèle aux échos de ce lieu de plaisir, de confidences et de défoulement. Tant les propos et les sentiments exprimés que le niveau de langue sont fidèles au milieu, ce qui a compté pour beaucoup dans le succès de cette pièce.

En avril 2016, *Broue* cumule 3295 représentations et 3372686 spectateurs !

Celle-ci a été conçue par les acteurs Michel Côté, Marcel Gauthier et Marc Messier qui ont fait appel à Claude Meunier, à Jean-Pierre Plante, à Francine Ruel et à Louis Saia pour créer ensemble une série de sketches sur le thème d'une journée à la taverne, au temps où elle n'accueillait pas les femmes. C'est en mars 1979 qu'ils présentèrent le spectacle pour la première fois, au Théâtre des Voyagements sur le boulevard Saint-Laurent, devant 80 spectateurs. Ils ne se doutaient aucunement que c'était là le début d'une longue série de succès qui allait durer plus de trente-sept ans.

© Jean-François Gratton

En janvier 1986, on assistait à la 1000e représentation de *Broue*, au Théâtre St-Denis ; trente ans plus tard, on jouait la 3000e. Les auteurs-interprètes ont joué plus de 3000 fois les 18 personnages qui résument en deux heures tout ce qui peut se dire en une journée à la taverne *Chez Willy*. Soit dit en passant, *Chez Willy* est le titre sous lequel la pièce a été présentée près de 400 fois en Belgique. Le fait que *Broue* ait été présentée pendant 36 ans avec la même distribution devant plus de trois millions de spectateurs constitue un record mondial de longévité enregistré chez Guinness.

Chalmers Award, 1984
Prix Gémeaux, 1994
Prix spécial de l'Académie québécoise du théâtre, 1994
Prix Olivier, 1999
Médaille d'honneur de l'Assemblée nationale, 2009
Prix Hommage RIDEAU, 2012
Record Guinness, 2006-2014

La pièce a aussi été présentée en version anglaise, une première fois à Lennoxville en 1982, puis à Vancouver et à Toronto où elle a reçu le prestigieux Chalmers Award en 1984 pour la meilleure pièce torontoise de la saison. En 1994, le Prix Gémeaux reconnaît l'émission de télévision *15 ans de Broue* comme étant le meilleur spectacle de variétés. Cette même année, *Broue* reçoit le Prix spécial de l'Académie québécoise du théâtre et en 1999, un Olivier exceptionnel lui est octroyé lors du premier Gala de l'humour. En 2009, les créateurs de *Broue* reçoivent la médaille d'honneur de l'Assemblée nationale et en 2012, le Prix Hommage Rideau. Ces honneurs sont donc venus confirmer la reconnaissance populaire d'une pièce dont l'humour, parfois grinçant, est toujours juste.

© Michel Tremblay

Remise du certificat de record mondial Guinness, 26 septembre 2006.

81

Le plus grand festival western

Lorsqu'en 1933, des hommes d'affaires de Saint-Tite fondèrent la manufacture de chaussures de cuir Boulet inc., ils ne se doutaient pas qu'en se spécialisant progressivement dans la fabrication de bottes de type western, ils contribueraient à faire de leur ville le site du plus important festival western, non seulement du Québec, mais de tout l'est de l'Amérique du Nord.

LE FESTIVAL WESTERN DE SAINT-TITE

Des cowboys en action

Le passage de la fabrication de chaussures à un festival western vient de l'idée des propriétaires d'organiser, en 1967, un rodéo pour faire mousser la vente de leurs produits. Cette initiative connut un succès immédiat. D'année en année, divers éléments s'ajoutèrent ensuite au rodéo d'origine et finirent par constituer un programme étonnamment varié, susceptible d'intéresser un large public. La culture western dans tous ses états… L'importance de l'événement tient en un chiffre : plus d'un demi-million de visiteurs en 2008.

© BIRTZ Photographie

Le gymkhana est une discipline d'équitation western dans laquelle l'agilité et la rapidité du cheval sont mises à l'épreuve. Les concours d'habileté du gymkhana sont la course entre barils, la course de sauvetage, l'échange de cavaliers et le Poney Express.

Bien sûr, le personnage principal de l'événement, c'est le cheval. Le spectacle de rodéo est l'occasion de voir l'étonnante variété de sports qui y sont pratiqués : la monte de chevaux sauvages (avec ou sans selle) et de taureaux sauvages, la prise de bouvillons en équipe, l'échange de cavaliers, la prise d'un veau au lasso (pratique dénoncée par la Société pour la prévention de la cruauté envers les animaux), la course de barils. Des activités plus douces sont prévues, comme les randonnées à cheval et la chasse au trésor familiale.

© BIRTZ Photographie

Les festivaliers font gonfler la population de Saint-Tite et occupent chaque espace possible pour les nombreux VUS, le temps du festival.

L'aspect participatif des spectateurs se manifeste par le vêtement : le festival est l'occasion rêvée pour amener le public à se procurer sur place chapeaux de cowboys, bottes et ceintures western, et autres accessoires. L'alimentation ajoute une touche spécifiquement québécoise, avec sa poutine, ses beignes et ses patates en fleur. On peut même goûter au méchoui, quitte à se demander si sa présence annonce l'inscription éventuelle d'une *fantasia* au programme.

© BIRTZ Photographie

Les cinq sens sont conviés au cours de ce festival, y compris l'ouïe, par la présentation de spectacles de musique western : Renée Martel, Isabelle Boulay, Michel Rivard et Patrick Norman, entre autres, contribuent à l'atmosphère country par leurs chansons.

L'apothéose du festival réside dans la parade qui constitue le plus grand défilé à traction chevaline du Canada. Il faut ajouter que la culture « western » est devenue l'image de marque de Saint-Tite qui s'y affiche clairement : la fontaine au cow-boy près de l'église, les panneaux de signalisation et la grande horloge donnent à la ville un air western qui ne trompe pas.

Howdy everybody !

Outre les activités festivalières western et l'industrie de la chaussure de cuir des Boulet, saviez-vous que Saint-Tite a aussi été le théâtre d'une partie importante du roman *Les Filles de Caleb* (Arlette Cousture) ?

82

Le personnage le plus fréquemment représenté dans la toponymie

Pour arriver à déterminer que Jacques Cartier est le personnage le plus présent dans la toponymie du Québec, il a fallu procéder à quelques calculs. En effet, le nom *Cartier*, lorsqu'il n'est pas accompagné d'un prénom, peut renvoyer au découvreur du Canada, à l'un des pères de la Confédération ou encore à un simple citoyen portant ce nom.

JACQUES CARTIER
Présent plus de 200 fois

Les deux tiers des 300 toponymes québécois qui comportent le nom de Cartier sont attribués à des rues ou à d'autres voies de communication. Ces noms sont donnés par les municipalités qui, le plus souvent, se sont contentées du nom de famille de la personne dont elles désiraient honorer la mémoire. La conséquence en est que, dans la majorité des cas, on ignore quel personnage rappelle le toponyme. Il existe pourtant une règle édictée par la Commission de toponymie du Québec qui conseille aux comités municipaux de toponymie de veiller à attribuer des noms complets (noms et prénoms), de même que, le cas échéant, la fonction ou le titre des personnes honorées.

Jacques Cartier, par Théophile Hamel, ca 1870.

Les monuments identiques, à Saint-Malo (inauguré en 1905) et à Québec (réplique), commémorant Jacques Cartier.

Après avoir été exposée à la place Jacques-Cartier dans le quartier Saint-Roch, la réplique québécoise a élu son nouveau domicile à l'été 2016 dans le parc Jean-Déry, à Cap-Rouge, à proximité du fleuve et du site Cartier-Roberval, lieu d'établissement de la première colonie française d'Amérique. Le marin de Saint-Malo retrouve ainsi sa place près du fleuve qui lui doit son nom.

SAINT-MALO, QUARTIER DE ROTHÉNEUF

Nous avons visité le Manoir de Limoëlou (XVIe siècle), l'unique héritage de Jacques Cartier. Aujourd'hui inscrit comme monument historique de France, le manoir était resté une ferme jusqu'en 1978.

On se demande pourquoi les prénoms de George-Étienne Cartier ne sont inclus dans les toponymes que dans cinq cas, alors que Jacques Cartier a conservé son prénom dans près de 150 cas. Le nom de ce dernier serait-il moins sujet à controverse que le précédent? Quant au toponyme *Cartier*, sans prénom, on constate, vérification faite, qu'il représente les deux personnages dans une proportion à peu près égale. Cela nous amène à dire que Jacques Cartier est commémoré environ 230 fois, soit légèrement plus souvent que ses deux concurrents Samuel de Champlain et Wilfrid Laurier, qui se retrouvent un peu moins de 200 fois chacun dans la toponymie québécoise.

Il arrive enfin que Jacques Cartier soit honoré par l'intermédiaire d'autres noms. À Repentigny, la rue Port-Cartier a reçu ce nom pour l'unique raison que, dans ce secteur de la ville, les noms de rues commencent par la lettre capitale P. De ce fait, elle évoque une ville de la Côte-Nord qui tient son nom de celui d'une compagnie, la Québec Cartier Mining dont les activités avaient contribué à faire du village de Shelter Bay un port d'exportation du minerai de fer extrait dans l'arrière-pays, en attribuant à cette nouvelle ville de Port-Cartier le nom de l'explorateur français qui, le premier, décrivit la région dans ses relations de voyages.

RELATION ORIGINALE
DU VOYAGE DE
JACQUES CARTIER
AU CANADA
EN 1534
DOCUMENTS INÉDITS
SUR
JACQUES CARTIER ET LE CANADA
(NOUVELLE SÉRIE)
PUBLIÉS PAR
H. MICHELANT ET A. RAMÉ
Accompagnés de deux portraits de Cartier et de deux vues de son Manoir
3369
JACQUES CARTIER
PARIS
LIBRAIRIE TROSS
5, RUE NEUVE-DES-PETITS-CHAMPS, 5
1867

Page titre du récit original du voyage de Jacques Cartier au Canada en 1534. Tross, Paris, 1867, 130 p.

La vallée de la Jacques-Cartier dans le Parc national de la Jacques-Cartier, une vallée glaciaire typique (creusée en forme de «U» par le passage du glacier).

83

Le nom de famille le plus répandu

Si vous rencontrez une personne ayant pour nom Rossi, il y a de grandes chances qu'elle soit d'origine italienne. Si elle porte le nom Jensen, elle est sûrement danoise; Murphy, irlandaise; Silva ou Da Silva, portugaise; Müller, allemande ou suisse; Smith, anglaise ou états-unienne. Ce sont, en effet, les noms de famille les plus répandus dans ces pays. Il en va de même si vous croisez un monsieur Tremblay; vous n'hésiterez sans doute pas sur son origine, puisque c'est le nom de famille le plus courant au Québec.

TREMBLAY *Comme Smith aux États-Unis*

La majorité des citoyens québécois étant de descendance française, il n'y a rien d'étonnant à ce qu'un grand nombre de noms de famille se retrouvent à la fois en France et au Québec. La liste des cinquante noms les plus répandus en France paraît très familière aux yeux d'un Québécois. La fréquence de ces noms est cependant fort différente. Le nom *Martin*, porté par un quart de million de Français, ne l'est que par un quart de 1% de Québécois; le nom *Martin*, qui est aussi le nom le plus fréquent dans la toponymie française, n'arrive qu'au 34e rang dans l'ordre des noms les plus répandus au Québec. Par contre, un Québécois sur 100 est un Tremblay; en France, seulement une personne sur 300 porte ce nom.

Monuments de l'Association des Tremblay à Baie-Saint-Paul en hommage à Pierre Tremblay et à son épouse, Ozanne Achon.

Le nom Tremblay est encore plus rare en France que le nom Martin au Québec. D'ailleurs, il faut dire que, sauf exception, tous les *Tremblay* d'Amérique descendent du seul et unique Tremblay venu s'installer en Nouvelle-France. Il s'agit de Pierre Tremblay, né dans le Perche en 1626 et décédé à Baie-Saint-Paul en 1710. C'est dans cette région que les Tremblay ont largement essaimé; par exemple, ils représentent plus de 10 % de la population de la MRC de Charlevoix-Est. Ils sont également nombreux dans la région Saguenay–Lac-Saint-Jean. La Société des vingt-et-un, dont les membres ont quitté Charlevoix en 1838 pour ouvrir le Saguenay à la colonisation, comprenait cinq Tremblay.

L'arrivée en 1837 du groupe d'hommes s'étant associés pour devenir la Société des vingt-et-un sur un territoire jusque-là fermé à la colonisation est considérée comme l'événement ayant permis le développement et l'implantation de colons dans la région. Cet événement historique est inscrit au Registre du patrimoine culturel du Québec.

Monument en hommage à l'arrivée de la Société des vingt-et-un au Saguenay, dans le secteur de Grande-Baie, photographié vers 1930, par J. E. Chabot.

Patronymes populaires et coïncidences

- Dans la toponymie du Québec, le mot Tremblay se retrouve dans les noms de 20 ruisseaux, 50 lacs, 80 rues.
- 30 % des Tremblay du Québec habitent la région Saguenay Lac-Saint-Jean; seulement 20 % des 50 lacs nommés Tremblay s'y trouvent. C'est que les toponymes semblables doivent être assez distants pour éviter toute confusion. Ce n'est pas le cas des personnes…
- Les amateurs de vodka ne seront pas surpris d'apprendre que Smirnov est le nom de famille le plus répandu en Russie; et ceux de bière que le nom Tremblay est associé à une des bières les plus populaires de la plus importante brasserie régionale (RJ).
- Coïncidence: L'église de la commune de Tremblay, dans l'Ille-et-Vilaine, est dédiée à Saint-Martin.

Le nom Tremblay est aussi en tête de liste des noms les plus fréquents à Montréal, immédiatement suivi par le nom Nguyen, le plus courant chez les Vietnamiens, bien qu'il n'occupe que la 130e place dans la liste des noms les plus fréquents à l'échelle du Québec, mais la première place parmi les noms d'origine étrangère. À cet égard, le nom étranger le plus fréquent aux États-Unis et en France est Garcia.

84

Le maire de Montréal demeuré en fonction le plus longtemps

Peu de maires ont été à la tête d'une ville pendant plus d'un quart de siècle. C'est pourtant le record que Jean Drapeau a établi en cumulant 29 années en poste à la mairie de Montréal, à la tête du Parti civique, de 1954 à 1957, puis de 1960 à 1986.

JEAN DRAPEAU
29 années de grandes réalisations

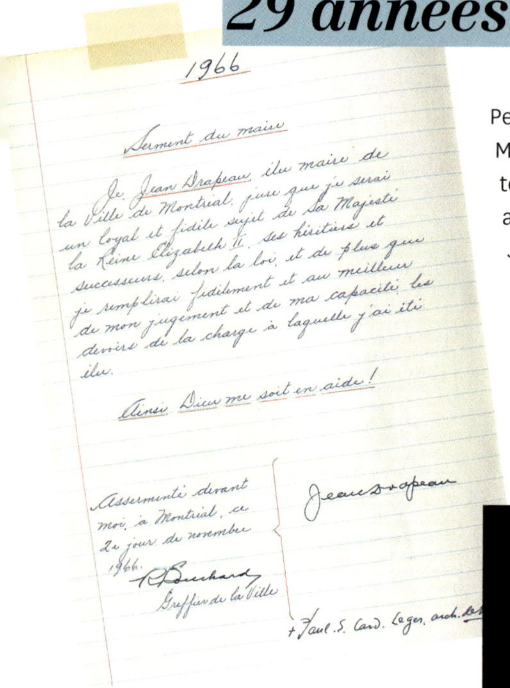
1966

Serment du maire

Je, Jean Drapeau, élu maire de la Ville de Montréal, jure que je serai un loyal et fidèle sujet de Sa Majesté la Reine Elizabeth II, ses héritiers et successeurs, selon la loi, et de plus que je remplirai fidèlement et au meilleur de mon jugement et de ma capacité les devoirs de la charge à laquelle j'ai été élu.

Ainsi, Dieu me soit en aide!

Assermenté devant moi, à Montréal, ce 2e jour de novembre 1966.
R. Bouchard
Greffier de la Ville

Jean Drapeau

+ Paul S. Card. Léger, arch.

Serment du maire Jean Drapeau, 2 novembre 1966.

Pendant les dernières décennies, la durée des mandats à la mairie de Montréal contraste fortement avec la situation qui a prévalu durant tout le XIXe siècle. Il faut dire que la mairie de Montréal a connu des années de turbulence dès l'arrivée en poste de son premier maire, Jacques Viger. Après avoir été dirigée par des magistrats, la ville a reçu sa première charte en 1832 et c'est à partir de ce moment-là que le maire a été choisi par les conseillers municipaux. Des élections ont eu lieu chaque année, mais dès 1836, la charte de la ville n'a pas été renouvelée et l'administration municipale a été mise sous tutelle. Il faut rappeler que c'était l'époque où les patriotes étaient actifs.

Le maire Drapeau, le jour du «Vive le Québec libre!» du général de Gaulle.

Les victoires de Jean Drapeau

POURCENTAGE DE L'APPUI MANIFESTÉ À JEAN DRAPEAU AUX ÉLECTIONS MUNICIPALES, DE 1960 À 1982

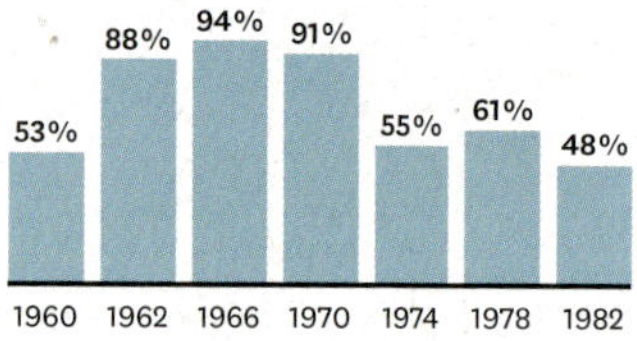

Livraison des premières voitures du métro de Montréal, en 1965, en présence du maire Jean Drapeau, du président Lucien Saulnier, du cardinal Paul-Émile Léger et de Lucien L'Allier.

Une fois le calme revenu, à partir de 1851, le maire a été élu directement par la population. C'est Charles Wilson qui a été le dernier maire nommé et le premier élu par les électeurs. La majorité des maires qui ont suivi sont demeurés en poste pendant un seul mandat de deux ans et les changements de personnes à la tête de la ville se sont faits à un rythme qui n'a vraiment fléchi qu'à l'occasion du retour de Camillien Houde en 1944 après son emprisonnement pour opposition à la conscription. Alors que Médéric Martin avait occupé le poste de maire durant 12 ans, de 1914 à 1924 et de 1926 à 1928, Camillien Houde y est resté 18 ans, Gérald Tremblay 11 ans, Jean Doré 8 ans et Pierre Bourque 7 ans.

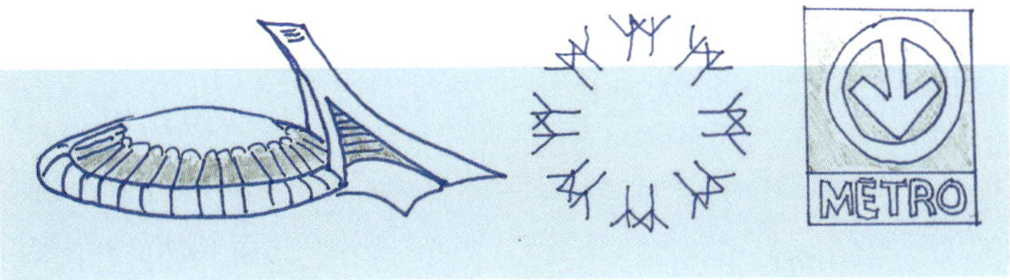

Deux lieux portent le nom de Jean-Drapeau : le parc public aménagé sur les îles Notre-Dame et Sainte-Hélène où s'est tenue l'Exposition universelle, et la station de métro située sur l'île Sainte-Hélène.

Mais c'est Jean Drapeau qui a établi le record. Après un premier mandat de 3 ans, de 1954 à 1957, il est revenu à la mairie pour 26 années consécutives, de 1960 à 1986. Sur les neuf fois où il a brigué les suffrages, il n'a été défait qu'une seule fois : en 1967, Sarto Fournier l'a battu par une mince majorité. Jean Drapeau s'est retiré de la vie politique à la fin de son dernier mandat et est mort en 1999. On lui doit des réalisations et des événements d'envergure : la construction du métro et de la Place des Arts, l'aménagement des îles du fleuve, l'Exposition universelle de 1967, les Jeux olympiques d'été en 1976 et les Floralies en 1980.

Montreal has a new dimension—up! And VENTURE's 3-D camera captures the man...

Meet Mr. Montreal

After a crime-busting and building binge, Mayor Jean Drapeau has transformed Montreal from Sin City to Super City

« Laissons Toronto devenir Milan, Montréal restera toujours Rome. »

– Jean Drapeau

85

Le maire de Québec demeuré en fonction le plus longtemps

Le 5 novembre 1989, Jean-Paul L'Allier succédait à Jean Pelletier à la mairie de la ville de Québec. Il est demeuré en poste jusqu'au 6 novembre 2005. De tous les mandats réalisés par les 18 maires successifs de Québec, celui de Jean-Paul L'Allier a été le plus long.

JEAN-PAUL L'ALLIER
16 ans de vastes projets

Pendant un demi-siècle, la ville de Québec a été dirigée par des maires dont les mandats ont duré plus de 10 ans: 15 ans pour Lucien Borne et 12 ans pour Wilfrid Hamel, Gilles Lamontagne et Jean Pelletier respectivement. La situation a été fort différente à Montréal où, si l'on excepte le deuxième terme particulièrement long de Jean Drapeau (de 1960 à 1986), la moyenne des mandats à la mairie a été, pour la même période, inférieure à cinq ans.

Jean Pelletier félicite son successeur, Jean-Paul L'Allier, qui remporte les élections de 1989 à la tête du Rassemblement populaire.

Le mandat du maire L'Allier n'a pas seulement été le plus long, il a aussi été le plus important pour le développement et le rayonnement de la ville de Québec. Sur le plan interne, le quartier Saint-Roch, qui un temps avait dépéri au point d'être surnommé *Plywood City* tellement l'une de ses zones comptait d'habitations et de commerces abandonnés, a connu sous sa gouverne un renouveau spectaculaire. La rivière Saint-Charles, par le réaménagement de ses berges, a pris un nouveau visage. Sa réalisation sans doute la plus importante a été la création de la nouvelle *Grande ville de Québec*, à l'occasion des fusions municipales qui ne se sont pas faites sans heurt, mais dont on constate aujourd'hui le bien-fondé.

« Celui qui ne nourrit pas le désir du pouvoir est peut-être celui qui peut mieux l'exercer. »
– Marie Laberge, lors des funérailles du maire Jean-Paul L'Allier

En 1990, le quartier Saint-Roch a un aspect sinistre : terrains en friche, stationnements, bâtiments placardés. Le secteur change de visage dès le premier mandat de L'Allier qui insuffle à l'ancienne « Plywood City » un élan vers une revitalisation remarquable.

Le carrefour des rues Saint-Vallier Est et de la côte d'Abraham sera réhabilité pour loger aujourd'hui la coopérative artistique Méduse. Le vaste terrain vague est devenu le parc Jean-Paul-L'Allier (jardin Saint-Roch).

Parc Jean-Paul-L'Allier.

Aménagement commémorant l'inscription du Vieux-Québec sur la Liste du patrimoine mondial de l'UNESCO dont on voit le monument et l'emblème.

De plus, durant son mandat, la ville de Québec a connu un rayonnement international peu commun. À titre de fondateur de l'Organisation des villes du patrimoine mondial et dans le cadre de l'Association internationale des maires francophones dont il a été le vice-président, il a largement contribué à faire connaître la capitale québécoise, ses réalisations et son mode de fonctionnement participatif. Tous reconnaissent que l'apport du maire L'Allier dans le domaine des arts et de la culture a été de première importance.

Ville de Québec

Arrondissements et principaux quartiers

LA CITÉ-LIMOILOU
LIMOILOU, SAINT-SAUVEUR, SAINT-ROCH, SAINT-SACREMENT, MONTCALM, VIEUX-QUÉBEC, SAINT-JEAN-BAPTISTE

LES RIVIÈRES
DUBERGER-LES SAULES, VANIER, NEUFCHATEL-LEBOURGNEUF

SAINTE-FOY-SILLERY-CAP-ROUGE
SAINTE-FOY, CAP-ROUGE, SILLERY

LA HAUTE SAINT-CHARLES
VAL-BÉLAIR, LORETTEVILLE, SAINT-ÉMILE, LAC-SAINT-CHARLES, DES CHÂTELS

CHARLESBOURG

BEAUPORT

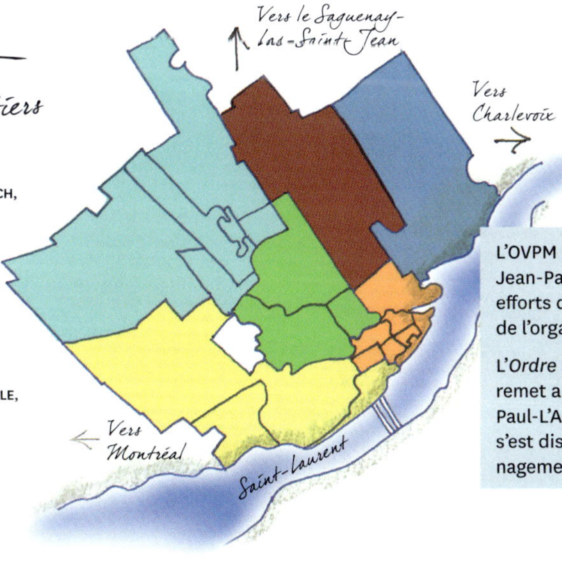

L'OVPM remet annuellement le prix Jean-Paul-L'Allier pour souligner les efforts de l'une des villes membres de l'organisation.

L'*Ordre des urbanistes du Québec* remet annuellement le prix Jean-Paul-L'Allier à un élu québécois qui s'est distingué par sa vision d'aménagement du territoire.

86

L'homme le plus fort

Louis Cyr est entré dans la légende comme *l'homme le plus fort de la planète*. De nombreux témoignages semblent confirmer la validité de cette reconnaissance, même s'il arrive que des exploits analogues, mais le plus souvent différents, désignent des concurrents sérieux.

LOUIS CYR
Un Samson québécois

Né à Saint-Cyprien-de-Napierville en 1863, Louis Cyr manifeste une force peu commune dès son adolescence. À 19 ans, il soulève une pierre de 233 kg. Il n'était pas très grand, mais bien bâti : ses 136 kg se logeaient dans un corps de 1,80 mètre, dont le torse faisait 1,50 mètre de diamètre. Lors d'un séjour au Massachusetts où sa famille s'était installée, il rencontre Mélina Comtois qu'il mariera à Saint-Jean-de-Matha, où il s'établira.

Louis Cyr, prêt à retenir les chevaux, 1891.

Outre ses activités, comme bûcheron d'abord, puis comme policier et ensuite comme propriétaire de taverne dans Saint-Henri, où il présente des tours de force pour amuser les clients, Louis Cyr a surtout multiplié ses apparitions pour exhiber la puissance de ses muscles. Ses exploits furent de tous types : certains sont classiques et consistent à soulever des poids de différentes manières. D'autres, plus originaux, sont conçus pour frapper l'imagination, comme pousser un wagon de train vers le haut sur un plan incliné, retenir quatre chevaux qui tentent de le déplacer dans des directions opposées ou soulever un plateau où se trouvent 18 hommes totalisant 1962 kg.

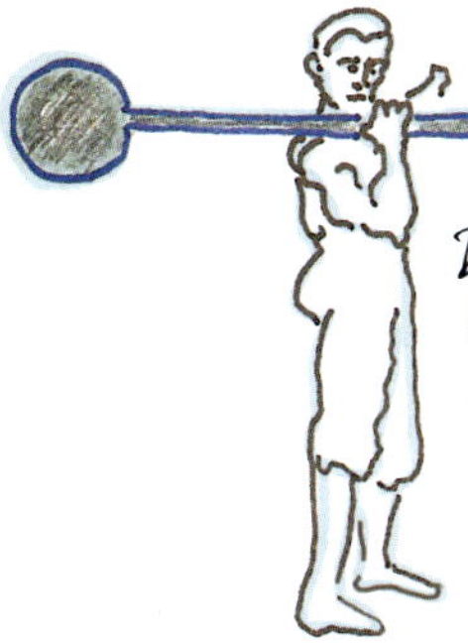

Dévissé (développé à une main) de 127 kg!

Quant aux poids soulevés, on a enregistré une levée de 196 kg d'une seule main, un développé de 127 kg d'une seule main au-dessus de sa tête, une levée d'un poids de 219 ou 251 kg (selon les sources) d'un seul doigt. À Londres, où il est reconnu comme l'homme le plus fort du monde, il établit un nouveau record du dévissé avec 127 kg (exercice qui consiste à élever un poids lourd à son épaule et, de là, à le pousser au bout du bras), record que Victor Delamarre a brisé en 1914, en dévissant un poids de 140,5 kg. En février 1906, Hector Décarie se mesure à Louis Cyr et ce combat se solde par un match nul.

Quelle force!

- Louis Cyr a soulevé (sur son dos) une plate-forme sur laquelle prennent place 18 hommes (1962 kg);
- soulevé 219 kg d'un seul doigt;
- poussé un wagon sur un plan incliné;
- levé 127 kg au-dessus de sa tête avec sa main droite;
- soulevé de terre jusqu'aux épaules une pierre de 233 kg, à ses 19 ans!

Ce fut la fin de sa carrière d'homme fort. Ses exploits sont entrés dans la légende, mais certains demeurent insurpassés. Plusieurs éléments du paysage québécois honorent aujourd'hui la mémoire du *Samson québécois*: la Maison Louis Cyr, une statue (en face de l'église) et un monument dans le cimetière à Saint-Jean-de-Matha; un autre monument dans le Parc des Hommes-Forts à Montréal; une douzaine de toponymes du Québec rappelant son nom. Mentionnons que Louis Cyr est inscrit au Registre du patrimoine culturel du Québec à titre de personnage historique.

Monument à Louis Cyr au parc des Hommes-Forts, Montréal.

87

Le commentateur ayant couvert le plus grand nombre de Jeux olympiques

Richard Garneau, dont le raffinement, la courtoisie et la qualité de la langue lui ont valu d'être reconnu comme l'un des plus grands commentateurs du domaine du sport, a couvert non moins de 24 Jeux olympiques, un record.

RICHARD GARNEAU

Le Prince du sport

La devise olympique : Citius, altius, fortius (plus vite, plus haut, plus fort)

Richard Garneau avec Lord Killanin, président du Comité des jeux olympiques, en novembre 1972.

L'accueil des Jeux olympiques à Montréal se prépare !

Durant le demi-siècle qui a séparé les Jeux d'été de Rome en 1960 et ceux de Londres en 2012, Richard Garneau n'a manqué que ceux d'Atlanta en 1996. Cela signifie que, tous les quatre ans sauf en 1976, il a quitté Montréal pour se rendre dans les villes où se tenaient ces Jeux: Tokyo, Mexico, Munich, Moscou, Los Angeles, Barcelone, Sydney, Athènes, Pékin et Londres. Chaque fois, il s'est intéressé à toutes les disciplines, bien qu'il ait porté une attention particulière à l'athlétisme. De 1964 à 2010, il a été présent aux Jeux d'hiver d'Innsbruck, de Grenoble, de Sapporo, de Lake Placid, de Sarajevo, de Calgary, d'Albertville, de Lillehammer, de Salt Lake City, de Turin et de Vancouver.

La carrière du journaliste sportif en quelques chiffres

- **59** ans de carrière médiatique
- **23** Jeux olympiques, record mondial
- **23** ans à *La Soirée du hockey*
- **27** ans à la description des matchs du Canadien de Montréal
- **19** ans à la description du patinage artistique
- **10** ans à la description du football canadien
- **7** Jeux de l'Empire et du Commonwealth
- **4** Jeux panaméricains
- Distinctions et honneurs: Chevalier de l'Ordre national du Québec (C.O.), membre de l'Ordre du Canada (O.C.), intronisé au Temple de la renommée du hockey, lauréat de la médaille Pierre-de-Coubertin

Il a couvert plusieurs autres événements sportifs importants: les Jeux du Commonwealth, les Jeux panaméricains, les Championnats du monde d'athlétisme et de patinage artistique, les Jeux du Canada et du Québec, de même que plusieurs Tours de France. Il a aussi travaillé aux reportages des matchs du Canadien pendant 27 ans. Il détient le record mondial pour le plus grand nombre de Jeux olympiques d'hiver et d'été couverts par un journaliste.

Diplômé de l'Université Laval et du Conservatoire d'art dramatique Francis-Synval, Richard Garneau a d'abord rêvé à une carrière d'acteur. À l'été 1952, il a tenu un rôle de figurant dans un film d'Alfred Hitchcock tourné à Québec, *La loi du silence (I Confess)*. De 1953 à 1957, à Québec, il a fait ses premières armes à la radio (CHRC) et à la télévision (CFCM-TV), après quoi il est entré à Radio-Canada, où il a agi comme annonceur, journaliste, chroniqueur, animateur et commentateur jusqu'en 1990. Il a animé *La Soirée du hockey* durant 23 ans.

Richard Garneau a été admis au Temple de la renommée du hockey en 1999, en même temps que Wayne Gretzky. Étant lui-même en bonne forme physique jusqu'à ses dernières années, il a donné au sport un air de noblesse, par l'objectivité de ses propos, sa maîtrise de la langue (tout comme son prédécesseur René Lecavalier), sa courtoisie, son élégance, sa culture, bref par sa grande classe. Ces qualités se retrouvent aussi dans les cinq ouvrages qu'il a publiés, dont deux constituent son autobiographie. Richard Garneau, un Prince du sport.

- À toi Richard...: altius, angélus, airbus (1992)
- Vie, rage... dangereux: abjectus, diabolicus, ridiculus (1993)
- Les patins d'André (1994)
- Train de nuit pour la gloire ou 45 jours à la conquête de la coupe Stanley (1995)
- À toi Richard – Prise deux: Un Québécois en Bavière... (1996)

Le maire de Québec, Régis Labeaume, en compagnie du fils de Richard Garneau, Stéphane, lors de l'inauguration de la place Richard-Garneau, le 3 juillet 2016.

« Le sport va chercher la peur pour la dominer, la fatigue pour en triompher, la difficulté pour la vaincre. »

– Pierre de Coubertin

88

Le joueur de hockey associé au plus grand nombre de coupes Stanley

Henri Richard a suivi son frère aîné, Maurice, sur le chemin de la gloire sportive. Le numéro 16 des Canadiens de Montréal a donc fait honneur au numéro 9, notamment comme joueur ayant participé au plus grand nombre de coupes Stanley avec onze victoires en vingt saisons.

HENRI RICHARD
Pocket Rocket

Go Habs Go!

Même si Henri Richard avait un gabarit physique relativement petit (1,70 mètre, 72,5 kg) et même si, pour cette raison, plus d'un entraîneur lui donnait peu de chances de réaliser une grande carrière au hockey, il ne resta pas bien longtemps dans l'ombre de son frère aîné, de 15 ans plus vieux que lui. Celui-ci était déjà renommé lorsque Henri fit ses premières armes.

Très tôt, il montra ses capacités. À l'âge de 17 ans, dans l'équipe du Canadien junior, il se fit remarquer en gagnant le Championnat des pointeurs et en se révélant le meilleur marqueur. Lors de sa première saison dans la Ligue nationale de hockey, en 1955-1956, il enregistra son premier but lors du premier match. À 22 ans, lors de la saison 1957-1958, il était le deuxième meilleur marqueur de la LNH et il fut sélectionné pour faire partie de son équipe d'étoiles.

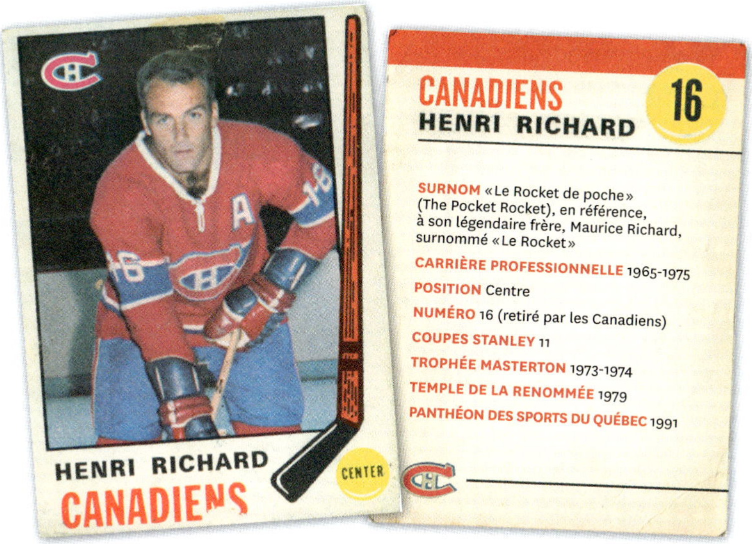

Avec Bill Russell, le joueur de basketball américain des Celtics de Boston, il détient le record de titres dans une ligue nord-américaine de sport.

Son jeu était une combinaison de stratégie et de vitesse. Celle-ci lui a valu le surnom de *Pocket Rocket*, calqué sur celui de son frère avec un ajout évoquant sa taille. Quant à sa stratégie, elle consistait à effectuer des revers, souvent après avoir contourné le but de l'adversaire ou en faisant une passe à un ailier, ce qui explique qu'il aura réalisé presque deux fois plus d'assistances que de buts. Il aura ainsi amassé, durant les 1256 parties qu'il a jouées dans la LNH, 1046 points, attribués pour ses 358 buts et ses 688 passes.

Henri Richard est le joueur des Canadiens qui, durant sa carrière, a participé au plus grand nombre de matchs de l'équipe, durant le plus grand nombre de saisons (20, un record qu'il a partagé avec Jean Béliveau). Il est surtout celui qui a participé au plus grand nombre de coupes Stanley (onze coupes en douze finales).

En 1979, 18 ans après son frère Maurice, Henri Richard était intronisé au Temple de la renommée du hockey. Les deux frères représentent deux figures symboliques du hockey québécois.

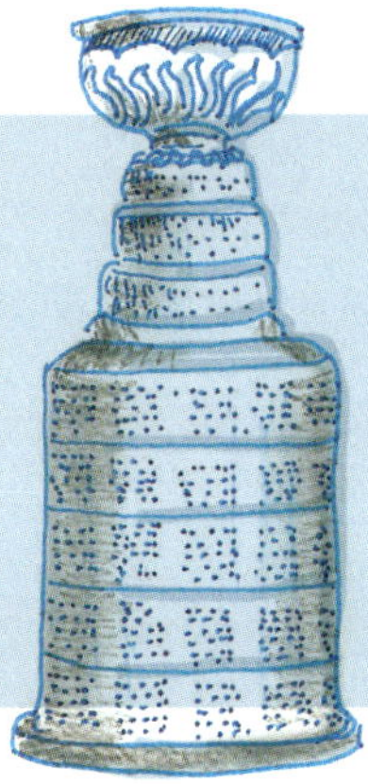

La coupe Stanley, conçue à Sheffield, en Angleterre, à la fin des années 1800, porte le nom de son donateur, Lord Stanley of Preston, gouverneur général du Canada qui en a fait l'acquisition en 1892, pour 50 $.

Elle part en tournée tous les ans, est accompagnée en permanence de son «gardien» et peut servir à l'occasion de chope de bière…

89

Le plus important tournoi pour jeunes hockeyeurs

Chaque année depuis 1960, des centaines de jeunes hockeyeurs se réunissent à Québec pour se mesurer à d'autres joueurs et exhiber leurs performances à l'occasion du plus important tournoi pour jeunes hockeyeurs, non seulement au Québec, mais dans le monde.

LE TOURNOI INTERNATIONAL DE HOCKEY PEE-WEE DE QUÉBEC

Une pépinière de sportifs professionnels

Première édition du Tournoi international de Hockey Pee-Wee de Québec, en 1960, durant le Carnaval.

Les jeunes joueurs se félicitent en fin de match.

En sport comme ailleurs, toute ascension vers la renommée commence au bas de l'échelle. Avant de devenir vedette, il faut faire ses preuves et plus tôt on les fait, plus vite on accède aux ligues majeures. Plusieurs des grands noms du hockey québécois ont modestement commencé à se mesurer dans ce cadre, à l'âge de 11 ou 12 ans, d'abord avec des participants locaux, régionaux puis nationaux pour en arriver, au tournoi international, à affronter des jeunes venus de pays lointains.

Les jeunes Brett Hull et Richard Kromm des Monarchs de Winnipeg au Tournoi International de Hockey Pee-Wee de Québec, en 1977.

C'est au cours de ce tournoi qu'ont fait leurs premières armes les grands hockeyeurs que furent les frères Gretzky, Mario Lemieux de même que Guy Lafleur. Ce dernier, grâce à la soixantaine de buts qu'il a comptés durant les trois années de sa participation (1962-1964), en est devenu la vedette. Quant à Wayne Gretzky, il a établi le record de 26 buts au cours d'une seule participation au tournoi. La liste est longue de ceux qui, dans leurs pays respectifs, ont utilisé ce premier tremplin pour accéder à la pratique du hockey professionnel. Au total, on estime qu'en 2013, plus de mille joueurs issus du tournoi pee-wee ont joué dans le cadre de l'Association mondiale de hockey (AMH) ou de la Ligue nationale de hockey (LNH).

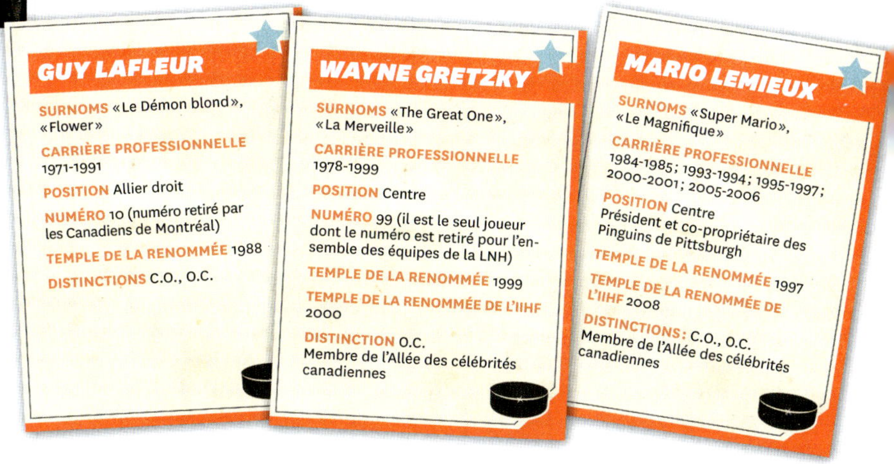

En 1989, de jeunes joueurs russes et japonais s'y présentent; ils seront suivis par de jeunes compétiteurs de plusieurs autres pays. En 2008, 18 pays avaient envoyé pas moins de 115 équipes. Cet élargissement a fait du Tournoi Pee-Wee un événement dont la dimension sociale est importante, comme contribution à la connaissance et à la compréhension mutuelles de jeunes citoyens de pays fort différents, par la langue, les valeurs et les habitudes de vie. Les rencontres que permet cet événement constituent une expérience de vie qui valorise la pratique des sports d'équipe.

La popularité de ce tournoi a constamment grandi avec les années. En 1999, plus de 200 000 spectateurs sont venus encourager ces jeunes sportifs, soit dix fois plus que la première année du tournoi. Québec est une pépinière de hockeyeurs professionnels.

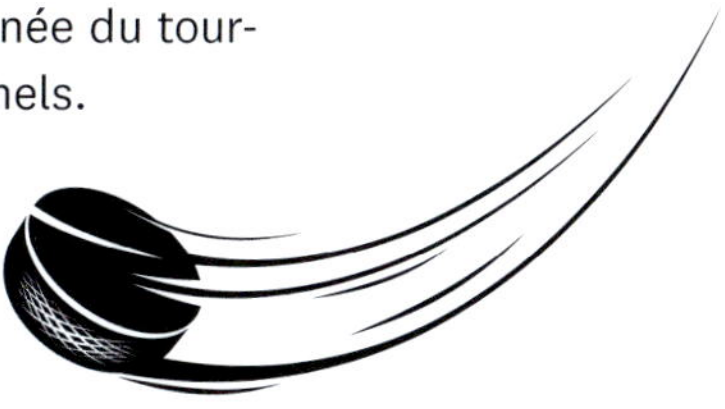

90

La plus rapide traversée à la nage du lac Saint-Jean

Celui qui a traversé le lac Saint-Jean à la nage dans le temps le plus court est un nageur français, Stéphane Lecat, qui, en l'an 2000, a mis 6 heures, 22 minutes et 48 secondes pour franchir le parcours habituel de cette épreuve, soit 32 kilomètres.

STÉPHANE LECAT
Nageur français, encore imbattu

Depuis toujours, l'homme cherche à imiter les animaux. Il a voulu devenir oiseau et Icare s'est brûlé les ailes, mais les ingénieurs, en créant l'avion, sont venus à sa rescousse. Quant à devenir poisson, il y est parvenu sans artifice et il accumule les records de vitesse à la nage.

Stéphane Lecat, né le 6 août 1975 à Nogent-sur-Marne, est un nageur français spécialiste des compétitions en eau libre.

À l'arrivée, les nageurs sont accueillis par la foule à Roberval.

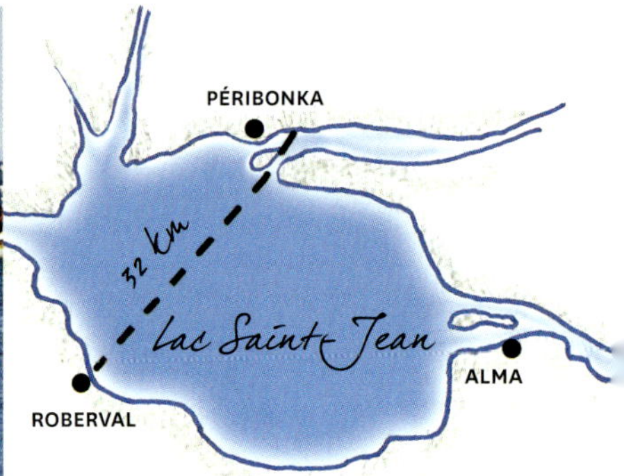

La traversée du lac Saint-Jean est l'épreuve classique pour ce genre de défi. De 1955 à 2013, 431 nageurs provenant de 36 pays sont venus au pays des bleuets pour y participer: surtout les Canadiens (dont 133 Québécois sur 151), puis les États-Uniens, les Argentins et les Égyptiens. Ces quatre pays regroupent les deux tiers des participants.

L'année où la Traversée du lac Saint-Jean est devenue une épreuve annuelle, en 1955, Jacques Amyot, un athlète de Québec, a été le seul des sept participants à terminer le parcours de 32 kilomètres qu'il a réalisé en 11 heures et demie. Ce n'est que vingt ans plus tard que le gagnant, John Kinsella, a réussi la traversée en moins de huit heures et en 2000, Stéphane Lecat en moins de sept heures.

En 1955, la foule en attente de l'arrivée de Jacques Amyot.

Les superlatifs en bref

- Le premier à réussir la traversée: Jacques Amyot (QC) en 1955, temps de 11 h 32 m 10 s.
- La première femme à remporter le marathon: Greta Anderson (É.-U.) en 1958, temps de 8 h 17 m.
- Le premier exploit de l'aller-retour (64 km): Christine Cossette (QC) de Roberval, en 1984, temps de 18 h 27 m 10 s.
- Le meilleur temps sur la distance pour le trajet de 32 km (Péribonka – Roberval) utilisé de 1972 à 1984, puis de 1998 à aujourd'hui: Homme: Stéphane Lecat (FR) en 2000, temps de 6 h 22 m 48 s; Femme: Ana Marcela Cunha (BR) en 2012, temps de 6 h 34 m 06 s.
- Le plus grand nombre de victoires: 11 par Petar Stoychev (BUL) de 2001 à 2011 inclusivement.

Un autre record est à signaler: le Bulgare Petar Stoychev a enregistré, de 2001 à 2011, onze victoires consécutives. Il faut ajouter qu'en 2004, il n'a raté que par 26 secondes le record établi par Lecat. De 1955 à 2013, sur les 59 épreuves, deux ont été remportées par des femmes: l'États-Unienne Greta Anderson en 1958 et la Néerlandaise Judith de Nys, en 1966.

Il faut dire que les conditions climatiques ont une forte influence sur les performances. L'année 1972 a été pénible pour les nageurs. Seuls 3 des 21 participants ont pu terminer le marathon, sous des vents de 26 km/h en moyenne et des rafales allant jusqu'à 45 km/h. Le résultat s'en est ressenti: le meilleur temps a été de 10 heures, 48 minutes et 43 secondes.

En nage de longue durée, des exploits étonnants ont été enregistrés. Ainsi, Diana Nyad, 64 ans, a nagé sans cage de protection de Cuba jusqu'à Key West, une distance de 160 kilomètres. En 2007, le Slovène Martin Strel a nagé durant 66 jours en descendant l'Amazone sur une distance de 5268 kilomètres.

Dernière heure

L'aventurier québécois Normand Piché a récemment réussi un exploit impressionnant: relier en 80 jours les cinq continents à la nage par une série de traversées totalisant une centaine de kilomètres.

Pour se mettre dans le bain de l'événement, les balcons s'animent.

91

Le plus important carnaval d'hiver

Personne ne sera surpris d'apprendre que le Carnaval de Québec est le plus important du pays. On le sait très bien dans plusieurs pays étrangers, d'où partent chaque année de nombreuses délégations pour venir y assister, mais aussi y participer activement. Il s'agit en fait du plus important carnaval d'hiver au monde.

LE CARNAVAL DE QUÉBEC
Premier au monde

Il est difficile de déterminer le moment précis de la naissance du Carnaval de Québec, car on fêtait déjà l'hiver à l'époque de la Nouvelle-France. On peut dire cependant que, à titre de fête annuelle organisée avec un programme bien établi, il remonte à la fin du XIXe siècle. La séquence des carnavals a été interrompue au cours des deux guerres mondiales et de la Dépression, mais depuis 1955, la ville de Québec et ses nombreux invités ont repris rendez-vous avec un hiver festif.

Le palais de glace du Carnaval érigé en face du parlement, en 1896.

Le palais et les installations se sont modernisés avec le temps!

Capsule étymologique

De l'italien *carnevale*, composé de *carne* («viande») et *levare* («enlever»), le mot *carnaval* signifie donc littéralement «entrée en carême». Il apparaît sous sa forme française en 1549 pour exprimer le sens de «fête donnée pendant la période du carnaval».

Au fil des années, le programme du Carnaval s'est progressivement enrichi pour comprendre aujourd'hui des activités de différentes natures: constructions, aménagements, compétitions, dégustations, de quoi rendre hommage à l'hiver et à ses joies. La plupart des éléments du programme reviennent d'année en année, mais le contenu de chacun varie au gré de l'imagination des créateurs, des participants actifs et des commanditaires. Chaque fois, les Québécois s'attendent à découvrir de nouvelles créations qui font des deux défilés de nuit le clou de l'événement: ils attirent sur place plus de 200 000 spectateurs venus apprécier les performances de quelque 600 figurants.

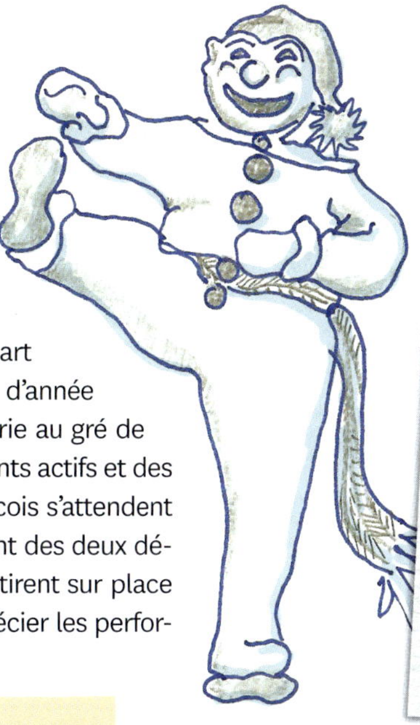

Données personnelles

Prénom: Bonhomme
Nom: Carnaval
Année de naissance: 1954
Ville natale: Québec
Mesures: 7 pieds, 400 livres de neige compactée
Habit: Inspiré de celui des raquetteurs du XIXe siècle.
Geste distinctif: Levée de la jambe
Meilleurs amis: Tous les amoureux de l'hiver
Ami d'enfance: Le père Noël
Plus grande qualité: Joie de vivre
Phrase célèbre: Joyeux Carnaval!
Plus grand rêve: Éliminer le réchauffement de la planète

Informations fournies par ses parents, hébergés durant les festivités à *carnaval.qc.ca*

Le canot à glace était jadis essentiel en hiver pour joindre l'autre rive du Saint-Laurent et ses îles. Cette pratique est aujourd'hui désignée comme élément du patrimoine immatériel. Elle est aussi devenue une épreuve de compétition de sport extrême à ne pas manquer durant le Carnaval. Parmi les défis: le froid, les vents et marées, les glaces et le frasil, les courants… et les gros transporteurs maritimes!

Sur le plan sportif, la course de chevaux à obstacles, la course en canots à glace et le bain de neige exigent une bonne forme physique et une habileté qui justifient le qualificatif de *sports extrêmes*. L'imagination est au rendez-vous. Elle se manifeste chez ceux qui conçoivent les plans du palais de glace et les chars de la parade, chez les groupes qui y participent sous la bannière de leurs associations et organismes respectifs, chez les participants au Concours international de sculpture sur neige, mais aussi dans la population qui se pare souvent de costumes traditionnels.

Les bonnes vieilles coutumes du Carnaval:
- La «douce» sonorité de la trompette du Carnaval
- Les sensations pompettes du caribou
- Et la colorée ceinture fléchée

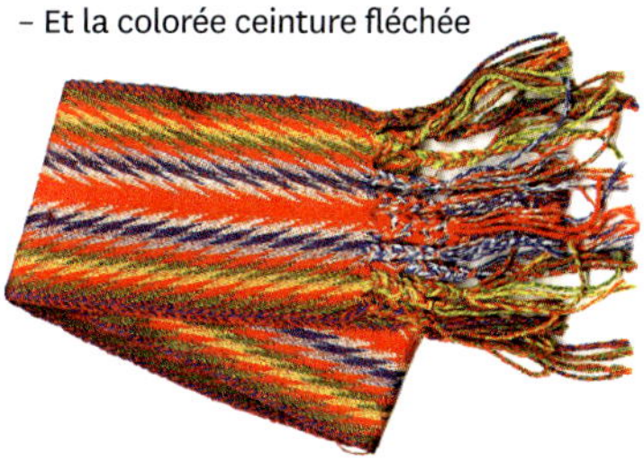

On estime qu'au total, près d'un million de personnes participent aux activités du Carnaval, un chiffre qui se répercute sur les retombées économiques de l'événement.

Il faut dire que les gens de la capitale ne sont pas les seuls à avoir apprivoisé l'hiver plutôt que le fuir: les villes de Rosemère, de Blainville et surtout de Chicoutimi (Saguenay), avec ses Hivernades, célèbrent aussi la saison froide. Notre pays n'est-il pas l'hiver?

92

La plus grosse concentration de pêche blanche

Chaque hiver, dans le secteur amont du fjord du Saguenay, poissons et pêcheurs se donnent rendez-vous. Ceux-là y attirent ceux-ci pour qu'ils y pratiquent la pêche blanche. Le secteur de La Baie se couvre alors de cabanes pour former le plus important village de pêcheurs sur glace du Québec.

À LA BAIE
Des petits salons sur glace

Attention! Épaisseur de glace minimum requise

- **7 cm ou moins :** NE VOUS AVENTUREZ PAS SUR LA GLACE
- **10 cm :** Solide pour un adulte à pied, en raquettes, en skis de fond, etc. ATTENTION AUX VARIATIONS D'ÉPAISSEUR
- **12 cm :** Solide pour motoneige ou 4 roues
- **20-30 cm :** Solide pour voiture et petite camionnette
- **30 à 38 cm :** Solide pour VUS et camion de type pick-up

Le nom Sainte-Anne-de-la-Pérade est étroitement associé aux petits poissons des chenaux (nom populaire donné au poulamon). Ce village a longtemps été considéré comme la capitale mondiale de la pêche blanche. La popularité de ce sport s'est considérablement accrue ces dernières années et attire les pêcheurs dans un nombre croissant de villages temporaires. Dès que la glace des lacs et des rivières est assez solide pour supporter véhicules, cabanes et équipements de tous types, on voit apparaître ces installations.

À l'Anse-à-Benjamin, à La Baie.

Au-dessus de Roberval.

Parmi les nouvelles destinations, le secteur de La Baie, au Saguenay, fait fortune et reçoit chaque année non moins de 1200 cabanes de pêcheurs réparties en deux regroupements principaux : Anse-à-Benjamin et Grande-Baie. Bien installés dans des cabanes dont les dimensions, la décoration et l'équipement en font presque des maisons de campagne, les pêcheurs peuvent tenir d'une main leur canne ou le fil de pêche et de l'autre, la télécommande de leur télé et regarder leur émission sportive préférée. À l'écran ou au bout du fil apparaîtra peut-être un sébaste, une morue ou un éperlan.

ÉQUIPEMENT

- Des brimbales
- Une canne (dandinette)
- Une tarière
- Un petit coffre de pêche
- Des hameçons de rechange et des plombs
- Du monofilament
- Des leurres
- Des nymphes de glace
- Une cuillère tournante
- Un couteau à fileter
- Des pinces à long bec
- Une cuillère perforée
- Un seau de plastique
- Une trousse de premiers soins

apporter le cahier « La pêche blanche avec Guliver »

Fabrication d'une brimbale

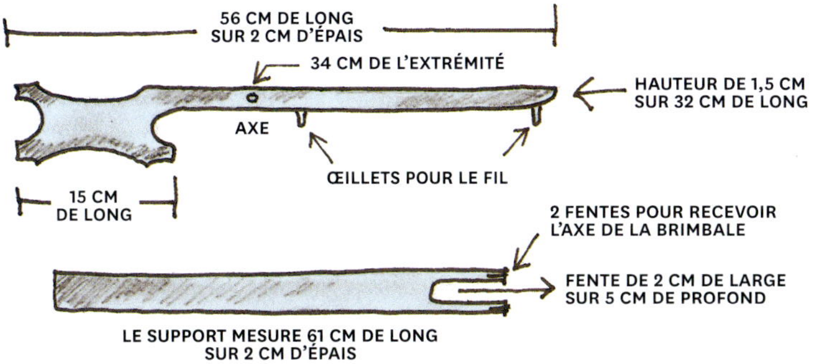

L'équipement de ces maisonnettes frise parfois le luxe : poêles, sofas, ordinateurs, voire tapis et bibelots. On en vient à se demander s'il ne serait pas approprié d'élargir la définition du mot *sport*. En effet, on est loin de l'image traditionnelle du pêcheur emmitouflé et solitaire, assis sur une boîte de bois posée sur la glace du Baïkal ou de quelque autre lac de Sibérie, attendant patiemment qu'un omoul se présente, ce qui serait une félicité, la chair de ce poisson étant l'une des meilleures au monde.

Cela dit, d'autres sports sont pratiqués sur les sites de pêche blanche de La Baie : patinage à l'Anse-à-Benjamin et cerf-volant de traction à Grande-Baie. Diverses activités accompagnent aussi les pêcheurs dans les autres sites de pêche blanche de la région, comme à L'Anse-Saint-Jean et à Sainte-Rose-du-Nord. Voilà une manière originale et agréable d'apprivoiser l'hiver, plutôt que de le fuir.

93

Le plus long pont de glace

Il fut un temps où les ponts de glace reliant les deux rives du Saint-Laurent étaient nombreux. Le réchauffement du climat et surtout l'arrivée des brise-glace pour garder le fleuve ouvert à la navigation ont pratiquement mis fin à ce riche patrimoine immatériel. Celui de l'île Verte est le plus important parmi ceux qui ont résisté jusqu'à aujourd'hui.

LE PONT DE GLACE DE L'ÎLE VERTE

Malgré le réchauffement de la planète

Entre l'Île Verte, la dernière île d'importance vers l'aval dans l'estuaire du Saint-Laurent, et L'Isle-Verte, la municipalité située sur la rive sud du fleuve face à l'île du même nom, les eaux sont fort peu profondes, le littoral étant bordé d'une série de larges battures. À moins de conditions climatiques contraires, chaque hiver, la glace qui s'y forme réunit l'île au continent par un pont de glace long de 2,5 kilomètres.

1. OKA/HUDSON
2. MONTRÉAL/LAPRAIRIE
3. MONTRÉAL/SAINT-LAMBERT
4. MONTRÉAL/LONGUEUIL
5. BERTHIER/SOREL
6. ÎLE DE GRÂCE/SAINTE-ANNE-DE-SOREL
7. TROIS-RIVIÈRES/SAINTE-ANGÈLE-DE-LAVAL
8. CAP-DE-LA-MADELEINE/BÉCANCOUR
9. BATISCAN/SAINT-PIERRE-LES-BECQUETS
10. QUÉBEC/LÉVIS
11. BEAUPORT/SAINTE-PÉTRONILLE
12. L'ANGE-GARDIEN/ÎLE D'ORLÉANS

Les anciens ponts de glace sur le Saint-Laurent entre Montréal et Québec

Certains hivers, les températures basses ne durent pas assez longtemps pour consolider suffisamment la glace et permettre de baliser des traversées sécuritaires pour tous les ponts de glace. Par exemple, entre Montréal et Longueuil, de 1860 à 1890, cette situation s'est présentée cinq fois. Elle risque d'ailleurs d'être de plus en plus fréquente, notamment quant au pont de glace de l'Île Verte, qui, en 2014 et en 2016, n'a pas résisté plus de deux semaines. Plusieurs facteurs peuvent contribuer à fragiliser ce pont saisonnier : les hausses de température, le jeu des courants, des marées et des vents, et la proximité du port de Cacouna.

Un chemin de fer sur la glace !

Un pont de glace ferroviaire a été aménagé sur les glaces du Saint-Laurent entre Hochelaga et Longueuil de 1880 à 1883, opérationnel environ 3 mois par année.

Espérons que l'humeur de Dame Nature continuera de permettre l'organisation d'activités festives remémorant ce temps presque révolu des ponts de glace. Ceux-ci ont longtemps constitué un moyen d'entretenir des relations économiques et sociales entre les communautés vivant sur les deux rives du Saint-Laurent et sur celles de quelques rivières affluentes.

Cette pratique, propre aux pays nordiques et encore largement utilisée en Sibérie par exemple, a inspiré un grand nombre de peintres qui ont immortalisé les paysages hivernaux du Québec : Krieghoff, Cockburn, Duncan et surtout Clarence Gagnon, dont *Le pont de glace à Québec* est l'une de ses peintures les plus célèbres. Ces œuvres d'art permettent heureusement d'imaginer ce qu'ont pu être les ponts de glace reliant l'Île d'Orléans à Beauport et à L'Ange-Gardien, de même que ceux qui permettaient de passer d'une île à l'autre dans le delta du lac Saint-Pierre, ou encore les deux plus longs ponts que furent la *Traverse des Trois milles* à Batiscan et le pont de glace de l'Île aux Grues qui faisait 4,5 kilomètres.

Le pont de glace utilisé de 1880 à 1883 par un chemin de fer qui reliait Montréal à Longueuil était bien particulier. Là encore, comme ailleurs, la glace a souvent été remplacée par le fer et le béton.

Un pont de glace miraculeux

On croit que ce sont les prières des paroissiens de Cap-de-la-Madeleine qui ont changé l'eau du fleuve en glace, par un temps doux de mars 1879, afin de permettre de transporter les matériaux pour construire l'église.

94

La plus grande collection de pères Noël

Un citoyen de Boucherville, M. Jean-Guy Laquerre, a accumulé au cours des ans une collection de près de 30 000 objets représentant le père Noël. C'est la plus importante au monde, comme le certifie le *Livre Guinness des records*.

LA COLLECTION JEAN-GUY LAQUERRE

La multiplication des pères Noël

On peut difficilement, sans avoir vu de ses yeux vu l'impressionnante collection de M. Laquerre, imaginer la variété des représentations de ce personnage. Cette collection comprend, souvent à répétition, des objets tels que : affiches, annonces publicitaires, assiettes, boîtes, boules de Noël, cartes postales, casse-têtes, chandeliers, chocolats, cloches, couvercles de toilettes, couvertures, cravates, crayons, 45 tours, épinglettes, étiquettes de vin, figurines, illustrations, jarres à biscuits, jeux de cartes, jouets, livres, manèges, monnaies, opercules, oreillers, pancartes, papier hygiénique, peluches, poupées articulées, poupées russes, salières, serviettes de table, statuettes, tasses, timbres, trains miniatures.

Comme la plupart des grands collectionneurs, M. Laquerre s'est approvisionné dans de nombreux pays, grâce à de généreux correspondants : en France, aux États-Unis, en Italie, en Allemagne, en Autriche, au Maroc, en Égypte… C'est ainsi qu'à côté du père Noël figurent d'autres représentations de personnages qui lui correspondent et qui, selon les pays, les religions et les traditions, prennent des noms différents. Elles sont cependant reliées par un dénominateur commun : ces personnages se manifestent au tournant de l'année, en général le 25 décembre, à l'occasion de la fête de la nativité du Christ sauveur.

En Autriche, le visiteur, c'est l'*Enfant-Christ* lui-même alors qu'en République tchèque, c'est le *Petit Jésus*. En Belgique, le *Papa Noël* est davantage une figure laïque, même chose en Espagne ou en Amérique latine, alors que, bizarrement, des pays musulmans comme l'Iran, la Turquie et la Syrie reçoivent *Baba Noël*. Plusieurs régions catholiques accueillent plutôt un messager comme *saint Nicolas* (Hongrie, Flandre, Pologne…) devenu *Santa Claus* dans les pays anglophones. Dans les pays slaves ou sous l'influence de la Russie (Arménie, Géorgie), le personnage en question symbolise plutôt l'hiver : *Grand-Père Hiver* ou *Grand-Père Gel*.

La Saint-Nicolas

Chaque 6 décembre, on célèbre traditionnellement la fête de saint Nicolas, devenue populaire dans une douzaine de pays européens du Nord et de l'Est (notamment l'Allemagne, la Belgique, le nord-est de la France, les Pays-Bas, le Royaume-Uni). Saint Nicolas distribue des cadeaux à tous les enfants sages et ceux qui n'ont pas été sages se voient offrir un martinet par le père Fouettard. Heureusement pour les garnements, en général, Fouettard se fait plutôt clément et pardonne facilement !

Saint Nicolas chez de vilains enfants, emportés par le père Fouettard dans un sac (1885).

« Sint Niclaes » ou « Sinterclaes » de la Hollande

↓

exporté au XVIIe à la Nouvelle-Amsterdam (aujourd'hui New York) et transformé en « Sinte(r)claes »

↓

devenu « Santa Claus »

Bien sûr, un personnage qui, la nuit de Noël, s'introduit dans les demeures par les cheminées et vient déposer des cadeaux pour les enfants au pied d'un arbre placé là pour la cause ou devant l'âtre, c'est de la légende. Mais il n'y a pas de fumée sans feu et plusieurs hypothèses d'ordre historique ont été proposées pour expliquer l'origine du personnage que l'imagination populaire a multiplié. Une des pistes les plus documentées nous amène à saint Nicolas, évêque de Myre, ville située en Turquie, comme Patara, sa ville natale. Sa grande générosité, surtout à l'égard des enfants, inspira les légendes… et les collectionneurs.

95

La plus importante culture de céréale

Quiconque s'est promené dans la plaine du Saint-Laurent, surtout en Montérégie, doit bien se douter que la culture du maïs est la plus importante de toutes les cultures céréalières du Québec.

LE MAÏS
Une céréale précolombienne

Au Canada, la production de blé dépasse celle du maïs; c'est l'inverse au Québec où la culture du maïs occupe quatre fois celle consacrée au blé, soit environ 400000 hectares. C'est en quelque sorte une spécialité de la Montérégie où se concentrent les deux tiers de la surface consacrée au maïs dans l'ensemble du Québec.

Maïs, pomme de terre, tomate, courge, haricot, piment, arachide, cacao, vanille, ananas, dinde... ces produits sont inconnus en Europe, en Asie et en Afrique avant la découverte de l'Amérique en 1492, par Christophe Colomb. C'est à Cuba qu'il découvre le maïs.

Entre les deux textures, la récolte.

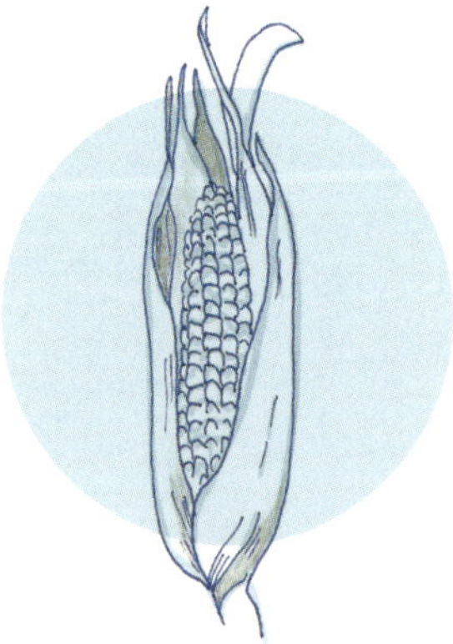

Au total, le Québec a produit en 2007 quatre millions de tonnes de maïs, soit huit fois plus que trente ans plus tôt. Cette production est cependant modeste par rapport à la production mondiale. La part du Canada à la production mondiale de maïs dépasse à peine 1%, ce qui lui a valu la dixième place en 2013. Son rendement est cependant élevé: à cet égard, le Canada occupe la deuxième place, après les États-Unis. Rappelons que le maïs est la céréale la plus importante de la planète, les États-Unis et la Chine en étant les principaux producteurs; à eux deux, ils fournissent plus de la moitié de la production mondiale.

L'épluchette de blé d'Inde, un événement social.

Gravure d'Edmond-Joseph Massicotte, 1917.

Pour le plaisir des passants.

Vente d'épis de maïs sur le bord de la route, en 1952.
Chez Patrick Cormier, à Victoriaville.

Même si, quantitativement, la région de Neuville est moins productive que la Montérégie, la qualité de son maïs est largement reconnue. Les conditions naturelles y sont pour beaucoup, telles que la proximité du fleuve et la richesse en eau de même que le substrat calcaire qui soutient de bons sols, mais le savoir-faire régional compte aussi, puisqu'on y pratique cette culture depuis très longtemps. Sachant que l'étiquette *maïs de Neuville* est parfois apposée à des épis produits dans d'autres régions, des spécialistes veulent garantir la qualité du vrai maïs de Neuville en en faisant une appellation contrôlée. Les Neuvillois attendent patiemment que le dossier aboutisse.

Pour les adeptes des « épluchettes », ne manquez pas de célébrer la saison du maïs aux Fêtes gourmandes de Neuville, au Festival du blé d'Inde de Saint-Célestin ou au Festival du maïs à Saint-Damase!

Vous voulez organiser une épluchette de blé d'Inde? Très simple:

Matériel requis: tables pliantes, quelques chaises seulement (pour les vieux), bacs à ordures, de quoi faire bouillir de l'eau (brûleur à gaz, BBQ), chaudron (dimensions en fonction du nombre d'invités), fil dentaire.
Ingrédients: épis de maïs frais non épluchés (de 3 à 4 par personne), beurre (environ 50 grammes par personne), sel (plusieurs salières).
Règlement: chacun épluche ce qu'il veut manger.
Conseil: conserver quelques épis à égrainer pour un éventuel pâté chinois.

Le terme *blé d'Inde*, cette céréale que cultivaient les Indiens d'Amérique bien avant que les Européens ne l'adoptent, est donc issu de la même confusion que celle qui a engendré le toponyme *Lachine*. Il est davantage utilisé que le mot *maïs* pour désigner l'épluchette *de blé d'Inde*. L'épluchette est cette sympathique fête culinaire, aussi simple que savoureuse, ne nécessitant qu'un peu de sel et de beurre (à moins de le faire cuire sur le gril), est encore très populaire en août et en septembre, une manière agréable de souligner la fin des beaux jours.

Il faut ajouter que le grain de maïs est aussi utilisé dans l'industrie (cosmétiques, détergents, peinture, éthanol). Au Québec, 11 % de sa production est destinée à cette utilisation, comparativement aux 79 % destinés à la consommation animale.

96

La pire épidémie

En septembre 1918, devant l'augmentation des cas de grippe, le président du Conseil d'hygiène du Québec déclare qu'il n'y a pas lieu de s'alarmer et qu'il s'agit d'une grippe comme il y en a chaque année. Deux semaines plus tard, on réalise l'ampleur de l'épidémie et les édifices publics sont fermés. La pire épidémie à frapper le Québec et le Canada a commencé son travail mortifère.

LA GRIPPE ESPAGNOLE
La « grande tueuse »

Depuis quelques mois, on savait que la grippe frappait la Chine, mais on ne se doutait pas qu'elle ferait son chemin jusqu'en Europe en passant par les États-Unis, et ce, à une vitesse foudroyante. Les Français ont d'abord cru qu'elle avait été introduite chez eux par des aliments en conserve provenant de l'Espagne, ce qui se révéla faux, mais l'expression *grippe espagnole* était déjà sur toutes les lèvres. Depuis, le nom est resté, même s'il semble maintenant prouvé que ce sont des soldats revenus du front qui ont importé la maladie après l'avoir contractée en Grande-Bretagne.

La grippe espagnole a tué plus de personnes en quelques mois que la Première Guerre mondiale en 4 ans.

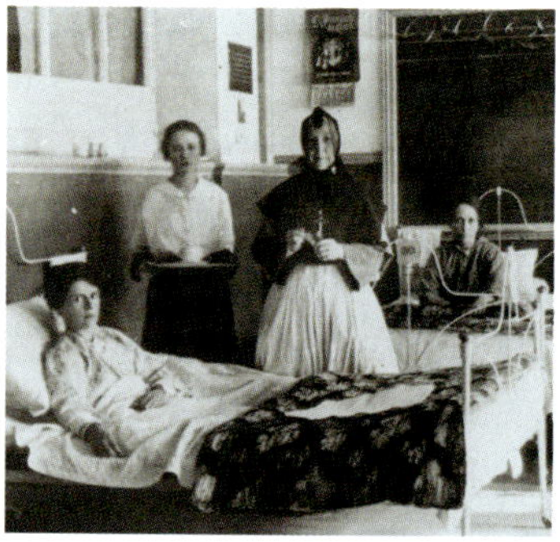

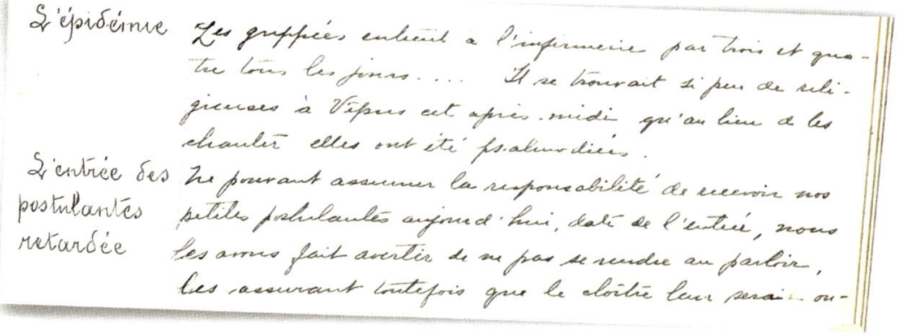

L'épidémie — Les grippées entrent à l'infirmerie par trois et quatre tous les jours... Il se trouvait si peu de religieuses à Vêpres cet après-midi qu'au lieu de les chanter elles ont été psalmodiées.

L'entrée des postulantes retardée — Ne pouvant assumer la responsabilité de recevoir nos petites postulantes aujourd'hui, date de l'entrée, nous les avons fait avertir de ne pas se rendre au parloir, les assurant toutefois que le cloître leur serait ou-

Les communautés religieuses, dont les Sœurs de la Charité, ont consacré tous leurs efforts aux soins hospitaliers.

La *grande tueuse*, comme on l'a aussi appelée, a fait son apparition au Québec dès l'automne 1918 et a rapidement touché plusieurs villes des Cantons-de-l'Est qui, en proportion de la population, ont connu deux fois plus de victimes que celles de la région de Montréal. Au total, à Montréal, on a compté plus de 20000 personnes atteintes de la maladie, dont 3500 en sont mortes. À Québec, le nombre de victimes s'est élevé à quelque 500 personnes, dont 80% habitaient la Basse-Ville où les quartiers Saint-Sauveur et Saint-Malo ont été les plus touchés. On dit que les Indiens de Lorette (Wendake) n'auraient déploré aucun décès dû à la grippe espagnole, grâce à leur usage de plantes médicinales.

Dates marquantes

26 septembre: un premier cas de grippe espagnole est signalé à Québec, puis celle-ci s'étend à Sherbrooke et à Montréal.

3 octobre: Sherbrooke ferme ses écoles et ses lieux d'amusement.

8 octobre: la commission du Bureau d'hygiène décide de fermer tous les commerces ainsi que les écoles de Québec, Montréal et Trois-Rivières.

La grippe espagnole fera 500 morts à Québec, 3500 à Montréal et entre 8000 et 14000 pour toute la province. En tout, le virus épidémique, qui devint pandémique, fit près de 20 millions de morts dans le monde.

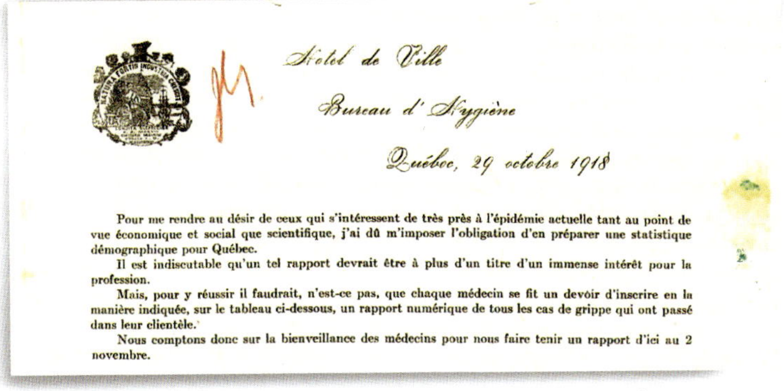

Hôtel de Ville

Bureau d'Hygiène

Québec, 29 octobre 1918

Pour me rendre au désir de ceux qui s'intéressent de très près à l'épidémie actuelle tant au point de vue économique et social que scientifique, j'ai dû m'imposer l'obligation d'en préparer une statistique démographique pour Québec.

Il est indiscutable qu'un tel rapport devrait être à plus d'un titre d'un immense intérêt pour la profession.

Mais, pour y réussir il faudrait, n'est-ce pas, que chaque médecin se fit un devoir d'inscrire en la manière indiquée, sur le tableau ci-dessous, un rapport numérique de tous les cas de grippe qui ont passé dans leur clientèle.

Nous comptons donc sur la bienveillance des médecins pour nous faire tenir un rapport d'ici au 2 novembre.

Rapport de médecin du Bureau d'hygiène de la Ville de Québec, 29 octobre 1918.

Au total, on estime que 530000 personnes ont été touchées par la maladie, soit le quart de la population québécoise, et que 13500 en sont mortes. Dans l'ensemble du Canada, le nombre de décès aurait atteint 50000. À l'échelle mondiale, les chiffres sont forcément approximatifs: selon les sources, le nombre de décès varie de 22 à 50 millions. Des études récentes tendent à établir que cette dernière donnée est encore au-dessous de la réalité.

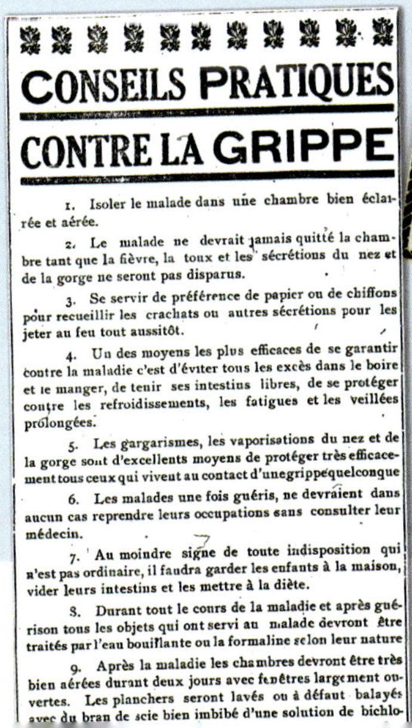

CONSEILS PRATIQUES

CONTRE LA GRIPPE

1. Isoler le malade dans une chambre bien éclairée et aérée.

2. Le malade ne devrait jamais quitter la chambre tant que la fièvre, la toux et les sécrétions du nez et de la gorge ne seront pas disparus.

3. Se servir de préférence de papier ou de chiffons pour recueillir les crachats ou autres sécrétions pour les jeter au feu tout aussitôt.

4. Un des moyens les plus efficaces de se garantir contre la maladie c'est d'éviter tous les excès dans le boire et le manger, de tenir ses intestins libres, de se protéger contre les refroidissements, les fatigues et les veillées prolongées.

5. Les gargarismes, les vaporisations du nez et de la gorge sont d'excellents moyens de protéger très efficacement tous ceux qui vivent au contact d'unegrippequelconque

6. Les malades une fois guéris, ne devraient dans aucun cas reprendre leurs occupations sans consulter leur médecin.

7. Au moindre signe de toute indisposition qui n'est pas ordinaire, il faudra garder les enfants à la maison, vider leurs intestins et les mettre à la diète.

8. Durant tout le cours de la maladie et après guérison tous les objets qui ont servi au malade devront être traités par l'eau bouillante ou la formaline selon leur nature

9. Après la maladie les chambres devront être très bien aérées durant deux jours avec fenêtres largement ouvertes. Les planchers seront lavés ou à défaut balayés avec du bran de scie bien imbibé d'une solution de bichlo-

Bureau du Régistraire:

Vu l'épidémie de grippe, le public ne sera pas admis dans les bureaux du Régistraire d'hui à nouvel ordre. Toute communication devra se faire par malle ou téléphone.

Québec, 7 oct. 1918

JULES LARUE,
Sous-Registraire

La grippe espagnole n'a cependant pas été la pire pandémie à frapper la planète. Au milieu du XIVe siècle, la grande peste, surnommée «peste noire», aurait tué, en cinq ans, de 30 à 50% de la population en Europe seulement, soit environ 25 millions de personnes. Devant ces cruautés de la nature, on se demande pourquoi l'homme s'obstine à y ajouter des armes de plus en plus destructrices.

Et la presse est mobilisée!

97

Le pire incendie urbain

Québec est la ville qui a le plus souffert des flammes destructrices en Amérique du Nord: en 1845, deux incendies détruisent respectivement 1630 et 1315 maisons; en 1876, 800 maisons sont la proie des flammes et en 1889, 600 partent en fumée. Le pire incendie survenu dans cette ville est celui du 14 octobre 1866: 2000 maisons sont détruites et 20000 personnes sont jetées à la rue.

QUÉBEC, 14 OCTOBRE 1866

Le feu dévore la capitale

Photo et gravure des décombres du quartier Saint-Roch, vus depuis l'Hôpital de la Marine.

Sur la gravure, on aperçoit, au centre des vestiges, l'église Notre-Dame-de-Jacques-Cartier miraculeusement épargnée par les flammes. Fait intéressant, ce triste panorama a été gravé à partir d'une photographie d'Augustus William Leggo, graveur de Québec.

D'autres villes en Amérique du Nord ont aussi souffert de ce fléau. Le grand incendie de Montréal, en 1852, a détruit 1200 maisons et jeté à la rue 10000 personnes. Le 6 mai 1950, à Rimouski, le feu a ruiné en quelques heures 359 résidences, 400 logements, un hôpital, deux couvents, le palais de justice et la prison; les dégâts se sont élevés à plus de 10 millions de dollars. Trois jours plus tard, à Cabano, le feu ravageait 112 édifices et détruisait 80 % des établissements commerciaux et industriels.

Ce triste répertoire de maisons incendiées ne doit cependant pas occulter le fait que le pire incendie urbain en ce qui a trait aux pertes humaines s'est produit à Montréal le 9 janvier 1927, quand le feu a éclaté dans le cinéma Laurier Palace bondé d'enfants. Ne pouvant fuir par des portes verrouillées, 78 d'entre eux ont été brûlés vifs. Un autre drame similaire, survenu à Chapais en 1979, a fait 48 victimes. Il faut aussi mentionner l'un des plus importants incendies de la métropole québécoise au XXe siècle survenu le 26 octobre 1986 et qui a frappé la *Plaza Alexis-Nihon* à Montréal. Enfin, on ne peut oublier l'événement tragique qui a frappé la ville de Lac-Mégantic, le 6 juillet 2013, lorsque 72 wagons-citernes remplis de pétrole ont explosé et engendré une conflagration qui a fait 47 morts et détruit une grande partie du centre-ville.

À l'été 1867, au cimetière Mount-Hermon à Québec, un monument pour commémorer la bravoure du jeune lieutenant Henry Edward Baines, décédé en combattant le Grand feu de Québec, est érigé grâce à la reconnaissance des citoyens.

En 1727, une ordonnance de l'Intendant Dupuy introduit les coupe-feu qui, en prolongeant les murs entre les toits voisins, diminueront les risques de propagation d'incendies. La place Royale, à Québec, en est un bel exemple.

Les pires incendies urbains au Québec sont donc celui du Laurier Palace en 1927, pour ce qui est du nombre de victimes, et celui de Québec, en 1866, en ce qui a trait aux maisons détruites. Heureusement, aujourd'hui, grâce aux équipements modernes de protection et de lutte contre les incendies, il est raisonnable de croire que ces tristes records ne seront jamais dépassés.

98

La pire tragédie maritime

Deux ans après le naufrage du *Titanic*, survenu lors de son voyage inaugural en 1912, un autre paquebot britannique, l'*Empress of Ireland*, coulait près de Rimouski en emportant 1012 victimes au fond du Saint-Laurent.

LE NAUFRAGE DE L'*EMPRESS OF IRELAND*

Nuit et brouillard

La Patrie

Journal du Peuple

MONTREAL, VENDREDI 29 MAI 1914

LE NUMERO: UN CENTIN

LE PLUS GRAND DESASTRE MARITIME DU CANADA

"L'EMPRESS OF IRELAND" SOMBRE

PRES DE MILLE MORTS

Le somptueux paquebot du C. P. R. est frappé la nuit dernière,en plein brouillard, par le charbonnier "Storstadt", à trente milles de la Pointe au Père et coule en moins de dix minutes.

UN APPEL DESESPERE

Le "Lady Evelyn" et l'"Eureka", saisissent la transmission radio-

L'EPOUVANTABLE NAUFRAGE DE LA POINTE-AU-PERE

Новая Иллюстрація.

Художественно-литературный журналъ.

Агонія парохода «Императрица Ирландіи» за нѣсколько минутъ до погруженія въ воду.

De Montréal à Saint-Pétersbourg, la nouvelle fait le tour du monde. *La Patrie*, Montréal, 29 mai 1914. Journal russe *L'illustration nouvelle*, Saint-Pétersbourg, 14 juin 1914.

Si l'on compare les deux tragédies, on réalise que certaines conditions étaient les mêmes, alors que d'autres différaient. Le *Titanic*, parti de Liverpool, se dirigeait vers New York, alors que l'*Empress of Ireland* venait de quitter Québec en route vers Liverpool. Les deux tragédies sont dues à des collisions : le *Titanic* avec un iceberg, l'*Empress of Ireland* avec un autre navire. Les deux collisions sont survenues la nuit, sur une mer calme. Le *Titanic*, au moment de sombrer, s'est cassé en deux, alors que ce ne fut pas le cas pour l'autre navire. La différence la plus importante entre ces deux tragédies réside dans le temps écoulé entre la collision et le moment où la coque a disparu sous l'eau : deux heures et quarante minutes pour le *Titanic*, seulement quatorze minutes pour l'*Empress of Ireland*. Le capitaine de ce dernier bateau n'a vu un cargo norvégien sortir du brouillard qu'au dernier moment. Il était trop tard pour pouvoir l'éviter ; le *Storstad* enfonça le flanc de l'*Empress of Ireland* et l'eau s'engouffra dans le navire à une vitesse foudroyante.

Étrangement, le pourcentage de victimes par rapport au nombre total de personnes à bord est exactement le même dans les deux tragédies, soit 68 %. Si le naufrage du *Titanic* a fait plus de morts que celui de l'*Empress of Ireland*, celui-ci a perdu un plus grand nombre de passagers, soit 840, par rapport à 818 pour le *Titanic*. Dans les deux cas, le nombre de victimes a été, chez les passagers de seconde et de troisième classe, de 20 à 30 % plus élevé que chez ceux de première classe. À ce bilan s'ajoute la perte de cinq plongeurs, noyés lors d'explorations de l'épave de l'*Empress*.

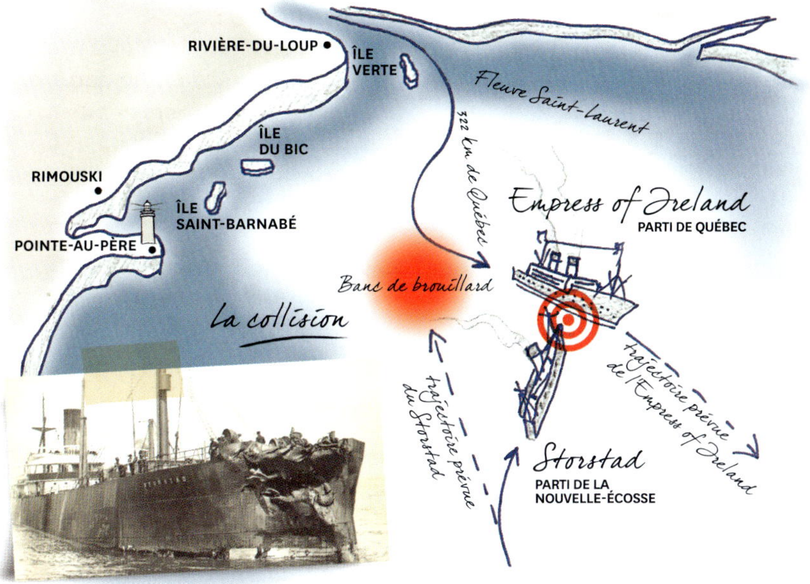

Le charbonnier *Storstad* après la collision.

Le 28 mai 1914, à 16 h 27, *L'Empress of Ireland quitte* le port de Québec pour entreprendre sa 192e traversée de l'Atlantique, en direction de Liverpool. À son bord, 1057 passagers et 420 membres d'équipage.

Le 29 mai 1914, à 1 h 55, le *Storstad* surgit du brouillard et frappe l'*Empress of Ireland* sur son flanc droit.

À 2 h 05, dix minutes après l'abordage, l'*Empress* chavire complètement sur la droite.

À 2 h 09, quatorze minutes après la collision, l'*Empress* disparaît sous la surface.

L'épave gît à 45 m de fond et à 7 km du rivage de Sainte-Luce, couchée à tribord.

Il découle des enquêtes qui ont été menées à la suite de ces deux naufrages qu'ils auraient pu être évités si des décisions différentes avaient été prises par les capitaines, sans que l'on ait pu prouver qu'il y a eu faute grave de leur part. Il convient d'ajouter que le naufrage de l'*Empress of Ireland* a donné lieu à une grande mobilisation de la population et des services publics de Rimouski, venus en aide aux survivants. La mémoire de ces événements est aujourd'hui assurée par le Site historique maritime de Pointe-au-Père, dont un pavillon est consacré à cette tragédie.

La tragédie est vite tombée dans l'oubli. L'attention des médias et de la population s'est rapidement tournée vers l'Europe où la Première Guerre mondiale se déclarait à peine deux mois plus tard (5 août 1914). Soldats canadiens lors de la Première Guerre mondiale.

Un double rescapé!
William Clark, employé dans la salle des machines sur le Titanic et l'Empress, a vaincu les eaux froides à deux reprises.

99

La pire catastrophe aérienne

Le 29 novembre 1963, à 18 h 30, quelques minutes après son décollage de l'aéroport de Dorval en route vers Toronto, un DC-8 des lignes aériennes Trans-Canada Airlines s'écrase à Sainte-Thérèse-de-Blainville, causant la mort des 111 passagers et des 7 membres d'équipage.

À SAINTE-THÉRÈSE-DE-BLAINVILLE *Une tragédie toujours inexpliquée*

LA PRESSE
118 MORTS
La pire tragédie aérienne de l'histoire du Canada
Un DC-8F s'écrase à Ste-Thérèse

LE DEVOIR
Un DC-8 s'abat à Ste-Thérèse: 118 morts
La pire catastrophe aérienne au Canada

L'avion s'est abîmé dans une zone marécageuse difficile d'accès et dans l'obscurité d'un soir d'automne pluvieux. On a dû avoir recours à de la machinerie lourde pour rejoindre le lieu de l'accident et extraire des décombres les débris de l'appareil, des passagers et des bagages. Cette entreprise a été longue et pénible, sans compter qu'il a fallu protéger le site contre des pilleurs sans scrupule.

L'impact de l'avion au sol a créé un cratère d'environ 45 mètres de long sur 22,5 mètres de large. Le terrain boueux et marécageux a compliqué le travail des enquêteurs sur place.

Après un an et demi de recherches, d'analyses et de reconstitutions, la Flight Safety Foundation a produit un rapport dans lequel elle avouait ne pouvoir établir la cause exacte de l'accident. Outre le fait que des témoignages se sont contredits quant aux moments d'une explosion et de l'impact, l'état d'extrême fractionnement des pièces de l'appareil n'a permis que la formulation d'hypothèses techniques expliquant comment le pilote aurait involontairement provoqué une descente en piqué.

> ...extérieur devait probablement amener éventuellement le piquage de l'avion.
>
> Nous concluons qu'un fonctionnement non voulu du compensateur de tangage est la cause la plus probable qui a amené le pilote à appliquer une compensation de piqué, ce qui a amorcé la suite des événements qui ont abouti à l'écrasement.

C'est à la suite de cette catastrophe que Pierre Jeanniot, alors chef de la Division d'entretien des appareils des lignes aériennes Trans-Canada (il a par la suite été P.-D.G. de la compagnie), a décidé de doter les avions d'un dispositif résistant aux chocs et capable d'enregistrer les données essentielles de chaque vol. Tous les avions de ligne sont maintenant équipés de cet appareil, connu sous le nom de *boîte noire* (bien qu'elle soit orange), qui permet le plus souvent, en cas de désastre, de reconstituer les circonstances techniques ou autres qui ont pu le provoquer.

Les « boîtes noires » (en fait orange) sont en quelque sorte une mémoire de vol blindée

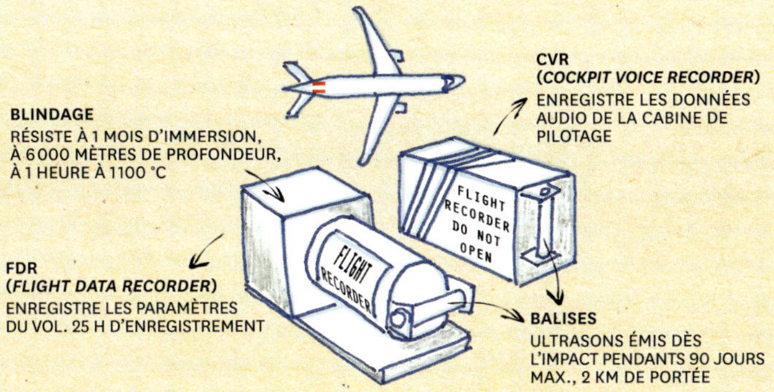

Outre l'accident de Sainte-Thérèse, le Canada a connu trois autres catastrophes aériennes ayant fait plus de 100 victimes : à Toronto en 1970 (109 victimes), à Gander en 1985 (256 victimes) et au large de la Nouvelle-Écosse en 1998 (229 victimes). À cet égard, le Canada se classe douzième parmi les pays du monde quant au nombre d'accidents aériens qui s'y sont produits et au nombre de victimes.

Accidents aériens ayant fait plus de 100 victimes (1960-2015)

Pays	Nombre d'accidents	Victimes
États-Unis	17	2692
Russie	15	2015
Espagne	8	1584
Japon	8	1332
France	8	1272
Iran	7	1219
Nigeria	7	1016
Indonésie	7	1000

Principaux accidents aériens au Québec

Lieu	Date	Appareil	Victimes
Sainte-Thérèse	29.11.1963	DC-8	118
Toronto (parti de Montréal)	05.07.1970	DC-8	109
Issoudun	11.08.1959	DC-4	79
Mont Obiou (France) (Le Pèlerin canadien)	13.11.1950	DC-4	58
Anticosti	24.07.1948	C-47	29
Montagne noire (Saint-Donat)	19.10.1943	B-24	24
Sault-au-Cochon (affaire Guay)	09.09.1949	DC-3	23
Québec	29.03.1979	F-27	17

100

Le pire accident ferroviaire

Tous les Québécois ont en mémoire la catastrophe survenue à Lac-Mégantic en 2013. En ce qui a trait au nombre de victimes, une tragédie encore pire a frappé le Québec en 1864 : le déraillement d'un train au pont de Belœil, la pire tragédie ferroviaire de l'histoire du Québec.

LA TRAGÉDIE DU PONT DE BELŒIL, 1864

Le train de la mort

Le train spécial (11 wagons au lieu des 5 ou 6 habituels) qui transportait 538 passagers, dont 467 immigrants, en direction de Montréal s'est engagé à grande vitesse sur le pont sans faire l'arrêt obligatoire, son ingénieur n'ayant pas réalisé, malgré le signalement, que la section mobile du pont était en position perpendiculaire à la voie ferrée.

Gravure publiée dans un journal d'époque et représentant l'arrivée des secours.

Un convoi de la compagnie du Grand Tronc transportant environ 400 passagers, des immigrants allemands en majorité, s'apprêtait à traverser le Richelieu sur le pont ferroviaire de Belœil. Un kilomètre plus tôt, un signal avait été donné indiquant que le pont était levé, ce qui était une pratique courante pour laisser passer des convois fluviaux transportant du matériel vers les États-Unis. L'ingénieur du train, qui en était à son premier mandat en tant que responsable d'un train de passagers, n'en tint pas compte alors que, pourtant, la consigne avait été donnée de faire un arrêt complet avant de s'engager sur le pont.

Il en résulta que les locomotives et les wagons se précipitèrent dans le vide les uns après les autres et s'empilèrent dans le lit de la rivière. Le 29 juin 1864 fut donc marqué d'une pierre noire, pour avoir connu la pire tragédie ferroviaire de l'histoire du Canada. Dans cet accident, 99 personnes périrent : 97 passagers et deux employés du Grand Tronc. L'enquête a conclu à la responsabilité des autorités du train et le mécanicien fut condamné à dix ans de prison, pour négligence criminelle.

« La locomotive a plongé dans l'eau le long d'une barge et a disparu. Les onze wagons se sont empilés les uns par-dessus les autres, dans la pire des confusions. Ils étaient tous réduits à l'état d'épaves parfaites et quelques-uns étaient réduits en atomes. » [traduction]

« Terrible Accident at St. Hilaire », *Montreal Gazette*, 30 juin 1864, p. 2.

On dit que la catastrophe fut à l'origine de l'invention, quelques années plus tard, par l'Américain George Westinghouse, des freins à air comprimé pour remplacer les freins à main dans les trains.

Presque 50 ans plus tard, le Québec vivait sa deuxième plus importante catastrophe ferroviaire. Alors que la paisible petite ville de Lac-Mégantic dormait, à l'exception d'une quarantaine de personnes rassemblées au bar *Musi-Café* pour entendre des chansonniers, ce beau soir d'été du 6 juillet 2013 s'est subitement transformé en nuit d'horreur. À 1 heure et 14 minutes précises, une importante explosion suivie d'une série d'autres secoua le centre-ville et mit le feu à un groupe d'édifices. Un convoi de 72 wagons-citernes remplis d'huile brute venait d'entrer au centre-ville, sans équipage et à grande vitesse, ce qui l'empêcha de négocier correctement une courbe et l'embranchement situés en plein cœur de la ville, d'où le déraillement des wagons qui s'empilèrent et explosèrent. Le bilan fut très lourd : 47 décès et 40 édifices détruits. C'était la quatrième plus importante tragédie ferroviaire de l'histoire du Canada. L'enquête révéla une série de responsabilités à divers niveaux.

Le fleuve et le cap Tourmente

Les Galets de Natashquan

Lac en cœur dans les Laurentides

Montréal

Quelque part dans la forêt laurentienne

LES PLUS

● **Thèmes non réductibles à un lieu précis**

NATURE ET GÉOGRAPHIE

1 Le mont d'Iberville
2 La Grosse montagne de l'Île aux Oies
3 Le mont Mégantic
4 La rivière des Outaouais
5 La rivière Harricana
6 La chute Montmorency
7 Le lac Mistassini
8 Le réservoir Caniapiscau
9 Anticosti
10 L'île Notre-Dame
11 L'Île au Bois
12 Le lac Wiyâshâkimî
13 Le Saint-Laurent
14 Barachois
15 La grotte de Boischatel
16 Le séisme de 1663
● 17 Du 3 au 5 mars 1971
18 Le «Grand feu» du lac Saint-Jean
19 La baie d'Hudson
20 Le Saguenay
● 21 Lac Long
22 Sainte-Madeleine-de-la-Rivière-Madeleine
23 Le cap Wolstenholme
24 Le 45e parallèle
25 La frontière avec le Labrador terre-neuvien
26 By
27 Laval
● 28 Le caribou
● 29 La baleine bleue
● 30 L'ours blanc
31 La héronnière du lac Saint-Pierre
● 32 L'aigle royal
● 33 Le colibri à gorge rubis
34 Le zoo de Granby
35 Le Jardin botanique de Montréal
36 La passe migratoire de Rivière-Madeleine

LE MONDE CONSTRUIT

37 Le Château Frontenac
38 Le 1000 De la Gauchetière
39 Le Mur de Fermont
40 L'hôtel du Parlement
41 L'Oratoire Saint-Joseph
42 L'église de Saint-Pierre-de-La Vernière
43 Le gros bourdon de la cathédrale de Montréal
44 Le 6, rue Donnacona
45 Le Complexe La Grande
46 L'aluminerie Alouette
47 Le phare de Cap-des-Rosiers
48 Les fortifications de Québec
49 Le tunnel sous le mont Royal
50 Le boulevard Gouin
51 La rue Aumont
● 52 La route 132
● 53 L'autoroute A-20
54 Le pont Champlain
55 Le pont de Québec
56 Le pont Perrault
57 Le pont Victoria
58 Le Tracel de Cap-Rouge

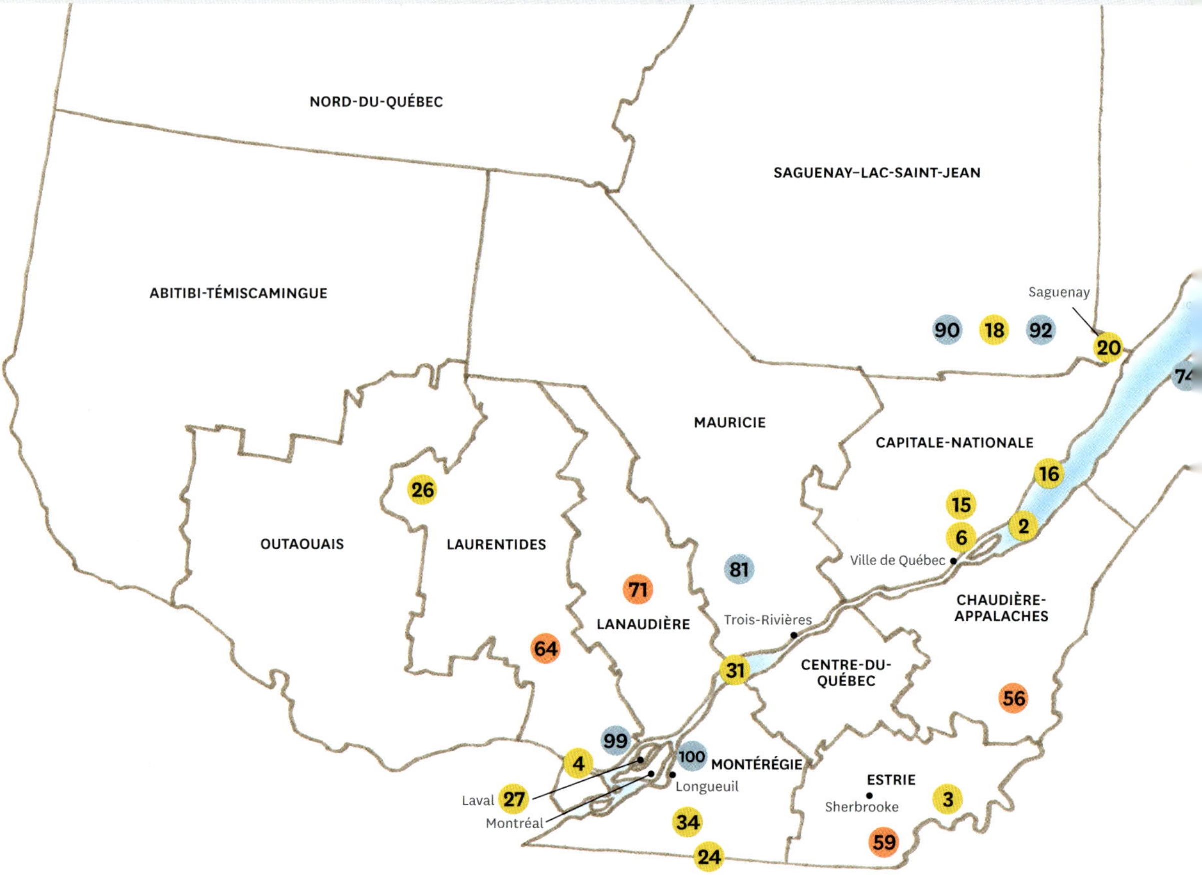

59 La passerelle de la Gorge de Coaticook
60 Domaine des Portes de l'Enfer
61 La passerelle du Circuit des bâtisseurs
62 Le funiculaire du Stade olympique
63 L'escalier du Cap-Blanc
64 Tremblant
65 Le complexe aquatique du Parc Jean-Drapeau
66 La marina de Lachine
67 Le Jardin d'Éole
68 Eeyou Istchee Baie-James
69 Notre-Dame-des-Anges
70 Blanc-Sablon
71 Saint-Zénon
72 Le cimetière Notre-Dame-des-Neiges
73 La croix du mont Royal

HISTOIRE ET SOCIÉTÉ

74 Rivière-du-Loup
● 75 La langue arabe
● 76 Les Innus
● 77 Les Laurentides et Lanaudière
78 L'Université de Montréal
● 79 Michel Tremblay
● 80 *Broue*
81 Le Festival Western de Saint-Tite
● 82 Jacques Cartier
● 83 Tremblay
84 Jean Drapeau
85 Jean-Paul L'Allier
● 86 Louis Cyr
● 87 Richard Garneau
● 88 Henri Richard
89 Le Tournoi International de Hockey Pee-Wee de Québec
90 Stéphane Lecat
91 Le Carnaval de Québec
92 À La Baie
93 Le pont de glace de l'Île Verte
● 94 La collection Jean-Guy Laquerre
● 95 Le maïs
● 96 La grippe espagnole
97 Québec, 14 octobre 1866
98 Le naufrage de l'*Empress of Ireland*
99 À Sainte-Thérèse-de-Blainville
100 La tragédie du pont de Belœil, 1864

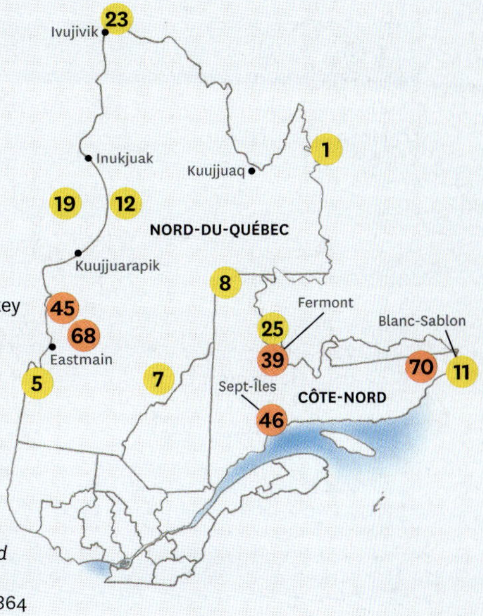

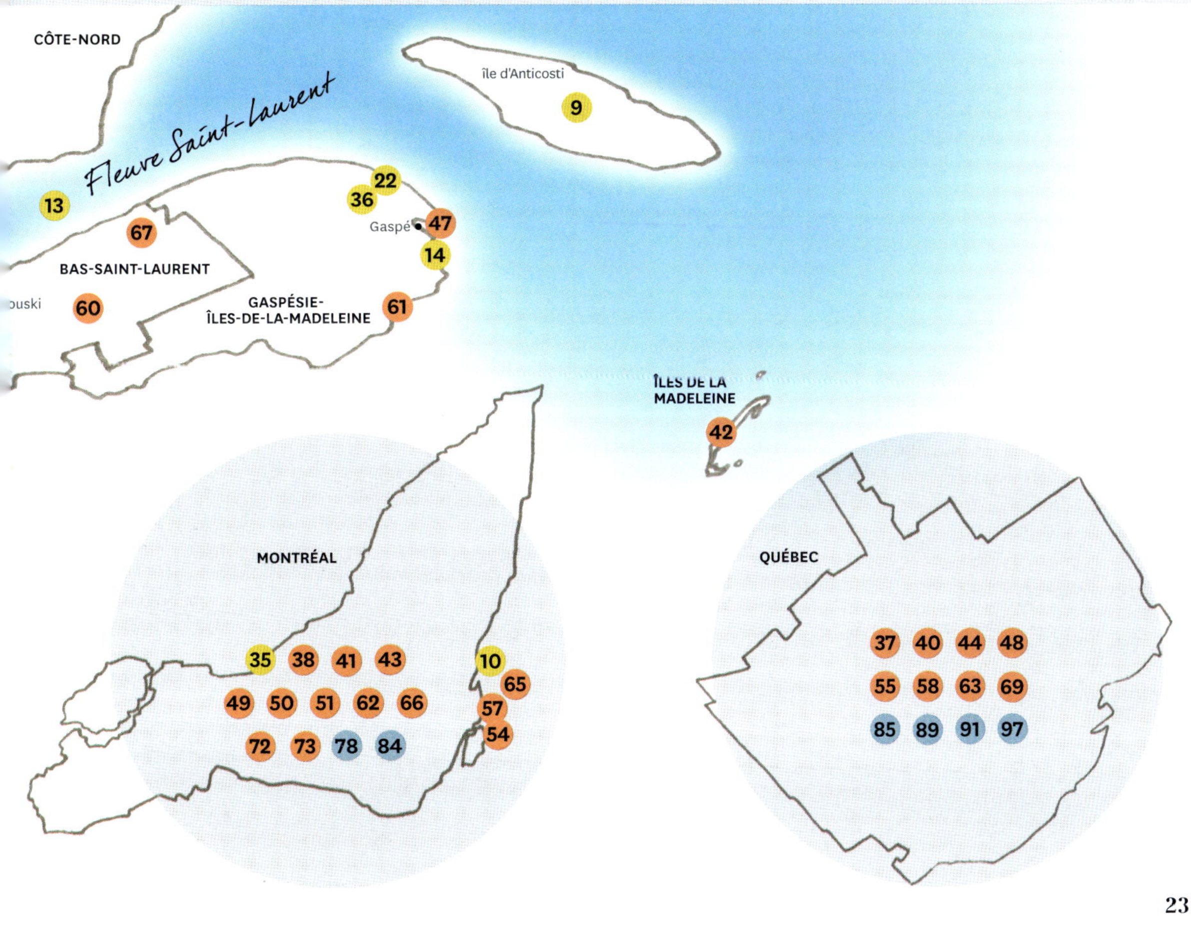

REMERCIEMENTS

Henri remercie René Hudon pour ses précieux conseils rédactionnels.

Anik remercie Julien Rodrigue, qui a matérialisé ses propositions de mise en page avec complicité et créativité.

Pierre remercie Henriette Thériault pour son soutien constant.

Merci à Ginette Choinière, qui a révisé l'ouvrage avec justesse et précision.

Notre reconnaissance à l'équipe des Éditions de l'Homme et tout particulièrement à Pascale Mongeon, Diane Denoncourt et Pierre Bourdon qui avez soutenu la réalisation de ce projet.

Nombreuses sont les personnes qui nous ont fourni ou ont vérifié un grand nombre de documents iconographiques et d'informations ponctuelles, qui nous ont permis de trouver, mais aussi de chiffrer les PLUS du Québec :

Daniel Abel

Pascale Achambault, artiste

Julie Barthe, Cournoyer communications

Yves Beauregard, historien

Julie Beauséjour, Maison Louis-Cyr

Jérôme Bégin, Archives de la Ville de Québec

Éric Bélanger, Ministère de l'Énergie et des Ressources naturelles

Pierre Bertrand, Association de villégiature Tremblant

Hélène Bienvenue, Zoo de Granby

Yvan Binet, photographe

Ariane Blanchet-Robitaille, Monastère des Augustines

Benoît Boisvert, Commission de toponymie

David Bureau, Archives de L'Oratoire Saint-Joseph du Mont-Royal

Jocelyne Campion, Zec de la Rivière-Madeleine

Annik Cassista, Commission de la capitale nationale du Québec

Caroline Cholette, Hydro-Québec

Louise Claude, Productions 3M

Vincent Cliche, photographe

Mélissa Cloutier, Archives de la Ville de Québec

Ariane Connor, Hydro-Québec

Alain Côté, Société d'histoire de Beloeil-Mont-Saint-Hilaire

Benoît Côté, artiste-peintre

Britt Côté

Jude Côté, Zec de la Rivière-Madeleine

Vital Côté, Municipalité de Sainte-Madeleine-de-la-Rivière-Madeleine

Laurent Cournoyer, Cournoyer communications

Guy D'astous

Charles Dagneau, Parcs Canada

René Derouin, artiste

Lina Doyon, MNBAQ

Dominique Dufort, Ville de Montréal

Agnès Dufour, Musée de la civilisation

Marie-Christine Dufour, Neurone 3

Annie-Claire Fournier, Consortium Signature pour le Saint-Laurent

Geneviève Frappier, Festival western Saint-Tite

Nicolas Giroux, Commission de la capitale nationale du Québec

Michel Guimont, Galerie Michel Guimont

Yves Hébert, historien

Johanne Isabelle

Christophe-Hubert Joncas

Pierre Lachance

François Lahoud

Lyn Lafleur, Association de villégiature Tremblant

Marie-Annick L'Allier, agence M.A L'Allier

Gary Landry, photographe

Serge Lambert

Jean-Guy Laquerre, collectionneur

Catherine Lavoie, Bibliothèque et Archives nationales du Québec

Michel L'Hébreux, auteur

Lucien Lisabelle, photographe

Heather McNabb, Musée McCord

Charles Méthé

Lassaâd Métoui

Johanne Mongeau

Joséphine W. Ndour, Archives de la Ville de Montréal

Dave Noël, *Le Devoir*

Line Ouellet, MNBAQ

Jocelyn Paquet

Marcel Paquette, historien

Josée Petit, Foresta Lumina/Parc de la Gorge Coaticook

Geneviève Piché, Monastère des Augustines

Steven Pomerleau, Tourisme Baie-James et Eeyou Istchee

Stephan Poulin, photographe

René Pronovost, Jardin botanique de Montréal

Jean Provencher, historien

Monique Quesnel, CBC et Radio-Canada Solutions Media

Marc Richard, Commission de toponymie

Cathy Rioux, Agence QMI

Mario Robert, Archives de la Ville de Montréal

Michel Rowan

Vincent Rannallo, photographe

Martin Rodgers, Ville de Blainville

François Rouleau, Société d'histoire forestière du Québec

Geneviève Rouleau-Lafrance, Société d'histoire et de généalogie de Val-d'Or

Caroline Roy

André Ruest, Bibliothèque et Archives nationales du Québec

Mélissa Saganash, Ambassade de la Nation crie

David Saint-Pierre

Lise Servant, Jardin botanique de Montréal

Marie-Claude Simard, Traversée internationale du lac Saint-Jean inc.

Charles-André Téotonio, Bibliothèque et Archives nationales du Québec

Nathalie Thibault, MNBAQ

David Tremblay, Archives de la Ville de Québec et photographe

Marc Tremblay, spéléologue

Yves Tremblay, Site historique maritime de la Pointe-au-Père

Guillaume Trottier, Société d'histoire d'Amos